Workbook/Laboratory M
to accompany

D0077633

En avant!
BEGINNING FRENCH •

Bruce Anderson
The Johns Hopkins University

Peter Golato
University of Illinois at Urbana-Champaign

Susan Blatty
McGraw-Hill Higher Education

Contributors

Rachel Thyre Anderson

Annabelle Dolidon
Portland State University

Melanie Hackney
University of Louisiana–Baton Rouge

Elizabeth Martin
California State University–San Bernadino

Lori McMann
University of Michigan–Ann Arbor

Kimberly Swanson
University of Kansas

Consultants

Françoise Santore
University of California–San Diego

Géraldine Blattner
Florida Atlantic University, Boca Raton

The McGraw·Hill Companies

Connect
Learn
Succeed™

1 2 3 4 5 6 7 8 9 0 QDB/QDB 0 9 8 7 6 5 4 3 2 1

ISBN: 978-0-07-7328835-2
MHID: 0-07-328835-7

Vice President, Editorial: *Michael Ryan*
Editorial Director: *William R. Glass*
Publisher: *Katie Stevens*
Senior Sponsoring Editor: *Katherine K. Crouch*
Director of Development: *Susan Blatty*
Development Editor: *Peggy Potter*
Executive Marketing Manager: *Hector Alvero*
Faculty Development Manager: *Jorge Arbujas*
Production Editor: *Margaret Young*

Managing Editor: *Anne Fuzellier*
Editorial Coordinators: *Erin Blaze, Laura Chiriboga*
Photo Research Coordinator: *Natalia Peschiera*
Illustrators: *Ayelet Arbel, Glenda King, Kathryn Rathke, Patti Isaacs*
Buyer II: *Tandra Jorgensen*
Composition: *Aptara®, Inc.*
Typeface: *10/12 Palatino*
Printing: *50# MGH Offset, Quad/Graphics*

Contents

Par la suite   *En avant!* Online Learning Center, Coursewide Content
www.mhhe.com/enavant1

Answer Key   *En avant!* Online Learning Center, Coursewide Content
www.mhhe.com/enavant1

Preface

General Description

The *Workbook / Laboratory Manual* provides more conventional practice of the **Communication en direct, Vocabulaire interactif,** and **Grammaire interactive** material in the textbook using a variety of written and audio activities. In addition, each chapter includes a **Prononcez bien!** section in which students focus on and practice the correspondence between sound and spelling in French and a **Culture interactive** section that offers an additional culture reading and reading strategy instruction (**Lisons!**); a review of the cultural material presented in feature boxes in the textbook **(Chez les Français / Chez les francophones / Rétrospective);** and an additional writing activity, writing strategy instruction, and proofreading checklist **(Écrivons!).**

The following sections of the workbook are posted on the *En avant!* Online Learning Center website **(www.mhhe.com/enavant1).**

- **Par la suite** practice activities: These activities are intended for instructors who wish to cover more grammar in their curriculum. They can be printed out by students from the Coursewide Content section of the website. The audio files for these activities are available online as part of the Audio Program.
- The **Answer Key** for all written activities is also provided in Coursewide Content. The correct responses for the audio activities are given as part of the activities themselves on the *Audio Program* unless otherwise indicated by the symbol ♦ preceding a given activity, in which case they appear in the online Answer Key.
- Additional listening activities that expand upon the cultural themes (**Écoutons!**) are included as part of the *Instructor's Manual,* which is posted in the Instructor's edition of the Online Learning Center.

Audio Program

The *Audio Program* includes all audio activities from the *Workbook / Laboratory Manual* and the textbook audio, which contains the oral input activities marked with a megaphone icon in the book and the end-of-chapter vocabulary for each chapter. The *Audio Program* is provided free of charge to adopting institutions both on audio CDs and on the *En avant!* Online Learning Center. Audio CDs are additionally available for individual student purchase, if desired.

Acknowledgements

A dedicated group of scholar–teachers with extensive language teaching experience have aided us greatly in producing this *Workbook/Laboratory Manual*. We wish to thank Lori McMann for her many excellent contributions to the **Communication en direct** and **Vocabulaire interactif** sections of this first edition; Kimberly Swanson for her detailed contributions to the **Prononcez bien!** section; Rachel Thyre Anderson and Melanie Hackney for their creative contributions to the **Grammaire interactive** section; and Annabelle Dolidon and Elizabeth Martin for their thoughtful contributions to the **Culture interactive** sections. As the main source of practice for students outside the language classroom, these contributors worked tirelessly to provide activities that focus students' attention on the material to be learned in creative and engaging ways, maintaining a very high degree of consistency and quality between the textbook and *Workbook/Laboratory Manual*. A very special note of thanks is due to our native reader Françoise Santore for her creativity, guidance, and *esprit de corps* during the manuscript preparation phase. Additional thanks as well go to Géraldine Blattner, our other native reader and first adopter, for her guidance, support, and enthusiasm for the program and to Peggy Potter for her sharp editorial eye. Many thanks as well to Valérie Thiers for preparing the Answer Key. We also wish to thank our production editor, Margaret Young, and our photo editor, Natalia Peschiera, for their patience and guidance during the production phase.

CHAPITRE 1

Pour commencer

Communication en direct

A. Bonjour! Salut! Bonsoir! Match the most appropriate greeting to each numbered situation.

a. Bonjour, mademoiselle.
b. Salut, Olivier!
c. Bonjour, monsieur.
d. Bonjour, messieurs.
e. Bonjour, madame.
f. Bonsoir, madame.

1. _____ You greet your server in a restaurant (a teenaged girl).

2. _____ You see your mail carrier (a woman) in the morning.

3. _____ You meet a group of visiting male executives from a Swiss company.

4. _____ You are introduced to your roommate's grandmother after dinner.

5. _____ You are introduced to a visiting professor (a man) from France.

6. _____ You see a friend of your roommate's on campus.

B. Questions. Match each question or greeting in column A with the appropriate response in column B. The first item has been done for you.

A

1. Ça va, Marie? _**b**_

2. Comment vous appelez-vous? _____

3. Comment allez-vous, madame? _____

4. Salut, Fouad! _____

5. Ciao, Alice! _____

B

a. Je vais très bien, merci. Et vous-même?

b. Pas mal. Et toi?

c. Je m'appelle Monsieur Delacourt. Et vous?

d. À plus tard, Taki!

e. Salut, Gilles. Comment vas-tu?

C. Conversations. You will hear a series of very brief conversations. After each one, decide which person would have said it. Choose the best answer. At the end of the activity, listen to verify your answers.

EXEMPLE: *You hear:* Salut! Je m'appelle Juliette. Et toi?

Je m'appelle Saïd. Comment ça va?

You see: a. Two students meeting for the first time.
b. A student and professor meeting for the first time.

You choose: a. Two students meeting for the first time.

1. a. A son is greeting his father after school.
   b. A professor is greeting a guest lecturer.

2. a. A professor is asking an older student what his name is.
   b. A student is asking another student what his name is.

3. a. Two cousins are asking each other how they are.
   b. A store clerk is asking a regular customer how she is.

4. a. Your roommate is leaving for the day.
   b. Your roommate is leaving to do a short errand.

5. a. A student is meeting a friend after class.
   b. A student is meeting another student for the first time in a new class.

Vocabulaire interactif

L'alphabet   The French alphabet

 ♦* **A. La première lettre.** You will hear a letter of the alphabet followed by a word beginning with that letter. You will hear each combination twice. Write the letter and word that you hear beneath the corresponding illustration.

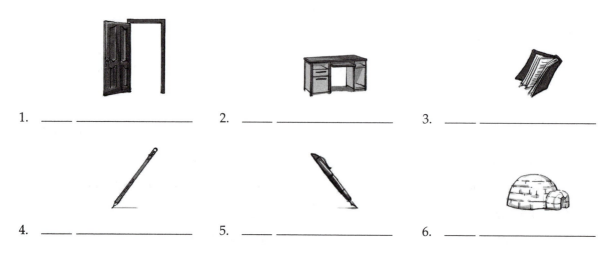

1. _____ _____   2. _____ _____   3. _____ _____

4. _____ _____   5. _____ _____   6. _____ _____

---

*The answers to most listening and speaking activities are given as part of the recording. Listening and speaking activities with written answers are marked with a ♦. The answers appear in the Answer Key on the *En avant!* Online Learning Center (**www.mhhe.com/enavant1**).

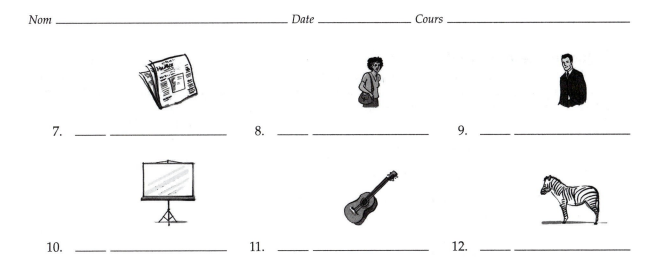

7. ____ _____

8. ____ _____

9. ____ _____

10. ____ _____

11. ____ _____

12. ____ _____

♦ **B. Ici on parle français.** (*French is spoken here.*) French is a major language or an official language in many places in the world. Write the name of each French-speaking country, territory, province, or city that you hear. You will hear each name spelled twice.

1. la ____ ____ ____ ____ ____ ____

2. la ____ ____ ____ ____ ____ ____

3. le ____ ____ ____ ____ ____ ____

4. le ____ ____ ____ ____ ____ ____ ____

5. le ____ ____ ____ ____ ____

6. ____ ____ ____ ____ ____

7. la ____ ____ ____ ____ ____ ____ ____

8. la ____ ____ ____ ____ ____ ____ ____ ____ ____

9. ____ ____ ____ ____ ____

10. ____ ____ ____ ____ ____ ____ ____

Les nombres de 0 à 69 Numbers from 0 to 69

♦ **A. C'est quel numéro?** (*What number is it?*) You will hear a series of numbers. Listen, then check (✓) the number that you hear. You will hear each number twice.

1. 4 ☐   44 ☐   14 ☐

2. 55 ☐   15 ☐   5 ☐

3. 6 ☐   18 ☐   66 ☐

4. 12 ☐   2 ☐   10 ☐

5. 18 ☐   28 ☐   26 ☐

6. 16 ☐   13 ☐   14 ☐

7. 57 ☐   15 ☐   66 ☐

8. 35 ☐   45 ☐   49 ☐

♦ **B. Quel est le numéro de téléphone?** Your roommate took messages with the following French telephone numbers, but in each one some digits are missing! You have to dial 118 to call information (**Les renseignements**) to get the complete numbers. Listen to the operator and write the numbers that you hear to fill in the missing digits. You will hear each phone number twice.

Paul Rachman	01.64.____.55.____
Anne-Sophie Dupont	06.____.31.67.____
Anouk Lefèbre	04.28.____.____.43
Lucille Lambert	05.32.45.____.____
Ileana Moreau	____.41.39.24.____
Nao Takahashi	03.16.48.____.____
Salma Robin	01.____.____.50.51

C. Ça s'écrit comment? Write out the following numbers in words.

1. 2 _____
   12 _____
   21 _____

2. 3 _____
   13 _____
   32 _____

3. 4 _____
   14 _____
   43 _____

4. 5 _____
   15 _____
   54 _____

5. 6 _____
   16 _____
   65 _____

Au calendrier   Months of the year and days of the week

A. Les jours de la semaine. Write the two days of the week that are missing from the list. Then, number the days listed below in order from 1–7. **Attention!** In French, Monday—not Sunday—is considered the first day of the week. The second day of the week has been indicated for you.

mardi	__2__
jeudi	____
mercredi	____
vendredi	____
lundi	____
_____	____
_____	____

♦ B. Quel jour sommes-nous aujourd'hui?

Première étape. Pascale's grandfather is a little confused and can't remember what day it is. Listen as Pascale answers his questions. Based on what she says, check (✓) **oui** (*yes*) or **non** (*no*). You will hear each question and answer twice.

EXEMPLE: *You see and hear:* Est-ce que nous sommes mercredi?

You hear: Non, nous sommes mardi.

You choose: **oui** **non**

☐ ☑

		OUI	NON
1.	Est-ce que nous sommes vendredi?	☐	☐
2.	Est-ce qu'on est samedi?	☐	☐
3.	Est-ce que nous sommes lundi?	☐	☐
4.	Est-ce que nous sommes dimanche?	☐	☐
5.	Est-ce qu'on est jeudi?	☐	☐
6.	Est-ce que nous sommes mardi?	☐	☐

♦ **Deuxième étape.** Now, listen to the questions and answers again and this time, write the answers.

C. C'est quand, la fête? (*When is the holiday?*) For each North American holiday below, write the month in which it occurs. Follow the model.

EXEMPLE: la fête de l'Indépendance américaine: C'est en juillet.

1. la fête de Saint-Patrick: C'est en _____.

2. la fête des Pères (*Fathers*): C'est en _____.

3. la Saint-Valentin: C'est en _____.

4. Noël: C'est en _____.

5. Thanksgiving: C'est en _____.

D. Les mois et les saisons.

Première étape. Check (✓) the season or seasons that correspond(s) to each month below.

		LE PRINTEMPS	L'ÉTÉ	L'AUTOMNE	L'HIVER
1.	juillet	☐	☐	☐	☐
2.	mars	☐	☐	☐	☐
3.	octobre	☐	☐	☐	☐
4.	décembre	☐	☐	☐	☐
5.	janvier	☐	☐	☐	☐
6.	avril	☐	☐	☐	☐
7.	septembre	☐	☐	☐	☐
8.	juin	☐	☐	☐	☐

Deuxième étape. Complete each sentence with a month not mentioned in the **Première étape** and the correct preposition for the season: **au** or **en.**

1. Le mois de _____ est _____ printemps.

2. Le mois de _____ est _____ été.

3. Le mois de _____ est _____ automne.

4. Le mois de _____ est _____ hiver.

E. Quelques dates. Write out the following dates in numbers and words.

EXEMPLE: 04.08 → *le 4 août*

1. 07.03 _____

2. 06.01 _____

3. 25.07 _____

4. 14.02 _____

5. 09.08 _____

6. 30.09 _____

Prononcez bien!

L'accent tonique *(Tonic stress)*

C'est a–mu–SANT!

In English, each word has a "prominent" syllable—the syllable receiving tonic stress—and it may fall on practically any syllable of the word (first, last, etc.). In French, by contrast, all the syllables of a word carry equal weight, with only a *slight* tonic stress (**accent tonique**) that always falls on the final syllable. Compare the stress patterns in the following pairs of words.

anglais	**français**
AU | tumn	au | *tomne*
STU | dent	é | tu | *diant*
ad | *VANCE*	a | *vance*
SYM | pa | thy	sym | pa | *thie*
pro | *FES* | sor	pro | fe | *sseur*
sci | en | *TIF* | ic	scien | ti | *fique*

Nom _____ Date _____ Cours _____

A. Essayons! (Let's try!)

♦ **Première étape.** Listen to the following words in English. You will hear each word twice. Underline the syllable that receives tonic stress.

1. Par | is
3. Oc | to | ber
5. cal | cu | la | tor
7. bal | let

2. gar | den
4. tel | e | phone
6. an | ni | ver | sa | ry
8. e | qual | i | ty

Deuxième étape. Now listen to the French equivalent of each word from the **Première étape.** You will hear each word twice. Repeat the word you hear both times, being sure to give the syllables equal weight, with only a *slight* **accent tonique** on the last.

1. Pa | *ris*
3. oc | *tobre*
5. cal | cu | la | *trice*
7. ba | *llet*

2. jar | *din*
4. té | lé | *phone*
6. an | ni | ver | *saire*
8. é | ga | li | *té*

B. Un pas en avant. (A step forward.)

You will hear eight French words. Each one will be pronounced twice. Write the letter of each word next to its written form. At the end of the activity, listen to verify your answers, then repeat each word.

EXEMPLE: *You hear:* a—économique
You write: 1. __*a*__ économique

1. __*a*__ économique
3. _____ éducation
5. _____ effaceur
7. _____ Émilie

2. _____ émotion
4. _____ énergie
6. _____ été
8. _____ étudiant

•

Pour bien prononcer

In English, individual words maintain their tonic stress in phrases and sentences; in French, however, phrases (and even some short sentences) can sound like one long word. This is because a phrase in French is stressed like a word: All the syllables carry equal weight (that is, they are pronounced equally), except that an **accent tonique** falls on the *final syllable of the phrase*.

Je m'appelle Monique.   je | m'a | ppelle | mo | *nique*

In Activity C, you will have a chance to hear and pronounce short sentences in French, so make sure to place the **accent tonique** *only* at the end of each one!

•

♦ **C. Dictée.**

Première étape. Listen and complete the following sentences with the word or words you hear. Each sentence will be repeated twice.

1. Comment _____?

2. Je vais _____.

3. C'est quand, ton _____?

4. C'est le 21 _____.

5. Nous sommes _____.

Attention! Before beginning the **Deuxième étape,** check your answers in the Answer Key on the *En avant!* Online Learning Center.

Deuxième étape. Now, listen and repeat each sentence, being sure to place the **accent tonique** at the end.

Grammaire interactive

1.1 Une salle de classe
Singular indefinite articles **un** and **une** and the gender of nouns

A. Dans mon sac à dos. (*In my backpack.*) Listen as a student recites the contents of her backpack. For each item you hear, check (✓) whether you hear the indefinite article **un** or **une.** You will hear each word twice. At the end of the activity, listen to verify your answers.

	UN	UNE
1.	☐	☐
2.	☐	☐
3.	☐	☐
4.	☐	☐
5.	☐	☐
6.	☐	☐
7.	☐	☐

B. Qu'est-ce que c'est? You will hear the question **Qu'est-ce que c'est?** and the name of a classroom object without its indefinite article. Answer the question with **C'est,** and include the correct indefinite article, **un** or **une.** After a brief pause, listen to verify your answer, then repeat what you hear. Follow the model.

> EXEMPLE: *You hear:*   Qu'est-ce que c'est? / livre
> *You say:*   C'est un livre.
> *You hear:*   C'est un livre.
> *You repeat:* C'est un livre.

1. …   2. …   3. …   4. …   5. …   6. …   7. ….

C. Pour étudier. (*For studying.*)

Première étape. Jean-Pierre studies in his room, so certain items are essential for him to have. Write the correct article, **un** or **une,** before each noun.

1. _____ ordinateur portable

2. _____ chaise

3. _____ bureau

4. _____ cahier

5. _____ stylo

6. _____ calculatrice

Deuxième étape Which three items are essential for *you* to have in order to study? You can use items from numbers 1–6 from the **Première étape** and/or other items you know how to say in French.

1. _____

2. _____

3. _____

♦ **D. Masculin ou féminin?** Listen and write each word you hear including the correct indefinite article, **un** or **une.** Then, check (✓) to indicate whether the noun is masculine (**masculin**) or feminine (**féminin**). **Attention!** If you don't know the gender of a word, check your textbook.

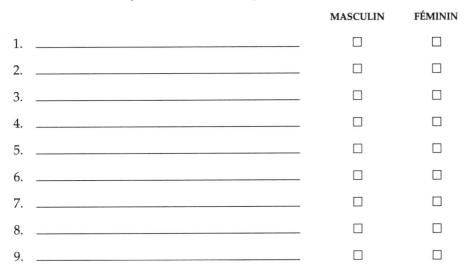

	MASCULIN	FÉMININ
1. _____	☐	☐
2. _____	☐	☐
3. _____	☐	☐
4. _____	☐	☐
5. _____	☐	☐
6. _____	☐	☐
7. _____	☐	☐
8. _____	☐	☐
9. _____	☐	☐

E. Quelle est la différence? If you look closely at the two illustrations of the same classroom, you'll notice that some things disappeared over the weekend and other things were added! Under **vendredi,** write four items that are there on Friday but not on Monday, and under **lundi,** write four items that were there on Monday but not on Friday.

VENDREDI	LUNDI
1. _____	1. _____
2. _____	2. _____
3. _____	3. _____
4. _____	4. _____

1.2 Un crayon, deux crayons   Plural nouns and the plural indefinite article **des**

A. Un seul ou plusieurs? (*Only one or several?*) You will hear a series of nouns. Listen carefully, paying close attention to the indefinite articles **un, une, des.** Check (✓) to indicate whether each noun is singular (**singulier**) or plural (**pluriel**). You will hear each noun twice. At the end of the activity, listen to verify your answers.

	SINGULIER	PLURIEL
1.	☐	☐
2.	☐	☐
3.	☐	☐
4.	☐	☐
5.	☐	☐
6.	☐	☐
7.	☐	☐
8.	☐	☐

B. Singulier, pluriel ou les deux? Decide whether the form of each word below is **singulier** (*singular*) or **pluriel** (*plural*), or if it could be either: **singulier OU pluriel.**

		SINGULIER	PLURIEL	SINGULIER OU PLURIEL
1.	tableaux	☐	☐	☐
2.	chaise	☐	☐	☐
3.	stylos	☐	☐	☐
4.	bureau	☐	☐	☐
5.	mois	☐	☐	☐
6.	hôtel	☐	☐	☐
7.	nez	☐	☐	☐
8.	hôpitaux	☐	☐	☐

♦ **C. Au pluriel.** Write the plural form of the words you hear. You will hear each word twice.

EXAMPLE: *You hear:*   une semaine

You write: *des semaines*

1. _____

2. _____

3. _____

4. _____

5. _____

6. _____

7. _____

8. _____

D. La rentrée! (*Back to school!*)

Première étape. Cécile is buying school supplies for **la rentrée des classes.** Look at the illustration and make a list of five things that she needs to buy. Be sure to use the indefinite article or a number and the singular or plural form of the words as needed.

1. _____
2. _____
3. _____
4. _____
5. _____

Deuxième étape. Now complete each description of the illustration by checking (✓) the appropriate preposition of location.

1. Il y a une affiche _____ **dans** / _____ **derrière** le sac à dos.

2. Il y a des cahiers _____ **devant** / _____ **derrière** le livre de psychologie.

3. Il y a un sac à dos _____ **devant** / _____ **derrière** l'ordinateur.

4. Il y a une calculatrice _____ **sur** / _____ **sous** le livre de maths.

5. Le livre de maths est _____ **sur** / _____ **sous** la calculatrice.

1.3 Nous sommes étudiants Subject pronouns and the verb **être**

A. Identifications. You will hear the question **Qu'est-ce que c'est?** followed by a classroom object or the question **Qui est-ce?** followed by a noun referring to a person. Identify each object or person using **C'est** or **Ce sont**, depending on whether the noun is singular or plural. After a brief pause, listen to verify your answer, then repeat what you hear. Follow the model.

> EXEMPLE: *You hear:* Qu'est-ce que c'est? / des cahiers
> *You say:* Ce sont des cahiers.
> *You hear:* Ce sont des cahiers.
> *You repeat:* Ce sont des cahiers.

1. … 2. … 3. … 4. … 5. … 6. … 7. ….

B. Qui est étudiant?

Première étape. Complete each sentence with the correct form of the verb **être** followed by the correct form of the noun **étudiant(e)(s),** depending on whether the subject of the sentence is masculine or feminine, singular or plural.

1. Jacques _____ _____ à l'Université de Paris III.

2. Annabelle _____ _____ à l'Université de Lille.

3. [*asking Laura*]: Tu _____ _____ ici (*here*)?

4. [*asking Philippe and Amir*]: Vous _____ _____ ici?

5. Annabelle et Laura _____ _____.

6. Jacques, Philippe et Amir _____ _____.

7. Je _____ aussi (*also*) _____.

8. Nous _____ tous (*all*) _____!

Deuxième étape. Which subject pronoun (**il, elle, ils,** or **elles**) would be used to replace each of the following names?

1. _____ = Jacques   3. _____ = Annabelle et Laura

2. _____ = Annabelle   4. _____ = Jacques, Philippe et Amir

C. Évitons la répétition. (*Let's avoid repetition.*) Rewrite the passage below about Éric and his friends replacing the boldfaced names with the subject pronouns **il, elle, ils,** and **elles** to avoid repetition.

EXEMPLE: Éric est mon ami. **Éric** est de Québec.

Éric est mon ami. Il est de Québec.

Mon ami Éric étudie (*is studying*) l'histoire moderne. **Éric** est sympathique et **Éric** adore l'histoire. Son (*His*) amie Charlotte est étudiante en médecine et **Charlotte** est aussi sympathique. **Éric et Charlotte** sont souvent ensemble (*often together*). Les amies de Charlotte, Anne et Sophie, sont étudiantes aussi. **Anne et Sophie** étudient de temps en temps (*once in a while*) avec Éric et Charlotte.

_____

_____

_____

_____

_____

_____

_____

D. Christophe se présente. (*Christopher introduces himself.*)

Première étape. Complete the following passage with correct forms of the verb **être.**

Moi, je _____[1] Christophe Moisset. Mes amis et moi, nous _____[2] étudiants en biologie. En général, nos profs _____[3] intelligents et intéressants. La prof de ce cours, c'_____[4] Madame Legrand. Avec elle comme (*as*) prof, la biologie _____[5] facile (*easy*)! Et toi, tu _____[6] aussi étudiant(e) en biologie?

Deuxième étape. Use forms of the verb **être** to complete these sentences about yourself and your French class. Use the paragraph in the **Première étape** as a model.

1. Moi, je _____.

2. Mes camarades (*classmates*) et moi, nous _____ en première année de français.

3. Le/La prof de mon (*my*) cours de français, c'_____.

4. Pour moi, le français _____ facile/difficile!

1.4 La précision   Use of the definite articles **le, la, l'**, and **les**

A. Singulier ou pluriel? You will hear a series of words. Check (✓) whether the word is singular or plural based on the form of the definite article that you hear. You will hear each word twice. At the end of the activity, listen to verify your answers.

	SINGULIER	PLURIEL		SINGULIER	PLURIEL
1.	☐	☐	5.	☐	☐
2.	☐	☐	6.	☐	☐
3.	☐	☐	7.	☐	☐
4.	☐	☐	8.	☐	☐

B. À qui est-ce? (*Whose is it?*) You will hear a sentence identifying an item. You will see the name of the person to whom the item belongs. Using the correct *definite* article in a new sentence, say that the item belongs to that person. After a brief pause, listen to verify your answer, then repeat what you hear. Follow the model.

EXEMPLE: *You hear:* C'est un livre.
You see: Antoine
You say: C'est le livre d'Antoine
You hear: C'est le livre d'Antoine.
You repeat: C'est le livre d Antoine.

1.	Claudine	3.	Sabine	5.	M. Lefèvre	7.	Gabrielle
2.	Mme Moreau	4.	David	6.	Alexis	8.	Benjamin

C. La chambre de Pao. (*Pao's room.*)

Première étape. Complete the description of Pao's room with the correct definite articles.

Dans _____*la*_____ chambre de Pao, _____¹ bureau est sous _____² fenêtre. _____³ livres de Pao et son ordinateur sont sur _____⁴ bureau. _____⁵ chaise est devant _____⁶ bureau. _____⁷ stylos, _____⁸ crayons, _____⁹ dictionnaire et _____¹⁰ calculatrice sont dans _____¹¹ sac à dos sur _____¹² chaise!

Deuxième étape. Write three sentences describing where things are in your room using the description of Pao's room as a model.

DANS MA CHAMBRE...

1. _____

2. _____

3. _____

♦ **D. La carte de France.** You will hear a series of sentences about the geography of France. Each sentence will be repeated twice. The first time, write the form of the definite article that you hear. The second time, check (✓) whether the geographical entity is a region (**une région**), river (**un fleuve**), or mountain range (**des montagnes**).

		UNE RÉGION	UN FLEUVE	DES MONTAGNES
1.	_____ Alpes	☐	☐	☐
2.	_____ Alsace	☐	☐	☐
3.	_____ Île-de-France	☐	☐	☐
4.	_____ Loire	☐	☐	☐
5.	_____ Vosges	☐	☐	☐
6.	_____ Normandie	☐	☐	☐
7.	_____ Pyrénées	☐	☐	☐
8.	_____ Rhône	☐	☐	☐
9.	_____ Seine	☐	☐	☐

E. Les matières.

Première étape. Based on the list of the nouns in column A, complete the sentences in column B with the name of the appropriate academic subject from the list below. **Attention!** Remember to use a definite article that agrees in gender and number with each academic subject.

géographie	photographie
histoire de l'art	psychologie
littérature	sciences politiques
mathématiques	

A	**B**
1. un appareil photo (*camera*)	J'étudie _____.
2. une carte	J'étudie _____.
3. une calculatrice	J'étudie _____.
4. des gouvernements	J'étudie _____.
5. un livre de Freud	J'étudie _____.
6. des poèmes	J'étudie _____.
7. la sculpture	J'étudie _____.

Deuxième étape. Now complete the following sentences about yourself with the names of school subjects.

1. J'étudie _____, _____ et _____.

2. J'aime _____ le plus (*the most*).

Culture interactive

Lisons!

Avant de lire

Commençons par le début! You are going to read some information about a restaurant, *Le Relais des Calèches* in the Rhône-Alpes region of France, where tourists traveling in horse-drawn carriages, called **calèches,** can stop for lunch or dinner.

Première étape. Scan the brochure to find the seven French words that are identical in spelling and meaning to their English equivalents.

1. _____

2. _____

3. _____

4. _____

5. _____

6. _____

7. _____

Deuxième étape. Some words in the text are not exactly **mots apparentés,** but are still quite similar to English words. Can you match the French words in column A with their English equivalents in column B?

	A		B
1.	_____ stade	a.	enchanting
2.	_____ enchanteur	b.	stadium
3.	_____ délicate	c.	center
4.	_____ centre	d.	delicate

Lecture

Now you are ready to read the brochure in its entirety.

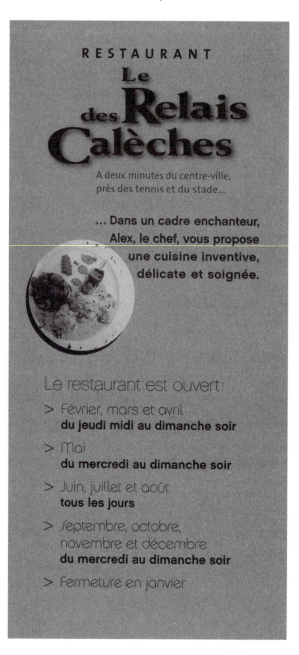

RESTAURANT

Le des Relais Calèches

A deux minutes du centre-ville,
près des tennis et du stade...

... Dans un cadre enchanteur,
Alex, le chef, vous propose
une cuisine inventive,
délicate et soignée.

Le restaurant est ouvert:

> Février, mars et avril
du jeudi midi au dimanche soir

> Mai
du mercredi au dimanche soir

> Juin, juillet et août
tous les jours

> Septembre, octobre,
novembre et décembre
du mercredi au dimanche soir

> Fermeture en janvier

Après la lecture

A. Avez-vous compris (*Did you understand*)**?** Answer each question based on the information you read in the text.

1. Where is the restaurant located?
   a. very close to the center of town
   b. in the center of town
   c. on the outskirts of town

2. What type of cuisine does the restaurant serve?
   a. exotic dishes
   b. traditional French cooking
   c. modern and elegant cuisine

3. During which season is the restaurant open every day?
   a. winter
   b. summer
   c. spring

4. Given the other information provided in the ad about the restaurant's hours, what do you think **Fermeture en janvier** means?
   a. Open in January.
   b. Closed in January.
   c. At the farm in January.

B. Pour aller plus loin. Which three attributes of **Le Relais des Calèches** do you find the most appealing? Cite them from the brochure.

1. _____
2. _____
3. _____

Chez les Français / Chez les francophones / Rétrospective

Using the information from the **Chez les Français, Chez les francophones,** and **Rétrospective** sections in your book, decide whether the following statements are true (**vrai**) or false (**faux**). If a statement is false, correct it by replacing the underlined words to make it true.

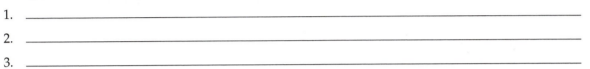

	VRAI	FAUX
1. **La bise** or **le bisou** is the small kiss on both cheeks <u>reserved for family members and friends</u>.	☐	☐
2. The French typically greet friends by <u>hugging them</u>.	☐	☐
3. <u>Toll-free numbers</u> in France are called **numéros verts,** or "green numbers."	☐	☐
4. Each calendar day in France is associated with the name of a <u>famous historical figure</u>.	☐	☐
5. France is shaped roughly like an *octagon* and is affectionately referred to as **L'Octagone.**	☐	☐
6. Mainland France is divided into 22 **régions administratives** which are further divided into two or more **départements** each.	☐	☐

		VRAI	FAUX

7. You can tell what **département** someone is from by looking at their <u>zip code</u>.   ☐   ☐

8. Marcel Marceau is a famous <u>Canadian</u> mime whose **marche contre le vent** inspired Michael Jackson's famous moonwalk.   ☐   ☐

Écrivons!

Genre: E-mail

Thème: On a separate sheet of paper, compose an e-mail message to a French-speaking exchange student who will soon be arriving on your campus. When you have finished your e-mail, check your work by using the **Vérifions** checklist.

1. Begin with a simple greeting, and ask how the exchange student is doing.
2. Introduce yourself, indicating your name and where you are a student.
3. Indicate your favorite season and ask what his or hers is: **J'adore le printemps. Et toi?**
4. Say what your favorite course is and find out what his or hers is: **Mon cours préféré est... . Et toi?**
5. Wish the student a pleasant trip: **Bon voyage!**
6. Sign your e-mail message!

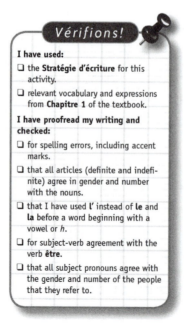

Vérifions!

I have used:
- ☐ the **Stratégie d'écriture** for this activity.
- ☐ relevant vocabulary and expressions from **Chapitre 1** of the textbook.

I have proofread my writing and checked:
- ☐ for spelling errors, including accent marks.
- ☐ that all articles (definite and indefinite) agree in gender and number with the nouns.
- ☐ that I have used **l'** instead of **le** and **la** before a word beginning with a vowel or *h*.
- ☐ for subject-verb agreement with the verb **être**.
- ☐ that all subject pronouns agree with the gender and number of the people that they refer to.

CHAPITRE 2

Comment sont-elles?

Communication en direct

A. Et toi? Et vous? Match each question with the appropriate response. Pay attention to whether the follow-up question in the response uses **toi** or **vous** to help you choose the correct question.

1. Quelle est ta nationalité? _____

2. D'où êtes-vous, madame? _____

3. Tu as quel âge? _____

4. Tu es d'où? _____

5. Quelle est votre nationalité? _____

a. J'ai 18 ans. Et toi?

b. Je suis de Reims, une ville en Champagne. Et vous, monsieur?

c. Je suis de Mechelen, près de Bruxelles. Et toi?

d. Je suis américaine. Et vous, madame?

e. Je suis de nationalité canadienne. Et toi?

 B. Conversations. You are staying in a youth hostel in Marseille, in the south of France, and you overhear bits of conversations. For each question you hear, choose the logical answer. You will hear each question twice. At the end of the activity, listen to verify your answers. Follow the model.

EXEMPLE: *You hear:* Tu as quel âge?

You see: a. Moi, j'ai 19 ans.
b. Je viens de Barcelone.

You choose: a. Moi, j'ai 19 ans.

1. a. Je suis américaine.
   b. Je m'appelle Jessica.

2. a. Je vais très bien.
   b. Je suis d'origine mexicaine, mais je suis américaine.

3. a. Oui, je viens d'un village pas très loin de Montréal.
   b. Oui, j'ai 20 ans.

4. a. J'ai 18 ans.
   b. Mon anniversaire, c'est le 20 septembre.

5. a. Je suis de Marseille et mon ami vient de Toulouse.
   b. Je vais bien, merci.

6. a. Mon anniversaire, c'est le 4 décembre.
   b. J'ai 17 ans.

7. a. Je suis de Strasbourg.
   b. Je suis née à Madrid. Je suis de nationalité espagnole.

C. Origines. You will hear and see a series of names and countries. Based on each set of cues, give each person's nationality. After a brief pause, listen to verify your answers, then repeat what you hear. Follow the model. **Attention!** Address everyone using **tu.**

> EXEMPLE: *You hear:* Ibrahim / le Maroc
> *You see:* Ibrahim / le Maroc
> *You say:* Ah, tu es marocain.
> *You hear:* Ah, tu es marocain.
> *You repeat:* Ah, tu es marocain.

1. Maria / l'Espagne
2. Megan / l'Irlande
3. Giovanni / l'Italie
4. Herbert / l'Allemagne
5. Natalia / la Russie
6. Thomas / le Québec

Vocabulaire interactif

Il est sympathique! Describing someone's personality and appearance

A. Chassez l'intrus. (*What doesn't belong?*) Two of the adjectives in each row form a pair of opposites. Find the adjective that doesn't belong.

1. a. grand ☐ b. petit ☐ c. sociable ☐
2. a. ennuyeux ☐ b. jeune ☐ c. vieux/âgé ☐
3. a. gros ☐ b. mince ☐ c. pauvre ☐
4. a. sérieux ☐ b. amusant ☐ c. mauvais ☐
5. a. méchant ☐ b. grand ☐ c sympa ☐
6. a. aisé/riche ☐ b. triste ☐ c. heureux ☐
7. a. extraverti ☐ b. timide ☐ c. intelligent ☐
8. a. fort ☐ b. poli ☐ c. faible ☐
9. a. laid ☐ b. sportif ☐ c. sédentaire ☐

B. Des jumeaux (*Twins*). Pierre and Paul are twin brothers with very different personalities! For each adjective that describes Pierre, write in its opposite to describe Paul.

1. Pierre est sportif, mais Paul est _____.

2. Pierre est sociable, mais Paul est _____.

3. Pierre est sympathique, mais Paul est plutôt (*somewhat*) _____.

4. Pierre est poli, mais Paul est plutôt _____.

5. Paul est heureux, mais Pierre est parfois (*sometimes*) _____.

C. Préférences. Describe two ideal characteristics of the following people. **Attention!** Try not to repeat any adjectives!

1. Le colocataire (*housemate*) idéal, c'est quelqu'un de/d'_____ et

   de/d'_____.

2. Le parent idéal, c'est quelqu'un de/d'_____ et de/d'_____.

3. Le copain/La copine (*boyfriend/girlfriend*) idéal(e), c'est quelqu'un de/d'_____ et

   de/d'_____.

4. L'ami(e) idéal(e), c'est quelqu'un de/d'_____ et de/d'_____.

5. Le professeur de français idéal, c'est quelqu'un de/d'_____ et

   de/d'_____.

♦ **D. Deux personnages** (*characters*)**.** Listen to the descriptions of Carl and Russell, the two main characters in the animated film *Up* (entitled *Là-haut* in French). You will hear the description twice. The first time, listen for general meaning. The second time, listen for more detail. Then, fill in the chart with the appropriate terms from the list. **Attention!** One term is used twice.

américain	parfois (*sometimes*) méchant	solitaire	vieux
les cheveux gris	poli	très sympa	les yeux bleus
les cheveux noirs	scout (*boy scout*)	veuf (*widower*)	les yeux noirs
d'origine japonaise			

Carl

Il a...

1. _____

2. _____

Il est...

1. _____

2. _____

3. _____

4. _____

5. _____

Russell

Il a...

1. _____

2. _____

Il est...

1. _____

2. _____

3. _____

4. _____

5. _____

♦ **E. Descriptions des mannequins** (*models*)**.** Listen to the descriptions of a photographer's models and complete the sentences with the words you hear. You will hear each description twice. For item 6, describe your own hair and eye color.

1. Marie-Laure a les cheveux _____ et les yeux _____.

2. Patrice a les cheveux _____ et les yeux _____.

3. Ibrahim a les cheveux _____ et les yeux _____.

4. Miriam a les cheveux _____ et les yeux _____.

5. Noémie a les cheveux _____ et les yeux _____.

6. Et moi, j'ai les cheveux _____ et les yeux _____.

F. De quelle couleur? Write a color that is typically associated with the following things. You may think of more than one color!

1. l'océan _____

2. une tomate _____

3. le soleil (*the sun*) _____

4. une craie _____

5. un tableau dans la salle de classe _____

6. le bois (*wood*) _____

7. la fête de Saint-Patrick _____

8. Halloween _____

9. une aubergine (*eggplant*) _____

10. un éléphant _____

 # Prononcez bien!

Les consonnes finales

C'est facile et évident!

1. As a general rule, a consonant at the end of a French word is silent, resulting in an open syllable (a syllable ending in a vowel sound). A consonant followed by the letter **-e,** however, is pronounced, resulting in a *closed* syllable (a syllable ending in a consonant sound). Compare:

consonne muette (*silent*) **(syllabe ouverte)**	**consonne prononcée** **(syllabe fermée)**
content	honnê**te**
laid	stupi**de**
blanc	Fran**ce**
roux	ru**sse**
gros	ro**se**
trop	éta**pe**

2. A final letter **-c,** though silent in some words (like **blanc**), is normally an exception to the final consonant rule. So too are the letters **-r, -f,** and **-l.** These consonants tend to be pronounced at the end of a word in French, whether followed by an **-e** or not. For example:

Québe**c** bonsoi**r** sporti**f** espagno**l**(e)

Hint: You can remember which final letters are involved in these exceptions by thinking of the English word <u>CaReFuL</u>.

3. The final consonant in a word borrowed from English also tends to be pronounced. It need not be followed by an **-e,** and it can be *any* consonant. For example:

| c'est coo**l!** | c'est fu**n!** | un lapto**p** | un sitco**m** |
| un clu**b** | un iPo**d**™ | le ro**ck** | le ja**zz** |

A. Essayons!

Première étape. Read the words below. If you expect the **boldfaced** letter(s) to be pronounced, check (✔) the word. **Attention!** Remember to use the CaReFuL rule!

1. _____ **brave**   4. _____ intellectue**l**   7. _____ gri**s**   10. _____ pu**r**

2. _____ chi**c**   5. _____ faci**l**e   8. _____ honnêt**e**   11. _____ pauvr**e**

3. _____ créati**f**   6. _____ gran**d**   9. _____ amusan**t**   12. _____ sérieu**x**

Deuxième étape. Listen as the words from the **Première étape** are pronounced aloud. You will hear the list twice. The first time, listen to confirm that your responses are correct, and change your answers if necessary. The second time, repeat each word.

♦ B. Un pas en avant.

Première étape. Listen to the names of the following countries and provinces. Check (✔) to indicate whether the name ends in the sound [k], as in *kite*, or [s], as in *site*. If you don't hear any consonant sound at the end, leave both boxes blank. Listen to the list a second time and repeat each country or province name.

	[k]	[s]
1. la Belgique	☐	☐
2. le Danemark	☐	☐
3. les États-Unis	☐	☐
4. la France	☐	☐
5. la Grèce	☐	☐
6. l'Irak	☐	☐
7. le Maroc	☐	☐
8. le Mexique	☐	☐
9. la Suisse	☐	☐
10. le Québec	☐	☐

Attention! Before beginning the **Deuxième étape**, check your answers in the Answer Key on the *En avant!* Online Learning Center.

Deuxième étape. Answer the following questions:

1. Which three spellings represent a pronounced [k] sound at the end of words in the **Première étape?** _____ _____ _____

2. Which two spellings represent a pronounced [s] sound at the end of words? _____ _____

3. Which spelling represents a silent consonant at the end of the word? _____

Pour bien prononcer

In **Communication en direct** you learned pairs of nationality adjectives and may have noticed that the masculine form of many of those adjectives ends in a vowel sound (an open syllable) whereas the feminine form ends in a consonant sound (a closed syllable), indicated by a written consonant followed by **-e.**

Il est françai~~s~~. / Elle est françai<u>se</u>.

It's very important to make a clear difference in pronouncing masculine and feminine adjectives in French. In some situations the adjective may be the only indication of whether a woman or man is being discussed, as you'll see in the next activity. Whereas in English we sometimes "swallow" our final consonants (we don't fully pronounce them), in French, final consonants that are pronounced must be fully released (pronounced completely). Keep this in mind as you listen to and repeat the examples in the next activity.

C. Dictée.

◆ **Première étape.** Listen and complete each sentence with the nationality that you hear. You will hear each sentence twice.

1. Keiko est _____.

2. Pat est _____.

3. Yves est _____.

4. Massimo est _____.

5. Enya est _____.

6. Lan est _____.

7. Oksana est _____.

8. Émile est _____.

Attention! Before beginning the **Deuxième étape,** check your answers in the Answer Key on the *En avant!* Online Learning Center.

Deuxième étape. Now listen and repeat each sentence aloud, being sure to pronounce the final consonant fully, or not at all, as appropriate.

Grammaire interactive

2.1 J'ai cours aujourd'hui The verb **avoir** and common expressions using **avoir**

A. Quel verbe? Listen as Ben describes his classmate Philippe, an exchange student from France. Decide whether each verb you hear is a form of **avoir** or of **être**. You will hear each sentence twice. At the end of the activity, listen to verify your answers. Follow the model.

> EXEMPLE: *You hear:*   Il a un cours de français.
>
> *You see:*   **avoir**   **être**
>
> *You choose:* avoir

	AVOIR	ÊTRE
1.	☐	☐
2.	☐	☐
3.	☐	☐
4.	☐	☐
5.	☐	☐
6.	☐	☐
7.	☐	☐
8.	☐	☐

 B. J'ai... You will hear and see a series of cues. Use this information to indicate what belongs to whom. For each sentence, be sure to use the appropriate subject pronoun, the correct form of the verb **avoir,** and a noun. After a brief pause, listen to verify your answer, then repeat what you hear. Follow the model.

EXEMPLE: *You see and hear:* moi / un téléphone portable

            You say: J'ai un téléphone portable.

            You hear: J'ai un téléphone portable.

            You repeat: J'ai un téléphone portable.

1. toi / un dictionnaire?
2. Franck et toi / un ordinateur?
3. moi / deux colocataires

4. Camille et moi / cours aujourd'hui
5. elle / un cours d'anglais
6. elles / beaucoup d'amis

C. Les amis de Chloé.

Première étape. Complete Chloe's description of her friends in France with the correct forms of the verb **avoir.** (In the **Deuxième étape,** you will answer questions based on this description.)

Vous _____¹ des amis en France? Moi j'_____² des amis à Saint-Jean-de-Luz, un village basque en Aquitaine. Il y _____³ cinq départements en Aquitaine. Saint-Jean-de-Luz est dans le département des Pyrénées-Atlantiques (numéro 64). Mes amis _____⁴ une vue magnifique de l'océan! Quand je suis là-bas (*over there*), nous _____⁵ une semaine ensemble pour visiter la côte basque, en France et en Espagne. Un de mes amis, Iker, _____⁶ envie d'être guide professionnel! C'est amusant parce qu'Iker veut dire (*means*) «visite» en basque! «Tu _____⁷ besoin d'étudier aussi le basque!» me disent mes amis (*my friends tell me*). Ils _____⁸ raison (*right*)!

Deuxième étape. Now, answer the following questions based on the description in the **Première étape.**

1. Les amis de Chloé sont de _____.

2. Le numéro du département des Pyrénées-Atlantiques, c'est le _____.

3. Iker a envie d'être _____.

4. Le prénom «Iker» veut dire _____ en basque.

5. Chloé parle français, mais elle a besoin aussi d'étudier le _____.

D. Les langues et les cours. Each person or group of people wants to visit a different country. Use the expression **avoir envie de visiter...** to say where the person wants to go; then use the expression **avoir besoin d'étudier...** to say what language the person needs to study before his/her visit. Be sure to use the correct form of the verb **avoir.** Follow the model.

EXEMPLE: **le Mexique**

John *a envie de visiter le Mexique.*

Alors (*So*), il *a besoin d'étudier l'espagnol*!

l'Italie

1. Les parents de Nathalie _____.

   Alors, ils _____!

la Russie

2. Claire et toi, _____?

   Alors, vous _____!

la Chine

3. Tu _____?

   Alors, tu _____!

la France

4. Nous les étudiants, nous _____.

   Alors, nous _____!

2.2 Je n'ai pas de devoirs! Basic negation with **ne... pas** and **ne... jamais**

A. Au contraire. Make the following sentences negative using **ne... pas, ne... pas souvent** (*not often*), or **ne... jamais.** Then check the statements that are true of your French class.

C'est vrai.

1. Le cours est facile! ☐

_____ ☐

2. Le prof parle anglais en classe. ☐

_____ ☐

3. Nous avons cours le vendredi. ☐

_____ ☐

4. Les étudiants sont timides. ☐

_____ ☐

5. Le/La prof est très jeune. ☐

_____ ☐

6. Les étudiants sont impolis. ☐

_____ ☐

B. Qu'est-ce que c'est? Indicate whether the object in each illustration is correctly identified or not using **Oui, c'est un(e)...** or **Non, ce n'est pas un(e)...**

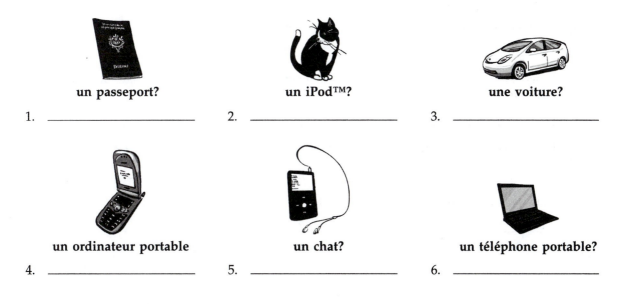

un passeport?   un iPod™?   une voiture?

1. _____   2. _____   3. _____

un ordinateur portable   un chat?   un téléphone portable?

4. _____   5. _____   6. _____

C. Différences. Compare the rooms of two students, Arthur and Cécile. Use the expression **il y a,** in the negative or affirmative, according to what you see in the illustrations. **Attention!** Be sure to use the correct article after **ne… pas.**

la chambre d'Arthur   **la chambre de Cécile**

EXEMPLE: Dans la chambre d'Arthur, il y a un cahier sur le bureau, mais dans la chambre de

Cécile, *il n'y a pas de cahier sur le bureau.*

1. Dans la chambre d'Arthur, il y a un ordinateur portable sur le bureau, mais dans la chambre de Cécile,

    _____

2. Dans la chambre d'Arthur, il y a une affiche sur le mur, mais dans la chambre de Cécile,

    _____

3. Dans la chambre d'Arthur, il n'y a pas de téléphone portable sur le bureau, mais dans la chambre de Cécile,

    _____

4. Dans la chambre d'Arthur, il y a des livres sur la chaise, mais dans la chambre de Cécile,

    _____

5. Dans la chambre d'Arthur, il y a des stylos sur le bureau, mais dans la chambre de Cécile,

    _____

Nom _____ Date _____ Cours _____

D. Une biographie. Read the following biography of the Haitian musician Wyclef Jean. Use the negation **ne... pas** to contradict any of the statements that follow *only* if they are untrue.

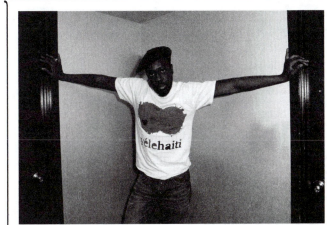

Wyclef Jean, musicien d'origine haïtienne

Wyclef Jean est un musicien célèbre. Il joue¹ de la guitare. Il est d'origine haïtienne. Il est né en Haïti en 1972 mais il habite² aux États-Unis. Il parle créole, français et anglais. Il est grand et beau, aux cheveux bruns et aux yeux bruns. Il a une femme, Marie, et une enfant, Angelina. Jean est le fondateur de *Yéle Haïti*, une organisation qui aide³ les habitants d'Haïti. C'est quelqu'un de très généreux.

¹*plays* ²*lives* ³*qui... that helps*

1. C'est un acteur célèbre. _____
2. Il est d'origine française. _____
3. Il a 30 ans. _____
4. Il habite aux États-Unis. _____
5. Il a les yeux verts. _____
6. Il parle créole. _____
7. Il a trois enfants. _____
8. Il aide le peuple haïtien. _____

2.3 Il est beau, elle est belle   Forms of adjectives

A. Michel ou Michèle? You will hear a series of sentences. If the adjective you hear describes a man, check **Michel (un homme).** If it describes a woman, check **Michèle (une femme).** If it could describe either a man or a woman, check **Michel ou Michèle.** You will hear each sentence twice. At the end of the activity, listen to verify your answers. Follow the model.

EXEMPLE: *You hear:* Michèle est belle.
You see: **Michel   Michèle   Michel ou Michèle**
          (un homme)   (une femme)
You choose: ☑ **Michèle (une femme)**

	MICHEL (UN HOMME)	MICHÈLE (UNE FEMME)	MICHEL OU MICHÈLE
1.	☐	☐	☐
2.	☐	☐	☐
3.	☐	☐	☐
4.	☐	☐	☐
5.	☐	☐	☐
6.	☐	☐	☐
7.	☐	☐	☐
8.	☐	☐	☐

B. Les formes de l'adjectif.

Première étape. Complete the chart below with the missing adjective forms. Use the forms already provided as clues.

MASCULIN SINGULIER il est...	MASCULIN PLURIEL ils sont...	FÉMININ SINGULIER elle est...	FÉMININ PLURIEL elles sont...
	actifs	active	
beau		belle	
		heureuse	heureuses
grand		grande	
fort	forts		

Deuxième étape. Now provide the adjectives that are opposite in meaning to those in the chart. **Attention!** Be sure to provide the same gender and number form as is used in each sentence you are contradicting below!

1. Ils sont actifs. → _____

2. Elle est belle. → _____

3. Elle est heureuse. → _____

4. Il est grand. → _____

5. Ils sont forts. → _____

 C. Deux amis. You will hear the names of two friends. Choose the correct form of the adjective to describe them. Then, use the names given and the verb **être**—along with the adjective you chose—to create a complete sentence. After a brief pause, listen to verify your answer. Follow the model.

> EXEMPLE: *You hear:* Barbara et Béatrice
> *You see:* ☐ beaux ☐ belles
> *You choose:* ☑ belles
> *You say:* Barbara et Béatrice sont belles.
> *You hear:* Barbara et Béatrice sont belles.

1. ☐ allemands ☐ allemandes

2. ☐ contents ☐ contentes

3. ☐ français ☐ françaises

4. ☐ loyaux ☐ loyales

5. ☐ méchants ☐ méchantes

6. ☐ sérieux ☐ sérieuses

7. ☐ vieux ☐ vieilles

D. Les contraires s'attirent (*Opposites attract*). Sophie and Marc are married, but they are very different. Based on how Marc is described, select the adjective from the list that has the opposite meaning, using its feminine singular form to describe Sophie. **Attention!** Some adjectives in the list will not be used.

aisé	mince	sédentaire	timide
fort	petit	sérieux	triste
méchant	poli	sportif	

1. Marc est parfois impoli, mais Sophie est très _____.

2. Marc est amusant, mais Sophie est assez _____.

3. Marc est un peu gros, mais Sophie est très _____.

4. Marc est sédentaire, mais Sophie est _____.

5. Marc est grand, mais Sophie est _____.

6. Marc est assez sociable, mais Sophie est très _____.

E. Vos amis et vous. Describe two friends (one male, one female) who have different character traits, using at least three adjectives. Then choose two adjectives to describe traits that they share. Finally, choose two adjectives to describe yourself. Consult the vocabulary list at the end of **Chapitre 2** in your textbook for adjectives you can use.

EXEMPLE: Mon ami __*Jack*__ est __*sympa*__, __*grand*__ et __*intelligent*__.

Mon amie __*Jill*__ est __*petite*__, __*belle*__ et __*sérieuse*__.

Mes amis __*Jack*__ et __*Jill*__ sont tous les deux (*both*) __*américains*__ et __*sportifs*__.

Et moi, je suis __*jeune*__ et __*heureux (heureuse)*__

1. Mon ami _____ est _____, _____

   et _____.

2. Mon amie _____ est _____, _____

   et _____.

3. Mes amis _____ et _____ sont tous les deux

   _____ et _____.

4. Et moi, je suis _____ et _____.

2.4 Elle est française? Asking *yes/no* questions with intonation and **est-ce que**

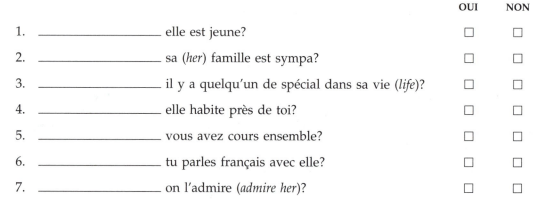

A. Quelle est la bonne réponse? You will hear a series of questions. Match the number of each question with the letter of the most logical answer. You will hear each question twice. At the end of the activity, listen to verify your answers.

1. _____   2. _____   3. _____   4. _____   5. _____   6. _____

a. Oui, elle a un cours de chimie le lundi.
b. Oui, j'ai un ordinateur portable.
c. Oui, elles sont anglaises.
d. Non, elle est très sérieuse en classe.
e. Non, je suis malade.
f. Non, ils sont contents!

B. Une amie. Begin each question about a female friend (classmate, co-worker, or girlfriend) that you know well with the appropriate form of **Est-ce que** or **Est-ce qu'**, then answer **oui** or **non** to each question.

		OUI	NON
1.	_____ elle est jeune?	☐	☐
2.	_____ sa (*her*) famille est sympa?	☐	☐
3.	_____ il y a quelqu'un de spécial dans sa vie (*life*)?	☐	☐
4.	_____ elle habite près de toi?	☐	☐
5.	_____ vous avez cours ensemble?	☐	☐
6.	_____ tu parles français avec elle?	☐	☐
7.	_____ on l'admire (*admire her*)?	☐	☐

C. Questions de nationalité. Read the answers to the following questions, then write a *yes/no* question using the appropriate adjective of nationality. For items 1–3, write the question using intonation and **tu;** for items 4–6, write the question using **est-ce que** and **vous.**

EXEMPLES: Caroline, *tu es américaine*?
Oui, je viens des États-Unis.

Madame, *est-ce que vous êtes italienne*?
Oui, je suis de Rome (l'Italie).

1. Bruno, _____?
   Oui, je viens d'Allemagne.

2. Anna, _____?
   Oui, je suis de Madrid (l'Espagne).

3. Kazuko (*f.*) _____?
   Oui, j'habite à Osaka (le Japon).

4. Mme Leterme, _____?
   Oui, j'habite à Bruxelles (la Belgique).

5. M. Hernández, _____?
   Oui, je viens du Mexique.

6. M. Asimov, _____?
   Oui, je suis de Moscou (la Russie).

D. Les questions du Professeur Gérard. Using **Est-ce que...** and the words provided, create questions that Monsieur Gérard, a visiting professor, might ask of you and your classmates. Be sure to make any necessary changes (verb forms, adjective forms, etc.). Then, answer each question using **ne... pas** and/or by adding details whenever appropriate.

1. vous / avoir cours / le soir?

   _____?

   _____.

2. vous / être très occupé(e) / le week-end?

   _____?

   _____.

3. vous / avoir besoin / de cours particuliers (*tutoring*)?

   _____?

   _____.

4. vous / avoir / une semaine de congé (*time off*) / à Noël?

   _____?

   _____.

5. vous / être content(e) / de votre cours de français?

   _____?

   _____.

6. vous / avoir envie d'être professeur / un jour?

   _____?

   _____.

Culture interactive

Lisons!
Astérix et Obélix

Stratégie de lecture Deriving word meaning from context

When you read in your native language, you sometimes encounter words that you don't know. When this happens, you're generally able to figure out an unknown word's meaning and part of speech (noun, verb, etc.) because you recognize other words in the text. Try to read in French in the same way, letting the context help you infer the meaning and part of speech of any French words you don't know. Use a dictionary only if there aren't enough contextual clues to help you.

Avant de lire

Commençons par le début! Before reading the following descriptions of the characters from the popular French comic book series **(bande dessinée)** *Astérix, le Gaulois,* indicate whether the word in **boldface** in each phrase below is a verb **(v)**, a noun **(n)**, or an adjective **(a)**. Use the form of the word, as well as the words that surround it, to determine what part of speech it is.

1. _____ Ils **vivent**...

2. _____ ...à l'époque **romaine**

3. _____ le **meilleur** ami d'Astérix

4. _____ Il aime beaucoup **manger.**

5. _____ Il n'est pas **peureux.**

6. _____ un **chanteur** traditionnel

7. _____ ...il **pense** qu'il est génial.

8. _____ ...tout le monde **s'accorde** sur une chose...

Lecture

Now, use your knowledge of English-French cognates as well as the two kinds of clues you've learned about in this chapter—part of speech and sentence context—to help derive word meanings as you read. A few unknown words will need to be skipped; a few others (those that have a superscript number next to them) will need to be "looked up" by referring to the translations that follow the text.

Astérix et Obélix sont des héros de bande dessinée très sympas. Ils vivent à l'époque[1] romaine et ils sont gaulois, les ancêtres des Français. Toutes les histoires d'Astérix et Obélix commencent par une description des protagonistes habituels du village.

Astérix est petit et très intelligent. Avec la potion magique de Panoramix, le druide, il est aussi très fort!

Obélix est le meilleur ami d'Astérix; ils sont inséparables. Il est un peu gros et surtout, très gourmand[2]! Il aime beaucoup manger...

[1]*era* [2]*fond of food*

Le chef du village, c'est Abraracourcix, majestueux, courageux, ... respecté par ses hommes. Il n'est pas peureux.

Enfin, dans le village, il y a le barde Assurancetourix— un chanteur traditionnel— mais il n'est pas très talentueux. En général, les autres n'aiment pas la musique d'Assurancetourix mais lui, il pense qu'il est génial!

Mais tout le monde s'accorde sur une chose: Jules César et les Romains sont les ennemis.

Illustrations: www.asterix.com © 2010 Les Éditions Albert René/Goscinny-Uderzo.

Après la lecture

A. Avez-vous compris? By using clues to word meaning (in French), you should be able to complete the following summary of the text (in English) with the words from the list.

agrees	best	cowardly	eat	live	singer	thinks

1. **Astérix** and **Obélix** _____ during the Roman era.

2. **Obélix** is **Astérix's** _____ friend; he loves to _____.

3. **Abraracourcix,** the chief of the village, is courageous, not _____.

4. **Assurancetourix** is a _____ who _____ he's quite talented.

5. One thing that everyone _____ upon is that the Romans are the enemy.

B. Pour aller plus loin. Describe two characters from a comic strip or cartoon in your own culture, using some of the statements in the text on **Astérix et Oblélix** as a model. You might describe Batman and Robin, Tom and Jerry, Shaggy and Scooby-Doo, Superman and Lex Luthor, etc.

_____

_____

_____

Chez les Français / Chez les francophones / Rétrospective

Using the information from **Chez les Français, Chez les francophones,** and **Rétrospective** in your textbook, decide whether the following statements are **vrai** or **faux.** If a statement is false, correct it by replacing the underlined words to make it true.

		VRAI	FAUX
1.	France began colonizing the Caribbean in the 16th century, North America in the 17th century, and <u>Africa and Southwest Asia</u> in the 19th and early 20th centuries.	☐	☐
2.	Many former colonies gained their independence peacefully, but <u>Morocco</u> didn't win independence until 1962, following a war with France.	☐	☐
3.	**Le Pays basque** is an area in the <u>Alps</u> partly in France (the **Aquitaine** region) and partly in Spain.	☐	☐
4.	The Basque language <u>bears no resemblance to</u> the Spanish and French languages.	☐	☐
5.	The French school year (**l'année scolaire**) runs from <u>early August to late July</u>.	☐	☐
6.	French students normally take <u>a predetermined set of year-long</u> courses related solely to their major (**filière).**	☐	☐
7.	**La Louisiane** is named after the <u>famous explorer Louis Hennepin</u>.	☐	☐
8.	Present-day Cajuns are the <u>descendants of Acadians</u> who settled in Louisiana following the **Grand Dérangement.**	☐	☐

●/Écrivons!

Genre: Profile for social networking website

Thème: Hoping to interact with additional French speakers, you've decided to join one of the following social networking websites: **fr.facebook.com, fr.myspace.com,** or **fr.skyrock.com.** Before joining, you read the following description online.

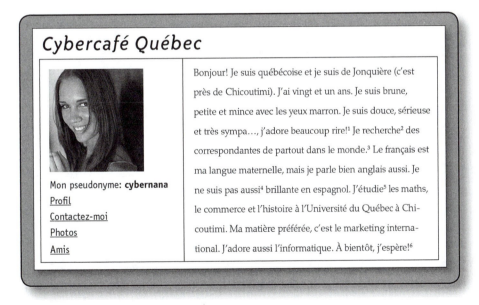

Cybercafé Québec

Mon pseudonyme: **cybernana**
Profil
Contactez-moi
Photos
Amis

Bonjour! Je suis québécoise et je suis de Jonquière (c'est près de Chicoutimi). J'ai vingt et un ans. Je suis brune, petite et mince avec les yeux marron. Je suis douce, sérieuse et très sympa…, j'adore beaucoup rire![1] Je recherche[2] des correspondantes de partout dans le monde.[3] Le français est ma langue maternelle, mais je parle bien anglais aussi. Je ne suis pas aussi[4] brillante en espagnol. J'étudie[5] les maths, le commerce et l'histoire à l'Université du Québec à Chicoutimi. Ma matière préférée, c'est le marketing international. J'adore aussi l'informatique. À bientôt, j'espère![6]

[1]*to laugh*   [2]*Je… I'm looking for*   [3]*dans… in the world*   [4]*as*   [5]*I study*   [6]*I hope*

Now, on a separate sheet of paper, complete your own online profile using the one above as a model. Choose a username that reflects your interests or personality. Then, write a short description of yourself that includes the following information.

1. your nationality and the region or city you are from
2. your age
3. your personality and appearance
4. the languages you speak
5. where you are a student and what you are studying
6. your favorite class

When you have finished your online profile, check your work by using the **Vérifions** checklist.

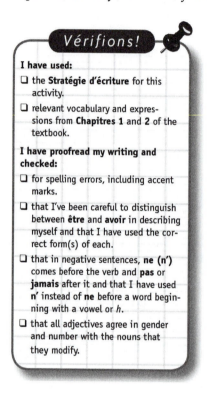

Vérifions!

I have used:
☐ the **Stratégie d'écriture** for this activity.
☐ relevant vocabulary and expressions from **Chapitres 1** and **2** of the textbook.

I have proofread my writing and checked:
☐ for spelling errors, including accent marks.
☐ that I've been careful to distinguish between **être** and **avoir** in describing myself and that I have used the correct form(s) of each.
☐ that in negative sentences, **ne (n')** comes before the verb and **pas** or **jamais** after it and that I have used **n'** instead of **ne** before a word beginning with a vowel or *h*.
☐ that all adjectives agree in gender and number with the nouns that they modify.

CHAPITRE 3

Qu'est-ce que tu aimes faire?

Communication en direct

A. Quelle heure est-il? You will hear a series of people tell you what time it is. Match each time you hear with the corresponding clock. You will hear each time twice. At the end of the activity, listen to verify your answers.

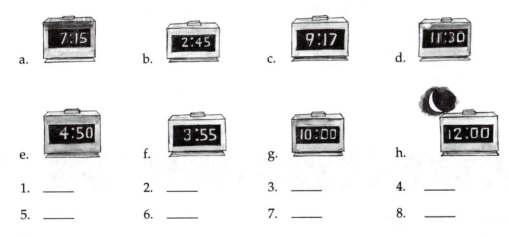

a.   b.   c.   d.

e.   f.   g.   h.

1. _____   2. _____   3. _____   4. _____

5. _____   6. _____   7. _____   8. _____

B. L'heure. Read each question about the time. Choose the correct response based on the time shown in parentheses or, if no time is shown, an appropriate response to the question.

1. Pardon, vous avez l'heure, s'il vous plaît? (8 h 05)
   a. Il est neuf heures.
   b. Désolé, je ne sais pas.
   c. Il est huit heures cinq.

2. Excuse-moi, Didier. Tu as l'heure? (8 h 45)
   a. Désolé. Aucune idée!
   b. Eh oui, il est neuf heures moins le quart.
   c. Eh oui, il est neuf heures et demie.

3. Michel, tu as l'heure, s'il te plaît? (12 h 30)
   a. Déjà (*Already*) midi et demi!
   b. Il est midi et quart.
   c. Il est minuit.

4. Bonjour, madame. Quelle heure est-il, s'il vous plaît?
   a. Il est dix-sept heures.
   b. Il est onze heures.
   c. Je ne sais pas. Je n'ai pas de montre!

5. Quelle heure est-il, s'il vous plaît? J'ai rendez-vous (*meeting*) à dix heures trente et je suis en retard!
   a. Je n'ai pas de montre. Désolé.
   b. Il est dix heures vingt-cinq!
   c. Il est dix heures trente cinq!

6. Le cours de français est à midi. Est-ce que Yann arrive en avance ou à l'heure? (11 h 50)
   a. Il arrive en avance.
   b. Il est midi.
   c. Il arrive à l'heure.

C. Le train est à quelle heure? You and a friend are planning a train trip in France. You are on the phone together and he is asking you what time the trains leave for different cities. Answer his questions based on the timetable of departing trains below. You will hear each question twice. After a brief pause, listen to verify your answer. Follow the model.

EXAMPLE: *You hear:* Le train pour Toulouse part (*leaves*) à quelle heure?

You see: 17.40 Toulouse

You say: À dix-sept heures quarante.

You hear: À dix-sept heures quarante.

Départs en semaine	
09.45 St-Étienne	15.55 Nancy
11.24 Lyon	17.40 Toulouse
13.15 Marseille	20.36 Besançon
14.20 Nice	22.07 Annecy

1. …   2. …   3. …   4. …   5. …   6. …   7. …

Vocabulaire interactif

Pour passer le temps   Talking about daily activities

A. Les activités de Paul. Paul has just enrolled as a visiting student at the University of Nantes. He is writing a message to tell his family about some of his daily activities. Look at the illustrations and identify the activities he mentions. Follow the model.

EXAMPLE: *envoyer un texto*

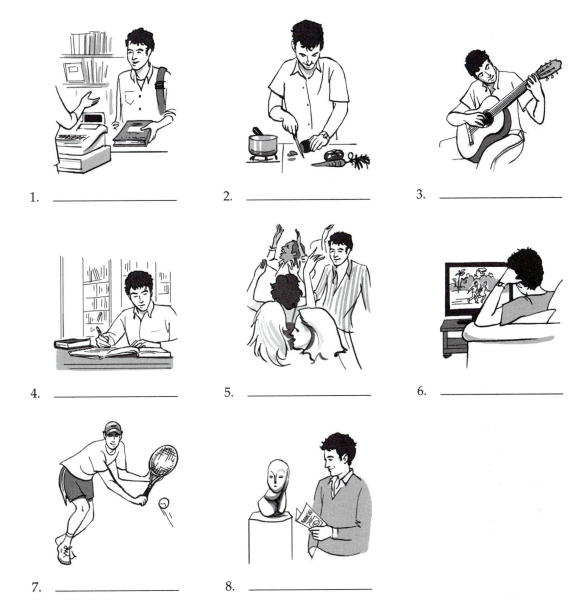

1. _____   2. _____   3. _____

4. _____   5. _____   6. _____

7. _____   8. _____

B. Préférences. Based on the descriptions of Guillaume and Patrick, choose the best phrase to complete each statement they make about activities they like and dislike.

Guillaume: 24 ans, travaille dans l'informatique, technophile, très sociable, gourmet, pas sportif

1. J'adore _____.   a. faire les devoirs   b. faire la cuisine

2. J'aime _____.   a. surfer sur Internet   b. visiter des musées

3. Je préfère _____.   a. envoyer des textos   b. jouer au tennis

4. Je déteste _____.   a. travailler   b. jouer au football

Patrick: 19 ans, étudie l'histoire pour être professeur, musicien, pas sociable, cinéphile (*movie fan*), très sportif

5. J'adore _____.
   a. aller au cinéma
   b. danser en boîte

6. J'aime _____.
   a. jouer au tennis
   b. télécharger de la musique

7. Je préfère _____.
   a. surfer sur Internet
   b. regarder un film

8. Je déteste _____.
   a. parler au téléphone
   b. jouer du piano

C. Les amis de Laetitia. Listen as Laetitia's friends describe themselves. Then, choose which statement would *not* apply to each person, based on his/her description. You will hear each description twice. At the end of the activity, listen to verify your answers.

1. _____
   a. J'aime acheter les livres de Julia Child et de Paul Bocuse.
   b. Le week-end, j'adore faire du vélo.
   c. J'aime inviter des amis à dîner.

2. _____
   a. Je préfère regarder les films français.
   b. J'aime louer des films d'horreur.
   c. J'adore jouer du piano.

3. _____
   a. Je déteste jouer à des jeux vidéo en ligne.
   b. Le week-end, j'adore surfer sur Internet.
   c. J'aime télécharger de la musique.

4. _____
   a. J'aime jouer aux cartes.
   b. J'aime jouer au foot.
   c. J'adore jouer au tennis.

5. _____
   a. J'aime les études; je suis très intellectuel.
   b. Je déteste étudier le week-end.
   c. J'adore danser en boîte.

6. _____
   a. Je préfère jouer de la guitare.
   b. Le week-end, j'aime regarder la télé.
   c. Je n'aime pas écouter la radio.

D. L'agenda de Marianne.

Première étape. Complete Marianne's weekend schedule using the following verbs. **Attention!** Some verbs are used more than once and some are not used at all.

acheter	danser	envoyer	jouer	regarder
aller	dîner	faire	préparer	visiter

	vendredi	samedi	dimanche
9 h 00	_____ *des stylos et un cahier*	_____ *au tennis*	*téléphoner à Gabrielle*
12 h 00	_____ *le quiz d'anglais*	*travailler à la bibliothèque*	_____ *le musée d'art*
14 h 30	*étudier avec Anne-Sophie*	*travailler à la bibliothèque*	_____ *les devoirs d'histoire*
18 h 30	*regarder un film sur DVD*	_____ *des billets de concert*	_____ *au restaurant avec Caroline*
22 h 00	_____ *en boîte avec Marc et Lise*	_____ *du mél; télécharger de la musique*	_____ *la télévision*

Attention! Before doing the **Deuxième étape,** check your answers to the **Première étape** in the Answer Key on the *En avant!* Online Learning Center.

Deuxième étape. Listen to each question about Marianne's schedule and choose the correct response. You will hear each question twice. At the end of the activity, listen to verify your answers.

1. a. à 9 h 00   b. à midi   c. à 18 h 30
2. a. vendredi   b. samedi   c. dimanche
3. a. à 9 h 00   b. à midi   c. à 14 h 30
4. a. vendredi   b. samedi   c. dimanche
5. a. à 2 h   b. à 12 h   c. à 22 h
6. a. jusqu'à midi   b. jusqu'à 16 h 30   c. jusqu'à 18 h 30

E. Tu es comment? For each of the following statements, choose **Je suis** or **Je ne suis pas** to indicate whether the description does or doesn't fit you. Then write two activities that you like or dislike to support your description. Use the expressions of preference below. **Attention!** Do not repeat any activities.

J'adore...   J'aime...   Je n'aime pas...   Je déteste...

    EXEMPLE: <u>Je suis (✓) / Je ne suis pas</u> sociable.
          a. *J'aime parler au téléphone.*
          b. *J'adore aller au café avec des amis.*

1. <u>Je suis / Je ne suis pas</u> technophile.

   a. _____

   b. _____

2. <u>Je suis / Je ne suis pas</u> sportif/sportive.

   a. _____

   b. _____

3. <u>Je suis</u> / <u>Je ne suis pas</u> intellectuel(le).

   a. _____

   b. _____

4. <u>Je suis</u> / <u>Je ne suis pas</u> cultivé(e) (*cultured*).

   a. _____

   b. _____

Prononcez bien!

Les voyelles [e] et [ɛ]

t<u>é</u>lé et t<u>ê</u>te

1. The vowel sound [e], as in **télé**, appears in *open* syllables—that is, syllables that end in a vowel sound. Aside from the conjunction **et** and the verb form **j'ai**, the vowel sound [e] is most often represented by the following three spellings.

-é	té | lé | phone	ci | n**é** | ma
-er	vi | si | t**er**	pre | mi**er** (*first*)
-ez	(vous) par | l**ez**	(vous) a | v**ez**

   Remember that you learned in **Chapitre 2** that a final, written **-r** is normally pronounced, as in **jou<u>r</u>** and **noi<u>r</u>**. Notice, however, that the final **-r** is *not* pronounced in the infinitive of verbs that end in **-er**, for example **visit<u>er</u>**, nor in some adjectives and nouns ending in **-er**, such as **premi<u>er</u>**.

2. The vowel sound [ɛ], as in **tête**, is pronounced similarly to [e] but with the jaw muscles more relaxed and the mouth more open. It is typically (but not exclusively) found in *closed* syllables, which end in a consonant sound. The letter **e** with an **accent grave** (**è**) or an **accent circonflexe** (**ê**) often serves as a clue to the pronunciation [ɛ], but the letters **-e-**, **-ei-** and **-ai-** in closed syllables also represent this sound.

è	m**è**re	pre | mi**è**re
ê	f**ê**te	fe | n**ê**tre
e	dé | t**e**ste	hi | v**e**r
ei	s**ei**ze	n**ei**ge (*snow*)
ai	f**ai**re	se | m**ai**ne

A. Essayons!

♦ **Première étape.** Listen to each word and check the vowel sound that you hear. You will hear each word twice.

	[e] as in *télé*	**[ɛ] as in *tête***		**[e] as in *télé***	**[ɛ] as in *tête***
1.	☐	☐	6.	☐	☐
2.	☐	☐	7.	☐	☐
3.	☐	☐	8.	☐	☐
4.	☐	☐	9.	☐	☐
5.	☐	☐	10.	☐	☐

Attention! Before beginning the **Deuxième étape,** check your answers in the Answer Key on the *En avant!* Online Learning Center.

Deuxième étape. Listen again as the words from the **Première étape** are pronounced. Repeat each word as you pay close attention to its spelling.

1. aller
2. deuxième
3. billet
4. j'ai
5. être
6. télécharger
7. première
8. été
9. (vous) **aimez**
10. (vous) êtes

•

Pour bien prononcer

In general, French vowels are more "tense" than those in English, meaning that you have to tense your facial muscles more than you are used to. To correctly produce the vowels [e] as in **télé** and [ɛ] as in **tête**, spread your lips very wide, as if you were smiling.

For the vowel [e], your mouth should be open very little, with your teeth almost touching. Hold that position, and say the French word **des,** without letting your chin move. Remember to keep the vowel very short, so that it does not lengthen to [eʲ] as in the English word *day*!

To practice the sound [ɛ], keep your lips spread in a smile, but open your mouth a little more (relax your jaw muscles slightly) and say the word **dette** (*debt*).

•

B. Un pas en avant.

Première étape. Listen to the pronunciation of the following words. You will hear each word twice. The first time, write the letter of each word next to its written form. At the end of the activity, listen to verify your answers, then repeat each word.

1. _____ chaise
2. _____ chef
3. _____ chêne (*oak*)
4. _____ chèque
5. _____ cher/-ère
6. _____ chercher
7. _____ chéri(e)
8. _____ chez

♦ **Deuxième étape.** Now answer the following questions about the words in the **Première étape.**

1. What is the only word that contains *both* vowel sounds, [e] and [ɛ]? _____

2. Two other words contain the sound [e]. Which ones are they? _____

_____

♦ C. Dictée.

Première étape. Listen and complete the following sentences with the words you hear. You will hear each sentence twice.

1. Vous _____ regarder la _____?

2. Les _____ ont trois mois de congé en _____.

3. Elle aime _____ des musées et _____ de la musique.

4. Désolé(e). Je n'_____ aucune _____!

5. À _____ heure _____ le restaurant?

6. En _____, le resto-U ouvre à _____ heures.

7. Moi, j'_____ _____ la cuisine.

8. _____-ce qu'il a _____ ans?

Attention! Before beginning the **Deuxième étape,** check your answers in the Answer Key on the *En avant!* Online Learning Center.

Deuxième étape. Now listen and repeat each sentence, paying particular attention to words with the sound [e] in sentences 1–4 and [ɛ] in sentences 5–8.

Grammaire interactive

3.1 Je parle français! Regular -er verbs

A. Les amis de Justine. Listen as Justine describes what she and her friends do together using the pronoun **nous**. Restate what they do using the pronoun **ils**. After a brief pause, listen to verify your answer. **Attention!** Be sure to make the [z] sound of **liaison** between **nous** or **ils** and a verb beginning with a vowel or **h**. Follow the model.

> EXEMPLE: *You hear:* Nous aimons jouer au tennis.
>
> *You say:* Ils aiment jouer au tennis.
>
> *You hear:* Oui, ils aiment jouer au tennis.

1. … 2. … 3. … 4. … 5. … 6. … 7. … 8. …

B. La journée de Céline.

Première étape. Complete the following paragraph and conversation between Céline and Élisabeth by using the appropriate **-er** verb endings. **Attention!** You'll need to use the infinitive form of the verb in one of the sentences.

Céline lou_____[1] un appartement avec une étudiante belge, Élisabeth. Elles habit_____[2] près de la fac. Céline arriv_____[3] à la fac à 8 h 30. Élisabeth téléphon_____[4] à Céline à 10 h. Voici leur (*their*) conversation:

ÉLISABETH: Tu déjeun_____[5] avec moi aujourd'hui, à midi?

CÉLINE: Désolée, mais Luc et moi, nous mang_____[6] ensemble aujourd'hui.

ÉLISABETH: Vous étudi_____[7] ensemble cet après-midi?

CÉLINE: Non, je travaill_____[8].

ÉLISABETH: À quelle heure est-ce que tu rentr_____[9]?

CÉLINE: Je rentr_____[10] vers 6 h 00. Dis… (*Hey, …*) Moi, j'ai envie de prépar_____[11] une bonne quiche pour le dîner. Tu aim_____[12] la quiche lorraine?

ÉLISABETH: Oui!

CÉLINE: Très bien! Nous dîn_____[13] ensemble ce soir!

Attention! Before beginning the **Deuxième étape,** check your answers in the Answer Key on the *En avant!* Online Learning Center.

Deuxième étape. You will now hear a series of statements about Céline's day. Decide whether the statements are **vrai** or **faux** based on the information in the **Première étape.** You will hear each statement twice. At the end of the activity, listen to verify your answers.

	VRAI	FAUX
1.	☐	☐
2.	☐	☐
3.	☐	☐
4.	☐	☐
5.	☐	☐

C. L'activité logique. Based on the descriptions of the following people, write a sentence with an **-er** verb describing the activities they would likely do. Use verbs from the list below or other **-er** verbs you know.

chercher des amis	regarder des films comiques
✓ étudier le week-end	rester à la maison
jouer au rugby	travailler le week-end
manger de la salade	voyager en France avec eux (*them*)

EXEMPLE: Alex est un étudiant très sérieux. Il *étudie le week-end* _____.

1. Nous avons des amis français. Nous _____.

2. Nadine est très drôle. Elle _____.

3. Benjamin et Simon sont sportifs. Ils _____.

4. Luc est végétarien. Il _____.

5. Tu es malade (*sick*) aujourd'hui? Tu _____?

6. Je suis assez timide. Je/J' _____ sur Internet.

7. Vous avez besoin d'argent (*money*)? Vous _____?

D. Deux camarades.

♦ **Première étape.** Listen to Mathieu's description of his life as a student and complete the paragraph with the correct form of the verbs that you hear. You will hear the passage twice. **Attention!** The verbs **être** and **avoir** are used in addition to regular **-er** verbs.

Je m'appelle Mathieu. J' _____[1] 20 ans et j' _____[2] à Paris avec un

camarade, Charles. Nous _____[3] étudiants en biologie à l'Université de Paris VI. Nous

_____[4] un appartement pas très loin de la fac. Charles _____[5] la musique,

alors il _____[6] souvent son iPod et il _____[7] parfois du saxophone. Moi,

j' _____[8] mieux les jeux vidéo sur Internet. Si (*If*) je ne _____[9] pas trop

occupé le week-end, je _____[10] au basket. Nous n' _____[11] jamais

ensemble: Charles _____[12] toujours ses examens à la bibliothèque. Moi, je

_____[13] toujours chez nous, devant mon ordinateur.

Attention! Before beginning the **Deuxième étape,** check your answers in the Answer Key on the *En avant!* Online Learning Center.

Deuxième étape. Reread the paragraph you completed in the **Première étape,** then answer each question by writing in **Mathieu, Charles, les deux** (*both*), or **ni l'un ni l'autre** (*neither one*).

1. Qui est étudiant? _____

2. Qui habite à Paris? _____

3. Qui aime la musique? _____

4. Qui aime les jeux vidéo? _____

5. Qui joue au basket? _____

6. Qui préfère étudier à la bibliothèque? _____

7. Qui cherche un nouveau camarade? _____

3.2 Tu fais du ski? The verb **faire** and expressions with **faire**

A. À la maison. You will hear a series of sentences using the verb **faire** to describe people's activities at home. Match each sentence with the illustration that it describes. You will hear each sentence twice. At the end of the activity, listen to verify your answers.

1. _____   2. _____   3. _____

4. _____   5. _____   6. _____

a.   b.   c.

d.   e.   f.

B. Les tâches (*tasks*). Complete the following sentences with the correct form of the verb **faire** and an appropriate expression from the list. **Attention!** You'll need to use the infinitive form (**faire**) in one of the sentences.

les courses	**la lessive**
la cuisine	**le ménage**
nos (*our*) **devoirs**	**la vaisselle**
du jardinage	

EXEMPLE: Je _____*fais*_____ toujours _____*les courses*_____ au supermarché en ville (*in town*).

1. Léa ne _____ jamais _____ après le dîner!

2. L'appartement de Marie et Emma est en désordre. Elles _____

   _____.

3. Tous (*All*) mes jeans sont sales (*dirty*). J'ai besoin de _____

   aujourd'hui!

4. Vous aimez les plantes? Est-ce que vous _____ chez

   vous?

5. Tu aimes manger, mais est-ce que tu _____ aussi _____?

6. Est-ce que nous _____ sur ordinateur dans ce (*this*) cours?

C. Les activités de plein air (*outdoor*). Listen to the sentences describing what people want to do outdoors. Based on what the weather is like, indicate whether this sounds like a good idea (**une bonne idée**) or a bad idea (**une mauvaise idée**). You will hear each sentence twice. At the end of the activity, listen to verify your answers. Follow the model.

EXEMPLE: *You hear:* Abdel a envie de faire de la natation. Il fait chaud aujourd'hui.
You choose: C'est une bonne idée.

	C'EST UNE BONNE IDÉE.	C'EST UNE MAUVAISE IDÉE.
1.	☐	☐
2.	☐	☐
3.	☐	☐
4.	☐	☐
5.	☐	☐
6.	☐	☐

D. Les activités en vacances.

Première étape. Look at the vacation brochure for Chamonix-Mont-Blanc in the French Alps and indicate the outdoor activities one does there in summer and winter.

1. À Chamonix en été, on fait _____ et _____ dans la

   forêt. On fait _____ dans la piscine (*pool*) et _____ à la

   montagne.

2. En hiver, on fait _____ à la montagne, _____ à la

   patinoire (*rink*) et _____ dans le village.

Deuxième étape. Ask each person what they are doing today in Chamonix, based on the descriptions provided. Use the pronouns **tu** (singular) and **vous** (plural) and the appropriate form of the verb **faire** in your questions.

   EXEMPLE: Éric loue un vélo. *Est-ce que tu fais du vélo?*

1. M. et Mme Lafleur aiment la piscine.

   _____?

2. Édouard aime les chevaux.

   _____?

3. Éric et Nicolas ont des sacs à dos.

   _____?

4. Françoise loue des patins (*ice skates*).

   _____?

5. Mélanie et Jocelyne louent des skis.

   _____?

6. Guillaume regarde le plan (*map*) du village.

   _____?

3.3 Qu'est-ce que tu fais aujourd'hui? Information questions with
est–ce que and inversion

A. Questions et réponses. You will hear a series of questions. For each one, choose the most logical response from the list. You will hear each question twice. At the end of the activity, listen to verify your answers.

    a. Nous avons cinq cours ce semestre.
    b. Parce qu'il est malade.
    c. Je fais du vélo.
    d. Ils commencent en octobre.
    e. Il habite à Genève.
    f. Je m'appelle Julie.
    g. Nous cherchons le Professeur Mercier.

1. _____ 2. _____ 3. _____ 4. _____

5. _____ 6. _____ 7. _____

B. L'inversion. Choose the appropriate interrogative word or expression from the list to complete each question in column A. Then, provide a correct response to each question in column B. **Attention!** One of the question words is used twice.

Comment	D'où	Quel âge	Quel temps	Quelle heure
		A		**B**

1. _____ fait-il aujourd'hui? _____

2. _____ allez-vous? _____

3. _____ êtes-vous? _____

4. _____ vous appelez-vous? _____

5. _____ est-il maintenant (*now*)? _____

6. _____ avez-vous? _____

C. L'étudiante en question. You will hear a series of questions, with inversion, about Sophie. You will hear each question twice. Rephrase each question less formally using **est-ce que**. After a brief pause, listen to verify your answer. Follow the model.

    EXEMPLE: *You hear:* Pourquoi étudie-t-elle l'anglais?
                  You say: Pourquoi est-ce qu'elle étudie l'anglais?
                  You hear: Pourquoi est-ce qu'elle étudie l'anglais?

    1. ...   2. ...   3. ...   4. ...   5. ...   6. ...   7. ...

D. La biographie d'un athlète.

Première étape. Read the following biographical information about professional basketball player Tony Parker. In the **Deuxième étape,** you'll ask (and answer) questions about what you read.

Tony Parker, joueur de basketball

- Né le 17 mai 1982 à Bruges, en Belgique, mais de nationalité française depuis (*since*) l'âge de 15 ans.
- Il fait partie de l'équipe de basket-ball américain, les Spurs de San Antonio au Texas depuis son arrivée dans la NBA.
- Il porte (*wears*) le numéro 9.
- Avec les Spurs, il remporte (*wins*) trois titres de champion NBA dans les années 2000.
- Marié avec l'actrice américaine Eva Longoria, une des vedettes de la série *Desperate Housewives,* dans une cérémonie civile à Paris en 2007.
- Il organise des camps de basket-ball à Fécamp (Haute-Normandie) pour les jeunes joueurs de basket-ball.

Deuxième étape. Use the words provided to create six questions with **est-ce que** based on the information in the biography of Tony Parker. After each question, provide an answer using the information from the text.

1. Quand / être né?

    _____?

    _____.

2. Pourquoi / habiter / aux États-Unis?

    _____?

    _____.

3. Quel numéro / porter?

    _____?

    _____.

4. Combien de titres / remporter / dans les années 2000?

    _____?

    _____.

5. Où / épouser (*to wed*) / l'actrice Eva Longoria en 2007?

    _____?

    _____.

6. Que (Qu') / faire / pour les jeunes joueurs?

    _____?

    _____.

Nom _____ Date _____ Cours _____

3.4 Un bon film français   Position of adjectives

A. Descriptions. For each description in column A, provide an equivalent in column B using the expression **C'est... / Ce sont...** Be sure to place the adjective in its appropriate position before or after the noun.

EXEMPLE: Le professeur est dynamique.

C'est un professeur dynamique.

A

1. La femme est heureuse.
2. Le chien est blanc.
3. L'étudiante est américaine.
4. Les cours sont intéressants.
5. Les hommes sont vieux.
6. La note (*grade*) est bonne.
7. Les films sont amusants.
8. Les actrices sont belles.

B

1. C'est une _____.
2. C'est un _____.
3. C'est une _____.
4. Ce sont des _____.
5. Ce sont de _____.
6. C'est une _____.
7. Ce sont des _____.
8. Ce sont de _____.

B. Fais de beaux rêves! (*Sweet dreams!*)

Première étape. You will hear a series of nouns along with an adjective (**beau, nouveau,** or **vieux**). Use the appropriate form of the adjective with each noun. After a brief pause, listen to verify your answer then repeat what you hear. Follow the model.

EXEMPLE: *You hear:*   un appartement / beau

You say: C'est un bel appartement.

You hear: C'est un bel appartement.

You repeat: C'est un bel appartement.

1. ...   2. ...   3. ...   4. ...   5. ...   6. ...   7. ...   8. ...   9. ...   10. ...

Deuxième étape. Now complete the sentences from the **Première étape** with the correct form of the adjective in parentheses.

1. C'est un _____ (nouveau) film.

2. C'est un _____ (nouveau) ami.

3. C'est un _____ (beau) poème.

4. C'est une _____ (beau) voiture.

5. C'est une _____ (vieux) photo.

6. C'est un _____ (vieux) homme.

7. Ce sont de _____ (beau) actrices.

8. Ce sont de _____ (beau) acteurs.

9. Ce sont de _____ (vieux) livres.

10. Ce sont de _____ (vieux) affiches.

C. Personnalités. Read the descriptions of the following people and choose from the words in parentheses to write a logical sentence about each person.

EXEMPLE: Louis est amusant. (regarder des films; romantique/comique)

Il regarde des films comiques.

1. Sonja est intellectuelle. (adorer la musique; classique/pop)

   _____

2. Laure aime étudier les langues. (regarder souvent des films; étranger/français)

   _____

3. Sébastien et Philippe ont un chien labrador. (aimer les chiens; gros/petit)

   _____

4. Nancy étudie les mathématiques. (avoir des cours; amusant/difficile)

   _____

5. Paul et Camille sont aisés. (habiter dans un appartement; beau/laid)

   _____

D. Les préférences. Form sentences using the nouns provided, two adjectives from the list (or other adjectives you know), and the verbs **adorer, aimer, préférer,** and **détester** in order to indicate your preferences.

américain	classique	grand	moderne
beau	ennuyeux	gros	noir
blanc	étranger	jeune	petit
bon	facile	joli	pop(ulaire)
chic	français	mauvais	vieux

EXEMPLE: les films: *J'aime les bons films comiques.*

1. les livres: _____

2. les cours: _____

3. les professeurs: _____

4. les restaurants: _____

5. les villes: _____

6. la musique: _____

Culture interactive

📖 Lisons!

> **Stratégie de lecture**   Making use of word families to infer word meaning
>
> You can often infer the meaning of unfamiliar words by relating them to other words you already know from the same "family" (that is, words having the same basic meaning). For example, you may not know the word **jouets**, but you know the related words **jeux** and **jouer**. These three words belong to the same family of words; the first two are nouns and the third is a verb. If you know that **jeux** means *games* and **jouer** means *to play*, you can infer that the noun **jouets** means *things that people play with* or, more specifically, *toys*.

Avant de lire

Commençons par le début! You will be reading information from the INSEE (**Institut national de la statistique et des études économiques**) about recent trends in the spending habits of the French in regard to their cultural and leisure time activities and purchases. First, study the relationship between each pair of French words in column A below, then match each word in boldface with its English equivalent in column B. You will encounter these boldfaced words in the reading.

	A				B
1.	le jardin	→	**le jardinage**	a.	_____ *expenses*
2.	le papier	→	**la papeterie**	b.	_____ *gardening*
3.	rapide	→	**rapidement**	c.	_____ *quickly*
4.	fort(e)	→	**fortement**	d.	_____ *(the) sale (of)*
5.	dépenser (*to spend*)	→	**les dépenses**	e.	_____ *stationery*
6.	vendre (*to sell*)	→	**la vente**	f.	_____ *strongly*
7.	voyager	→	**les voyages**	g.	_____ *trips*

Lecture

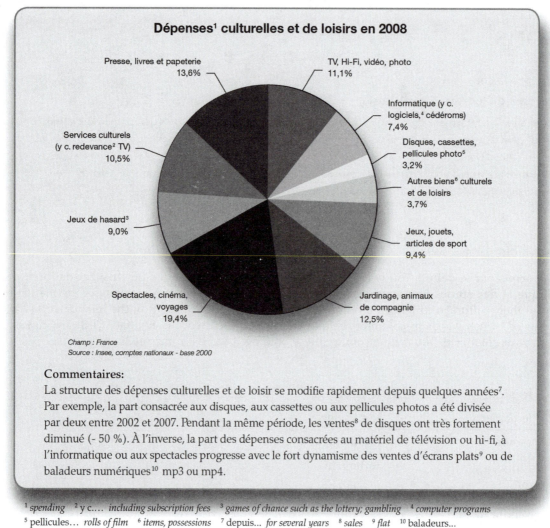

Dépenses¹ culturelles et de loisirs en 2008

- Presse, livres et papeterie 13,6%
- TV, Hi-Fi, vidéo, photo 11,1%
- Informatique (y c. logiciels,⁴ cédéroms) 7,4%
- Services culturels (y c. redevance² TV) 10,5%
- Disques, cassettes, pellicules photo⁵ 3,2%
- Autres biens⁶ culturels et de loisirs 3,7%
- Jeux de hasard³ 9,0%
- Jeux, jouets, articles de sport 9,4%
- Spectacles, cinéma, voyages 19,4%
- Jardinage, animaux de compagnie 12,5%

Champ : France
Source : Insee, comptes nationaux - base 2000

Commentaires:

La structure des dépenses culturelles et de loisir se modifie rapidement depuis quelques années⁷. Par exemple, la part consacrée aux disques, aux cassettes ou aux pellicules photos a été divisée par deux entre 2002 et 2007. Pendant la même période, les ventes⁸ de disques ont très fortement diminué (- 50 %). À l'inverse, la part des dépenses consacrées au matériel de télévision ou hi-fi, à l'informatique ou aux spectacles progresse avec le fort dynamisme des ventes d'écrans plats⁹ ou de baladeurs numériques¹⁰ mp3 ou mp4.

¹ *spending* ² y c.… *including subscription fees* ³ *games of chance such as the lottery; gambling* ⁴ *computer programs* ⁵ *pellicules… rolls of film* ⁶ *items, possessions* ⁷ *depuis… for several years* ⁸ *sales* ⁹ *flat* ¹⁰ *baladeurs… (digital) music devices*

Après la lecture

A. Avez-vous compris? Now decide whether the following statements are **vrai** ou **faux** by referring to the graph and commentary.

	VRAI	FAUX
1. Les voyages, le cinéma et les spectacles sont les loisirs préférés des Français.	☐	☐
2. Les Français aiment dépenser leur argent pour les jeux de hasard presque autant que (*almost as much as*) pour les jeux, les jouets et les articles de sport.	☐	☐
3. Les Français continuent à dépenser beaucoup sur les cassettes et les disques.	☐	☐
4. Les Français dépensent très peu sur leurs animaux et leurs jardins.	☐	☐
5. La télévision (les redevances, le matériel) est une dépense qui continue à progresser.	☐	☐
6. Les Français n'achètent pas souvent de journaux, de magazines ou de livres.	☐	☐
7. La vente des écrans plats et des baladeurs mp3 et mp4 diminue.	☐	☐

B. Pour aller plus loin. What are your own spending habits when it comes to cultural and leisure activities and items? Use the verb **dépenser (beaucoup d'argent / très peu d'argent sur...)** and explain why (**parce que j'aime / je n'aime pas...** and **j'ai / je n'ai pas de...**).

EXEMPLE: Je dépense beaucoup d'argent sur les spectacles parce que j'aime beaucoup aller aux concerts et au théatre. Je dépense très peu d'argent sur le jardinage parce que je n'ai pas de jardin!

_____

_____

_____

Chez les Français / Chez les francophones / Rétrospective

Using the information from the **Chez les Français, Chez les francophones,** and **Rétrospective** features in your book, decide whether the following statements are **vrai** or **faux**. If a statement is false, correct it by replacing the underlined words to make it true.

	VRAI	FAUX
1. On French train schedules, a time of 11:30 at night would be written as <u>21:30</u>.	☐	☐
2. The French <u>do not use</u> the time abbreviations A.M. and P.M.	☐	☐
3. Stores and businesses in France traditionally close <u>between noon and 2:00</u> in the afternoon, but the trend of staying open through lunch is increasing.	☐	☐
4. The most popular sport in France is **la pétanque.**	☐	☐
5. France last won **la Coupe du monde** in soccer (**le foot**) in <u>1985</u>.	☐	☐
6. The **Loire** river flows through the cities of **Orléans** and **Tours** in <u>southeastern</u> France.	☐	☐
7. The **Loire** is famous for its beautiful <u>castles</u>.	☐	☐
8. Swiss jewelers began making watches in the 16th century because <u>wearing jewelry was banned by the church</u> in Geneva as a result of the Protestant Reformation and the reforms of Jean Calvin.	☐	☐

Écrivons!

Genre: Description of someone's typical weekday and weekend

Thème: On a separate sheet of paper, describe the typical weekday and weekend of a friend of yours who belongs to one of the personality types listed above. Organize relevant supporting details into two paragraphs, as follows:

1. Introduce your friend by giving his/her first name and his/her personality type. Then describe your friend's personality and general lifestyle: **Mon ami(e) s'appelle… Il/Elle est intellectuel(le). Il/Elle aime beaucoup étudier.**
2. Now describe one or two activities the person typically does on a weekday morning, afternoon, and evening, sequencing them in that order. Then add several weekend activities that the person enjoys. Enrich your description by including specific times of day (e.g., **À neuf heures du matin…**) and weather expressions (**Quand il fait froid/chaud…**). End your paragraph by mentioning one or two activities that the person does *not* enjoy.

When you have finished your description, check your work by using the **Vérifions** checklist.

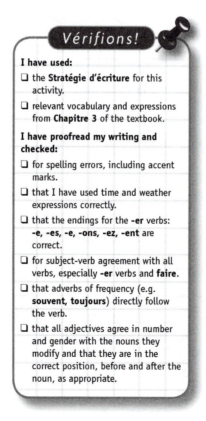

Vérifions!

I have used:
- ❑ the **Stratégie d'écriture** for this activity.
- ❑ relevant vocabulary and expressions from **Chapitre 3** of the textbook.

I have proofread my writing and checked:
- ❑ for spelling errors, including accent marks.
- ❑ that I have used time and weather expressions correctly.
- ❑ that the endings for the **-er** verbs: **-e, -es, -e, -ons, -ez, -ent** are correct.
- ❑ for subject-verb agreement with all verbs, especially **-er** verbs and **faire.**
- ❑ that adverbs of frequency (e.g. **souvent, toujours**) directly follow the verb.
- ❑ that all adjectives agree in number and gender with the nouns they modify and that they are in the correct position, before and after the noun, as appropriate.

En famille

Communication en direct

A. Révisons! You are visiting your French friend Serge, who brings you along to a gathering of his extended family. Below are excerpts of the conversations you have while getting to know them. Complete each conversation using the words provided to help you. **Attention!** Be sure to use **tu** and **vous** appropriately in your questions.

1. You meet his female cousin, Chloé, who appears to be about your age.

   VOUS: Salut! _____?

   CHLOÉ: Bonjour! _____ Chloé. Et toi?

   VOUS: _____.

   CHLOÉ: _____?

   VOUS: _____ ans.

   CHLOÉ: _____ d'où?

   VOUS: _____.

2. You are introduced to your friend's elderly aunt, from Deauville, a city in Normandy.

   VOUS: Bonjour, madame. _____?

   MADAME LECLERC: _____ très bien, merci.

   VOUS: _____?

   MADAME LECLERC: _____ de Deauville.

3. You meet your friend's uncle, Robert, and his wife, Magali. His uncle is an artist and his aunt is a doctor.

   VOUS: Bonjour, _____.

   ROBERT: _____.

   VOUS: Comment _____?

   MAGALI: Je _____ Magali Gauthier.

   ROBERT: Et moi, je _____.

VOUS: _____ dans la vie?

MAGALI: Moi, je _____.

ROBERT: Et moi, je _____.

B. Quelle est ma profession?

Première étape. Complete each of the following sentences with the correct profession from the list.

coiffeur	informaticien
comptable	médecin
homme d'affaires	père au foyer

1. Marc: «Je travaille dans un hôpital. Je suis _____.»

2. Paul: «Je travaille pour une grande banque multinationale. Je suis _____.»

3. Marc: «Je ne travaille pas. Je suis à la maison avec mes trois enfants. Je suis _____ _____.»

4. Arnaud: «Je travaille dans un institut de beauté. Je suis _____.»

5. Yann: «Je prépare les déclarations d'impôts (*taxes*). Je suis _____.»

6. Gilles: «Je travaille avec les ordinateurs. Je suis _____.»

Attention! Before beginning the **Deuxième étape,** check your answers in the Answer Key on the *En avant!* Online Learning Center.

Deuxième étape. Now complete the same sentences, this time with a woman speaking. Make all necessary changes.

1. Moi aussi, je suis _____.

2. Moi aussi, je suis _____.

3. Moi aussi, je suis _____.

4. Moi aussi, je suis _____.

5. Moi aussi, je suis _____.

6. Moi aussi, je suis _____.

♦ **C. Les parents d'Hélène.** You are on the phone with Hélène, whose family you will be living with during your summer study abroad program in Tours. During your phone conversation, take notes about what she tells you about her parents, whom you have never met. Listen and complete the missing information in the chart. You will hear the passage twice.

Qui est-ce?	Il/Elle est...	Il/Elle aime...	Sa profession...	Pendant son temps libre, il/elle aime...
_____ (père d'Hélène)	_____ *drôle* _____	*les galeries d'art* _____	_____	faire du vélo
Élodie (mère d'Hélène)	*calme* _____	voyager	architecte	_____ _____

Vocabulaire interactif

En famille   Family members and pets

A. Les membres de la famille. Match each definition in column A with a family member term in Column B.

A

1. _____ la femme de mon oncle
2. _____ la mère de ma mère
3. _____ le mari de ma grand-mère
4. _____ le frère de ma mère ou de mon père
5. _____ la fille de mon oncle et ma tante
6. _____ le fils de ma sœur ou de mon frère
7. _____ les enfants de mes enfants
8. _____ la fille de ma sœur ou de mon frère

B

a. mon neveu
b. mes petits-enfants
c. ma nièce
d. mon oncle
e. mon grand-père
f. ma grand-mère
g. ma tante
h. ma cousine

B. Des questions sur la famille. You will hear a series of questions about Camille's family. For each one, choose the logical response. You will hear each question twice. Follow the model. At the end of the activity, listen to verify your answers.

EXAMPLE: *You hear:* Sa mère s'appelle comment?

You see: a. Sa mère s'appelle Virginie.

b. Sa grand-mère s'appelle Véronique.

You choose: a. Sa mère s'appelle Virginie.

1. a. Elle a une fille et deux fils.
   b. Elle a des cousins au Canada.

2. a. Son mari est enseignant.
   b. Son frère travaille dans le marketing.

3. a. Non, ses parents sont divorcés.
   b. Non, ses enfants habitent à Nice maintenant.

4. a. Son neveu s'appelle Benjamin.
   b. Il y a cinq petits-enfants dans la famille.

5. a. Son frère s'appelle Julien et sa sœur s'appelle Rose-Marie.
   b. Il s'appelle Martin.

6. a. Ses grands-parents sont italiens.
   b. Ses cousins sont canadiens.

7. a. Non, sa grand-mère et son grand-père habitent près d'elle.
   b. Oui, sa sœur est infirmière.

C. La famille de Simone. Look at Simone's family portrait and decide whether the statements she makes are **vrai** or **faux.** If the statement is false, correct it to make it true. Use complete sentences.

	VRAI	FAUX
1. J'ai trois filles.	☐	☐
2. Nous avons deux chiens.	☐	☐
3. Je suis divorcée.	☐	☐
4. Mes parents ne sont pas sur la photo.	☐	☐
5. Je n'ai pas de fille.	☐	☐
6. Mes enfants ne sont pas mariés.	☐	☐
7. Nous sommes six dans ma famille.	☐	☐
8. Nous sommes tous (*all*) blonds dans ma famille.	☐	☐

♦ **D. L'arbre généalogique.** You will hear a series of statements by François's family members. Based on the information provided, complete François's family tree with the missing names and ages. Each statement will be read twice.

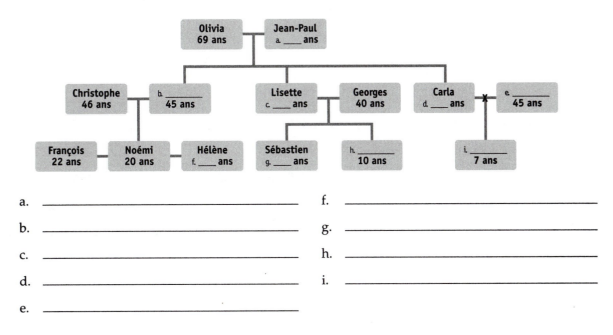

a. _____   f. _____

b. _____   g. _____

c. _____   h. _____

d. _____   i. _____

e. _____

E. La famille royale de Monaco. You will hear the names of members of the royal family of Monaco, a principality on the Mediterranean coast of France. Using the cues provided, say the year in which each person was born or died. After a brief pause, listen to verify your answer. Follow the model.

La famille royale de Monaco: Albert, Stéphanie, la Princesse Grace, le Prince Rainier et Caroline

EXEMPLE: *You hear:* le Prince Rainier

You see: le Prince Rainier / né en 1923

You say: Il est né en mille neuf cent vingt-trois.

You hear: Il est né en mille neuf cent vingt-trois.

1. la Princesse Grace / née en 1929
2. la Princesse Caroline / née en 1957
3. le Prince Albert / né en 1958
4. la Princesse Stéphanie / née en 1965
5. la Princesse Grace / morte en 1982
6. le Prince Rainier / mort en 2005

F. Les membres de la famille d'André. Complete the following sentences about André and his family based on the information provided.

1. André n'est pas marié. Il est _____.

2. La femme du père d'André n'est pas sa mère biologique. C'est sa _____.

3. La femme du père d'André a une fille avec le père d'André. C'est sa _____.

4. La sœur d'André est plus jeune qu'André. C'est sa sœur _____.

5. La sœur d'André va se marier (*to get married*) dans un an. Elle est _____.

6. Pour les parents d'André, le mari de leur fille est un _____.

7. Pour les grands-parents d'André, André et ses cousins sont des _____.

Prononcez bien!

Les voyelles [o] et [ɔ]

*vél**o** et sp**o**rt*

---

1. The vowel sound [o], as in **vélo,** is found both in open syllables (those ending in a vowel sound) and in closed syllables (those ending in a consonant sound). It is spelled four different ways.

-o (at the end of a word)	gro~~s~~	vé | l**o**	sty | l**o**
ô	d**ô**me	h**ô** | tel	à | bien | t**ô**~~t~~ !
au(x)	chau~~d~~	**au** | ssi	jour | n**aux**
eau(x)	b**eau**	nou | v**eau**	ta | bl**eaux**

2. English speakers will often lengthen the sound [o] at the end of a word to such an extent that it comes out as [oʷ], as in *bow*. Be careful to produce the French [o] as a short, "crisp" vowel. In other words, the English words below are *not* pronounced in the same way as the French words. Compare:

anglais	**français**
bow	beau
grow	gros
show	chaud
toe	tôt

3. The vowel sound [ɔ], as in **sport,** is pronounced similarly to [o] but with the jaw muscles more relaxed and the mouth more open. It is also found in both open and closed syllables. Unlike the various spellings of [o], the vowel sound [ɔ] is always represented by the letter **o** *within* words, with one important exception: the name **Paul.**

g**o**lf	pr**o**f	v**o**tre (*your*)
pr**o** | me | nade	ja | p**o** | nais	psy | ch**o** | l**o** | gique

---

A. Essayons!

♦ **Première étape.** Listen to each word and check (✓) the vowel sound that you hear. You will hear each word twice.

	[o] as in *vélo*	[ɔ] as in *sport*		[o] as in *vélo*	[ɔ] as in *sport*
1.	☐	☐	5.	☐	☐
2.	☐	☐	6.	☐	☐
3.	☐	☐	7.	☐	☐
4.	☐	☐	8.	☐	☐

Attention! Before beginning the **Deuxième étape,** check your answers in the Answer Key on the *En avant!* Online Learning Center.

Deuxième étape. Listen again as the words from the **Première étape** are pronounced. Repeat each word, paying close attention to its spelling.

1.	honnête	3.	bur**eau(x)**	5.	sax**o**phone	7.	hôpital
2.	problème	4.	ordinateur	6.	pian**o**	8.	poste

B. Un pas en avant.

Première étape. Listen to the pronunciation of the following words. You will hear each word twice. Write the letter of each word next to its written form. At the end of the activity, listen to verify your answers and repeat each word.

1. _____ **p**auvre
2. _____ **p**eau (*skin*)
3. _____ **p**iano
4. _____ **p**ôle

5. _____ **p**oli
6. _____ **p**olonais
7. _____ **p**omme (*apple*)
8. _____ **p**orte

◆ **Deuxième étape.** Now answer the following questions about the words in the **Première étape.**

1. Which four spellings represent the sound [o], as in **vélo,** in the list of words in the **Première étape**? _____ _____ _____ _____

2. At what point in the list of words does the pronunciation shift from [o], as in **vélo,** to [ɔ], as in **sport**? Give the number of the word. _____

Pour bien prononcer

Remember that, as you already learned in **Chapitre 3,** French vowels are tenser and shorter, in general, than English ones.

To correctly produce the vowels [o] and [ɔ], round and protrude your lips much more than you would in English. It may feel funny at first, but you'll get used to it! For the vowel [o], your mouth should be open very little, with your lips very rounded. Now hold that position, and say the French word **beau,** without letting your chin move. To practice the sound [ɔ], keep your lips in the same rounded position, but open your mouth a little more (relax your jaw muscles slightly) and say the word **botte** (*boot*). Keep these tips in mind as you practice these vowels in the next activity.

◆ **C. Dictée.**

Première étape. Listen to the following pairs of questions and answers. You will hear each pair twice. Complete the sentences with the missing words.

1. —Est-ce que Claude a des _____?

   —Oui. Il a un _____ chien.

2. —Où est le _____ de Guillaume?

   —Il travaille au _____.

3. —Tu fais du _____?

   —Non, il fait trop _____!

4. —Simone joue du _____?

   —Oui. Elle _____ la musique!

5. —Midori est _____?

   —Oui. Et Enrique, son mari, est _____.

6. —Et les _____? Qu'est-ce qu'ils font?

   —Ils font une _____.

Attention! Before beginning the **Deuxième étape,** check your answers in the Answer Key on the *En avant!* Online Learning Center.

Deuxième étape. Listen and repeat each question and answer pair, focusing on the pronunciation of words with the vowel sound [o] in pairs 1–3 and [ɔ] in pairs 4–6.

Grammaire interactive

4.1 C'est ma famille   Possessive articles

A. La famille. Complete each sentence with the appropriate possessive article.

   EXEMPLE: Toi: C'est *ta* mère.

1. Moi:

   a. C'est _____ famille   b. C'est _____ frère.

   c. Ce sont _____ parents.

2. Vous:

   a. C'est _____ fille?   b. Ce sont _____ grands-parents?

   c. C'est _____ oncle?

3. Marc:

   a. C'est _____ sœur.   b. C'est _____ neveu.

   c. Ce sont _____ tantes.

4. Émilie:

   a. C'est _____ père.   b. Ce sont _____ belles-sœurs.

   c. C'est _____ grand-mère.

5. Les Martin:

   a. C'est _____ chien.   b. C'est _____ petit-fils.

   c. Ce sont _____ enfants.

6. Toi et moi:

   a. C'est _____ hamster.   b. C'est _____ nièce.

   c. Ce sont _____ beaux-frères.

B. Les membres de votre famille. Complete the following statements with the appropriate form of the possessive article **mon (ma, mes)** and then decide whether each statement is **vrai** or **faux** with respect to yourself and your family.

	VRAI	FAUX
1. Je mange toujours avec _____ *ma* _____ famille.	☐	☐
2. J'étudie toujours avec _____ ami(e).	☐	☐
3. Je téléphone souvent à _____ mère.	☐	☐
4. J'habite très près de _____ grands-parents.	☐	☐
5. Je connais (*know*) bien _____ cousins.	☐	☐
6. Je parle rarement à _____ sœur aînée.	☐	☐
7. Je joue rarement avec _____ chien.	☐	☐

C. Deux frères. You will hear a series of statements about two brothers Laurent and Philippe. Listen and choose the possessive article that best completes the statement. You will hear each statement twice. After a brief pause, listen to verify your answer, then repeat what you hear. Follow the model.

> EXEMPLE: *You hear:* Laurent et Philippe ont une sœur.
> *You see:* _____ sœur est grande et blonde.   a. Sa   b. Ses   c. Leur
> *You choose:* c. Leur
> *You hear and say:* Leur sœur est grande et blonde.

1. _____ femme est un peu timide.   a. Sa   b. Ses   c. Leur
2. _____ beaux-parents sont aisés.   a. Sa   b. Ses   c. Leurs
3. _____ cousines sont très sportives.   a. Sa   b. Ses   c. Leurs
4. _____ grand-père est parfois méchant.   a. Son   b. Ses   c. Leur
5. _____ oncles sont généreux.   a. Son   b. Ses   c. Leurs
6. _____ chien est très mignon.   a. Son   b. Ses   c. Leur

D. Quel adjectif possessif? Complete each of the following statements with the appropriate possessive article.

1. Jeanne a deux tantes à Paris. _____ tantes sont mannequins (*models*); elles sont très belles.

2. J'ai une petite voiture. _____ voiture est bleue, blanche et rouge. Très patriotique!

3. Toi et Julie, vous avez un cousin espagnol. _____ cousin habite à Madrid.

4. Marceline et moi, nous avons des jumelles. _____ filles ont quatre ans.

5. Marc a un chat. _____ chat est gros et méchant.

6. Tu es mariée et tu as un fils. _____ mari est professeur à la fac.

7. J'ai des grands-parents italiens. _____ grands-parents habitent à Bologne et ils ont 75 ans.

8. Fabrice et Gabrielle parlent français, italien et anglais. _____ amis parlent seulement (*only*) le français.

4.2 Il va au cinéma; elle revient du parc

The verbs **aller** and **(re)venir**

A. Que font-ils? You will hear a series of sentences about what people are doing at the moment. You will hear each sentence twice. Match the number of each sentence to the corresponding illustration. At the end of the activity, listen to verify your answers.

a. _____ b. _____ c. _____ d. _____

e. _____ f. _____ g. _____ h. _____

B. La forme des verbes.

Première étape. Complete the chart with the missing forms of the verbs **rentrer**, **aller**, and **venir**. **Attention!** Remember that the verb **rentrer** is a regular **-er** verb, whereas **aller** and **venir** are irregular.

rentrer	aller	venir
je *rentre*	je	je
tu	tu *vas*	tu
il/elle/on *rentre*	il/elle/on	il/elle/on *vient*
nous	nous	nous
vous	vous *allez*	vous
ils/elles *rentrent*	ils/elles	ils/elles *viennent*

Deuxième étape. Using the verb **venir** as a model, complete the following question and answer pairs with the appropriate forms of the verb **revenir**.

1. —Tu _____ chez moi ce soir?

   —Oui, je _____ vers 18 h.

2. À quelle heure est-ce que vous _____ de la réunion (*meeting*)?

   —Nous _____ au bureau à 3 h.

3. —Ton frère _____ tout de suite (*right away*)?

   —Oui, avec son ami. Ils _____ tout de suite.

C. Où vont-ils?

Première étape. Write the correct form of the preposition **à** (**au, à la, à l', aux**) before each noun in the list.

1. _____ bibliothèque   4. _____ fac   7. _____ jardin public

2. _____ cinéma   5. _____ hôtel   8. _____ plage

3. _____ concerts   6. _____ hôpital   9. _____ resto-U

Attention! Before beginning the **Deuxième étape,** check your answers in the Answer Key on the *En avant!* Online Learning Center.

Deuxième étape. Complete the following sentences with the correct form of the verb **aller** and one of the locations from the **Première étape. Attention!** Use each location only once.

EXEMPLE: Pour étudier, je *vais à la bibliothèque* .

1. Tu aimes la musique? Tu _____ souvent _____?

2. Pour faire des promenades, Julie et Manon _____.

3. Pour manger, Marc _____.

4. Pour le cours de sciences po, Benjamin et Henri _____.

5. En été, quand il fait chaud, nous _____.

6. Est-ce vous _____ toujours _____ pour regarder

   un film?

7. Quand on est très malade, on _____.

8. Dès qu'ils (*As soon as they*) arrivent, les touristes _____ directement

   _____.

D. La famille de Manon.

Première étape. You will hear the name of the various locations where Manon and her family members work. Indicate from which location each person is returning home using the verb **rentrer** and the correct form of the preposition **de (du, de la, de l', des)**. Follow the model. After a brief pause, listen to verify your answer.

> EXEMPLE: *You hear:* son père / la poste
> *You say:* Son père rentre de la poste.
> *You hear:* Son père rentre de la poste.

1. ... 2. ... 3. ... 4. ... 5. ... 6. ...

Deuxième étape. Now indicate where Manon and her family members work or study using the correct form of the preposition **à** and locations given in the **Première étape.** Then indicate what each person does for a living.

1. Son père travaille _____ poste. Il est _____.

2. Sa mère travaille _____ université. Elle est _____.

3. Son frère aîné travaille _____ usine Renault. Il est _____.

4. Sa sœur aînée travaille _____ pharmacie, rue Victor Hugo. Elle est

   _____.

5. Son frère cadet travaille _____ restaurant en face de la librairie. Il est

   _____.

6. Sa sœur cadette étudie _____ fac. Elle est _____.

7. Manon travaille _____ salon de coiffure au coin de la rue. Elle est

   _____.

4.3 Vous allez en France?   Articles and prepositions with geographical locations

A. Sur quel continent? You will hear the name of a country and a continent. Use the appropriate definite article (**le, la, l', les**) with each country name and the preposition **en** in order to indicate on which continent the country is located. After a brief pause, listen to verify your answers, then repeat what you hear. Follow the model.

> EXEMPLE: *You hear:* Togo (*m.*) / Afrique
> *You say:* Le Togo est en Afrique.
> *You hear:* Le Togo est en Afrique.
> *You repeat:* Le Togo est en Afrique.

1. ... 2. ... 3. ... 4. ... 5. ... 6. ... 7. ...

B. Quand est-ce qu'elle y va? You will hear the names of several French cities and European countries. Ask when Marina, a television journalist in Paris, is going to each city or country, using the verb **aller** and the appropriate preposition. After a brief pause, listen to verify your question, then check (✓) the response that you hear. Follow the model.

EXEMPLES: *You see and hear:* Toulouse

You ask: Quand est-ce qu'elle va à Toulouse?

You hear: Quand est-ce qu'elle va à Toulouse? Elle y va demain.

You check: ☑ demain

		AUJOURD'HUI	DEMAIN	CE WEEK-END	LA SEMAINE PROCHAINE
1.	l'Angleterre	☐	☐	☐	☐
2.	la Belgique	☐	☐	☐	☐
3.	Bordeaux	☐	☐	☐	☐
4.	Marseille	☐	☐	☐	☐
5.	les Pays-Bas	☐	☐	☐	☐
6.	le Portugal	☐	☐	☐	☐

C. L'Afrique occidentale (*West Africa*). Examine the map of West African countries and indicate which country each journalist comes from by providing the appropriate form of the preposition **de** and one of the nationality adjectives from the list. Follow the model.

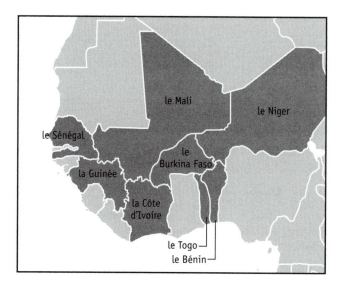

béninois(e)	**guinuéen(ne)**	**malien(ne)**	**sénégalais(e)**
burkinabé(e)	**ivoirien(ne)**	**nigérien(ne)**	**togolais(e)**

EXEMPLE: Ils viennent _____*du*_____ Mali. Ce sont des journalistes _____*maliens*_____.

1. Il vient _____ Togo. C'est un journaliste _____.

2. Elle vient _____ Sénégal. C'est une journaliste _____.

3. Ils viennent _____ Niger. Ce sont des journalistes _____.

4. Elle vient _____ Côte d'Ivoire. C'est une journaliste _____.

5. Elles viennent _____ Bénin. Ce sont des journalistes _____.

6. Il vient _____ Burkina Faso. C'est un journaliste _____.

D. Retour d'un séjour académique (*Study abroad*). The following students are coming home from a year abroad. Based on the language they study, indicate where they are coming home from, using the verb **rentrer.** Choose from the following list, being careful to distinguish between cities and countries.

Berlin	**Moscou**
✓ **l'Espagne**	**le Portugal**
les États-Unis	**Rome**
le Japon	

EXEMPLE: Henri étudie espagnol. *Il rentre d'Espagne.*

1. Adèle étudie l'allemand. _____

2. Édouard et Clément étudient le japonais. _____

3. Antoine étudie l'anglais. _____

4. Nadine et Louis étudient le russe. _____

5. Camille étudie l'italien. _____

6. Laure et Samina étudient le portugais. _____

4.4 Qu'est-ce que tu vas faire? Situating events in the recent past and near future

A. Passé ou futur? Listen to Mathilde describe her activities and those of her friends. Indicate whether the actions took place in the recent past (**le passé récent**) or will take place in the near future (**le futur proche**). You will hear each sentence twice. At the end of the activity, listen to verify your answers.

	LE PASSÉ RÉCENT	LE FUTUR PROCHE
1.	☐	☐
2.	☐	☐
3.	☐	☐
4.	☐	☐
5.	☐	☐
6.	☐	☐
7.	☐	☐

B. Histoires en images. Complete each sentence with the correct form of **aller** or **venir de (d')**, based on the illustration.

1. Elle _____ avoir un bébé.

2. Il _____ rentrer du travail.

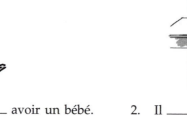

3. Ils _____ acheter une voiture.

4. Nous _____ faire la vaisselle.

5. Vous _____ passer (*spend*) une journée à la plage, monsieur?

6. Tu _____ faire un peu de jardinage, Solène?

7. Elles _____ aller en boîte.

C. La jet-set. Complete each sentence with the appropriate form of the verb **venir.** Then indicate where the people are, based on the activity they've just completed. (Use the place names on the list if you need help figuring out what city or country the people are in.)

l'Afrique du Sud	la Chine	l'Inde	l'Italie	New York	Paris

1. Je _____ de visiter le Taj Mahal! Je suis _____.

2. Nous _____ de visiter la Grande Muraille (*Wall*)! Nous sommes

   _____.

3. Tu _____ de faire le tour des canaux à Venise? Tu es _____

   ce week-end?

4. Les Durand _____ de monter dans (*climb up*) la Statue de la Liberté. Ils sont

   _____.

5. Vous _____ d'aller en safari? Vous êtes _____ cette semaine?

6. Jennifer _____ d'aller au musée du Louvre. Elle est _____.

D. Prédictions.

Première étape. You will hear descriptions of six different people. Based on the descriptions, match each person with the activity that he or she is most likely to do tomorrow. You will hear each description twice. At the end of the activity, listen to verify your answers. Follow the model.

EXEMPLE: *You hear:*   Thomas est sportif.
You choose: f. jouer au tennis

1. Vous ____
2. Il ____
3. Elle ____
4. Tu ____
5. Elles ____
6. Nous ____

a. aller en boîte avec des amis
b. préparer un examen
c. faire du vélo
d. faire la cuisine
e. faire des courses
✓ f. jouer au tennis
g. regarder la télé

Deuxième étape. Now write a sentence in the **futur proche** describing each person's activity.

EXEMPLE: *Il va jouer au tennis.*

1. Vous _____?
2. Il _____.
3. Elle _____.
4. Tu _____?
5. Elles _____.
6. Nous _____.

Culture interactive

📖 Lisons!

> ### Stratégies de lecture
>
> In the previous three chapters, you learned to determine the meaning of words through (1) the use of cognates; (2) clues such as part of speech and the context of the sentence; and (3) relationships between words in the same "family." Using these strategies, as appropriate, will help you to understand the text you're reading without having to skip over too many words or look up too many words in a dictionary.

Avant de lire

Commençons par le début! You will be reading an article adapted from the French reference book *Francoscopie*, by Gérard Mermet, about young people in France and how they differ from earlier generations. The words in the following chart come from the first paragraph of the text. Can you determine the meaning of the boldfaced words, using each of the three strategies? Read only the first paragraph, then complete the chart by writing in the English equivalent of each word or by choosing the correct definition.

COGNATES	PART OF SPEECH/CONTEXT	WORD FAMILIES
hétérogène (*adj.*)	4. après la **chute** du mur de Berlin	le monde → la **mondialisation**
1. _____	a. fall b. building	7. _____
remplacer (*v.*)	5. C'est difficile à **dire**.	la fidélité → être **fidèle**
2. _____	a. to decide b. to say	8. _____
espace (*n.*)	6. Ils vont **partout**...	travailler → le **travail**
3. _____	a. everywhere b. somewhere	9. _____

Attention! Check your answers to this activity in the Answer Key on the *En avant!* Online Learning Center before reading the whole text.

Lecture

Reread the first paragraph of the text, then continue reading the remaining paragraphs. Be sure to use the three strategies you've developed for deriving word meaning.

Les jeunes et la société française

En France, 13 % de la population a aujourd'hui entre 15 et 24 ans. Dans cette génération, il y a des jeunes qui sont nés après la chute du mur de Berlin en 1989 dans une période marquée par la technologie et le développement de la mondialisation. Qu'est-ce qu'ils font dans la vie? C'est difficile à dire. Les jeunes forment une population hétérogène. Aux États-Unis, on parle de «Génération Y[1]»; en France, on parle de la «bof[2] génération» ou encore «génération zapping». Ces jeunes vont partout, ils essaient tout et ils sont moins fidèles à une marque[3] ou à un employeur. Pour eux, le temps libre commence à remplacer le travail comme espace d'épanouissement[4] personnel.

Malgré[5] une attitude plus individualiste, la famille reste très importante, même si[6] les mariages sont moins nombreux et le modèle traditionnel de la famille n'est plus[7] très populaire. Pourtant[8], la famille reste toujours le lien essentiel entre le passé et l'avenir. 75 % (Soixante-quinze) pour cent des 15–25 ans vivent encore chez leurs parents.

Aujourd'hui, la définition du mot «famille» évolue. En France, il y a environ 700 000 familles où 1,5 million d'enfants vivent dans une famille recomposée avec un beau-père, une belle-mère, ou plusieurs demi-frères et demi-sœurs! On trouve aussi beaucoup de familles monoparentales, homoparentales, d'accueil,[9] etc. Les amis comptent aussi beaucoup dans la vie des jeunes, parfois autant que[10] la famille.

De plus, on remarque un autre élément nouveau dans la vie affective de tous les Français, jeunes ou vieux: les animaux domestiques. 26 % (Vingt-six) pour cent des ménages ont au moins un chien, et 26 % au moins un chat, pour des raisons principalement affectives. Ils ne sont plus là pour garder la maison et protéger les personnes. Ils font partie intégrale de la famille et les Français dépensent beaucoup d'argent pour eux—plus de 4,5 milliards[11] d'euros par an!

[1]Génération... *Millennial Generation, Next Generation, Net Generation* [2]*an expression indicating indifference* [3]*brand* [4]*growth, development* [5]*Despite* [6]même... *even if* [7]n'est... *is no longer* [8]*However* [9]*foster (families)* [10]autant... *as much as* [11]plus... *more than 4.5 billion*

Source: Adapted from *Francoscopie* 2007. Gérard Mermet. Paris: Larousse, 2006.

Après la lecture

A. Avez-vous compris? Based on the reading, decide whether the following statements are **vrai** or **faux.** If a statement is false, correct it to make it true.

		VRAI	FAUX
1.	La nouvelle génération est née dans une période marquée par la technologie.	☐	☐
2.	Les jeunes pensent que le travail à longue durée (*long-term*) est essentiel.	☐	☐
3.	La majorité des jeunes habitent encore chez leurs parents.	☐	☐
4.	La famille, aujourd'hui, c'est toujours le père, la mère et les enfants.	☐	☐
5.	Les animaux sont souvent considérés comme membres de la famille.	☐	☐
6.	Les Français, jeunes ou vieux, préfèrent avoir un chien.	☐	☐

B. Pour aller plus loin. Reread your answers to Activity A, then answer the following questions.

Est-ce que votre vision de la société américaine et de ses valeurs correspond au portrait de la société française et de ses valeurs d'après cette lecture? Est-ce que les jeunes Français ressemblent aux jeunes Américains? Quelles sont les différences et les similitudes?

_____

_____

_____

_____

Chez les Français / Chez les francophones / Rétrospective

Using the information from the **Chez les Français, Chez les francophones,** and **Rétrospective** features in your textbook, decide whether the following statements are **vrai** or **faux.** If a statement is false, correct it by replacing the underlined words in italics to make it true.

	VRAI	FAUX
1. The use of the feminine form of professions, such as **une écrivaine,** is now widespread, <u>especially in France.</u>	☐	☐
_____		
2. Dogs are still allowed to enter <u>all supermarkets, bars, and restaurants</u> in France.	☐	☐
_____		
3. <u>Martin</u> is both a man's first name and a very common family name.	☐	☐
_____		
4. The West African notion of "family" includes <u>many more</u> members than parents and children.	☐	☐
_____		
5. Nowadays, young West Africans are <u>remaining at home</u> in increasing numbers.	☐	☐
_____		
6. For the French, **les grandes vacances** signifies a <u>two-week vacation at Christmas.</u>	☐	☐
_____		
7. A **PACS** is a civil union between a couple <u>of the same or opposite sex.</u>	☐	☐
_____		
8. At the time of the French Revolution, the royal family consisted of <u>Louis XVI, Marie-Antoinette, and their two children.</u>	☐	☐
_____		

●/Écrivons!

Genre: Letter of introduction

Thème: Choose the city in the French-speaking world that you would most like to visit. Then, on a separate sheet of paper, write a letter to your host family, introducing yourself.

1. Open with **Bonjour!** Say why you are excited about visiting the country or city where your host family lives. (e.g., **Je suis content(e) de venir en Suisse (à Montréal...) passer l'année chez vous parce que...**
2. Describe yourself and your family in detail, using vocabulary from **Chapitres 1** through **4.**
3. End your letter by asking your host family questions about their pets, their leisure activities, where they go on the weekend, and the weather.
4. Close with **Je suis ravi(e)** (*I'm delighted*) **de venir** + preposition + geographical location. **À bien-tôt!** Then sign your letter.

When you have finished your description, check your work by using the **Vérifions** checklist.

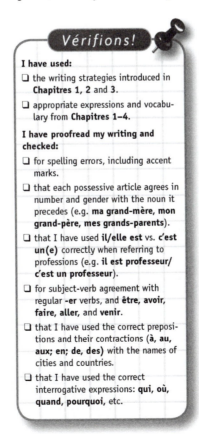

Vérifons!

I have used:

❑ the writing strategies introduced in **Chapitres 1, 2** and **3.**

❑ appropriate expressions and vocabulary from **Chapitres 1–4.**

I have proofread my writing and checked:

❑ for spelling errors, including accent marks.

❑ that each possessive article agrees in number and gender with the noun it precedes (e.g. **ma grand-mère, mon grand-père, mes grands-parents**).

❑ that I have used **il/elle est** vs. **c'est un(e)** correctly when referring to professions (e.g. **il est professeur/ c'est un professeur**).

❑ for subject-verb agreement with regular **-er** verbs, and **être, avoir, faire, aller,** and **venir.**

❑ that I have used the correct prepositions and their contractions (**à, au, aux; en; de, des**) with the names of cities and countries.

❑ that I have used the correct interrogative expressions: **qui, où, quand, pourquoi,** etc.

Bon appétit!

Communication en direct

A. Des invitations. Trouvez dans la colonne B les réponses aux questions de la colonne A.

A

1. _____ Est-ce que vous voulez aller au cinéma ce soir?

2. _____ Ça vous dit de jouer au foot samedi?

3. _____ Tu veux aller prendre un café après le cours de français?

4. _____ Ça te dit de manger italien?

5. _____ Est-ce que vous voulez aller manger au MacDo avec moi?

6. _____ Ça vous dit de jouer aux cartes ce soir?

B

a. Désolé. Franchement, je n'aime pas trop manger dans les fast-food.

b. Pourquoi pas? J'adore jouer au bridge.

c. Oui, ça me dit. J'adore les spaghettis.

d. Bonne idée! Nous aimons beaucoup le foot.

e. Avec plaisir. J'ai vraiment envie de voir le nouveau film d'aventures.

f. Je ne peux malheureusement pas. J'ai mon cours de biologie après ce cours.

B. Des conversations au café de Flore. Vous êtes dans ce célèbre café parisien et vous entendez (*hear*) des gens parler autour de vous. Écoutez chaque phrase et indiquez qui parle: **le serveur** ou **le client.** Vous allez entendre les phrases deux fois. À la fin de l'activité, écoutez pour vérifier vos réponses.

EXEMPLE: *Vous entendez:* Est-ce que vous avez des desserts?

Vous choisissez (You choose): le client

	le serveur	**le client**
1.	☐	☐
2.	☐	☐
3.	☐	☐
4.	☐	☐
5.	☐	☐
6.	☐	☐
7.	☐	☐
8.	☐	☐

Vocabulaire interactif

Faisons les courses! Food stores and food items

A. Qu'est-ce qu'on aime manger?

Première étape. Mettez chacun (*each one*) des aliments suivants dans la catégorie appropriée.

le beurre	les fraises	le jambon	les pommes
le bifteck	les framboises	le lait	le porc
le chou-fleur	le fromage	les moules	le poulet
les courgettes	les haricots verts	les poires	le saumon
les crevettes	le homard	les poivrons rouges	le yaourt

Les fruits et les légumes

_____

_____

_____

_____

_____

_____

Les viandes et la volaille

_____

_____

_____

_____

Les poissons et les fruits de mer

_____

_____

_____

Les produits laitiers

_____

_____

_____

_____

Deuxième étape. Quels aliments de la liste de la **Première étape** aimez-vous et lesquels (*which ones*) n'aimez-vous pas? Nommez-en trois pour compléter chaque phrase.

1. J'aime beaucoup _____

   _____

2. Je n'aime pas _____

B. Dans la rue Mouffetard. Marianne fait ses courses dans les petits magasins spécialisés de la rue Mouffetard et au marché en plein air en haut de (*at the top of*) la rue. Où est-ce qu'elle achète les aliments suivants?

1. Elle achète des champignons, des pommes et des tomates au _____.

2. Elle achète des baguettes, du pain de campagne et une tarte à _____.

3. Elle achète du jambon, un poulet et un bifteck à _____.

4. Elle achète des fruits de mer (des crevettes et un homard, par exemple) et du poisson à

    _____.

5. Elle achète du fromage, du beurre, et du lait à _____.

6. Pour acheter du riz, du sel et du poivre, elle va à _____.

C. Identifiez! Écoutez la liste des aliments et écrivez l'aliment qui correspond à la catégorie indiquée. Vous allez entendre chaque liste deux fois. À la fin de l'activité, écoutez pour vérifier vos réponses.

EXEMPLE: *Vous voyez* (You see): un fruit de mer

  Vous entendez: un chou-fleur, une pêche, des crevettes

  Vous écrivez (You write): *des crevettes*

1. un fruit: _____

2. un légume: _____

3. un produit laitier: _____

4. une viande: _____

5. un poisson: _____

6. une pâtisserie: _____

D. Chassez l'intrus. Écrivez le nom de l'aliment qui n'est pas dans la même catégorie que les autres dans chaque illustration, puis expliquez pourquoi. Suivez les exemples.

EXEMPLES:

_____*Le café*_____ ne va pas avec les autres parce que…
c'est une boisson. (ou) ce n'est pas un légume.

1. _____ ne va pas avec les autres parce

   que _____.

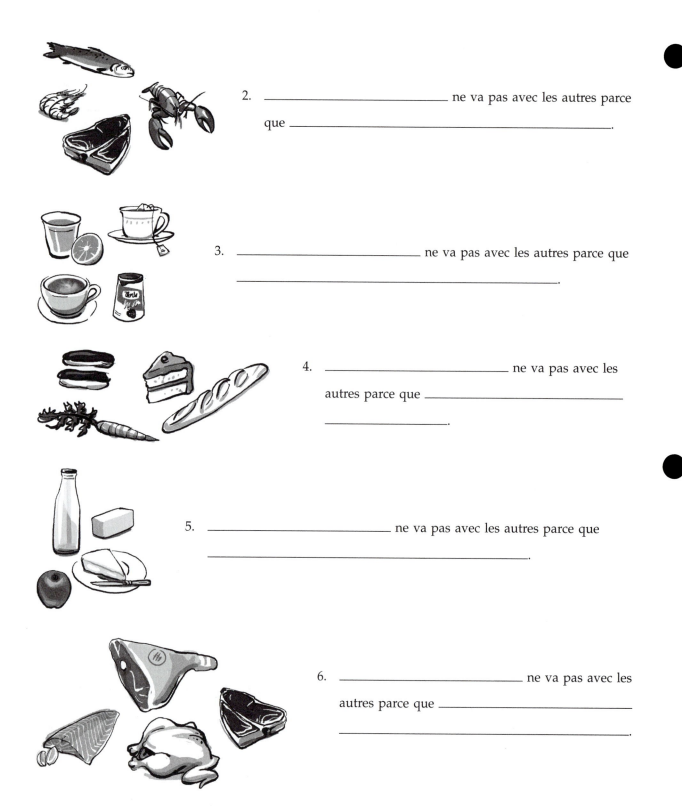

2. _____ ne va pas avec les autres parce que _____.

3. _____ ne va pas avec les autres parce que _____.

4. _____ ne va pas avec les autres parce que _____.

5. _____ ne va pas avec les autres parce que _____.

6. _____ ne va pas avec les autres parce que _____.

E. Mettre une belle table.

Première étape. Qu'est-ce qui est déjà (*What is already*) sur la table? Écrivez le nom de chaque objet avec l'article indéfini approprié.

1. _____ 4. _____

2. _____ 5. _____

3. _____ 6. _____

Attention! Avant de continuer, vérifiez vos réponses dans la clé de corrections sur le site Web d'*En avant!*

Deuxième étape. Qu'est-ce qui manque (*What is missing*) sur la table? Écrivez le nom des objets nécessaires. Utilisez des articles indéfinis.

1. Pour couvrir (*cover*) la table, on a besoin d'_____.

2. Pour servir de l'eau, on a besoin d'_____; pour boire (*drink*) de l'eau,

   on a besoin d'_____.

3. Pour manger de la soupe, on a besoin d'une _____

   et d'_____. (Il y a déjà une petite cuillère sur la table.)

4. Pour boire du café, on a besoin d'_____.

F. On cherche un bon restaurant.

Première étape. Pendant une visite à Lyon, vous séjournez à l'Hôtel Le Royal Lyon sur la place Belle-cour au centre-ville. La réceptionniste vous montre, sur le plan du quartier, où se trouvent certains restaurants et d'autres endroits. Utilisez le plan et les expressions de la liste suivante pour compléter ses phrases. **Attention!** Il y a souvent plusieurs réponses possibles! Faites attention à la forme de la préposition **de.**

à côté de	au milieu de	loin de
à droite de	dans	près de
à gauche de	en face de	

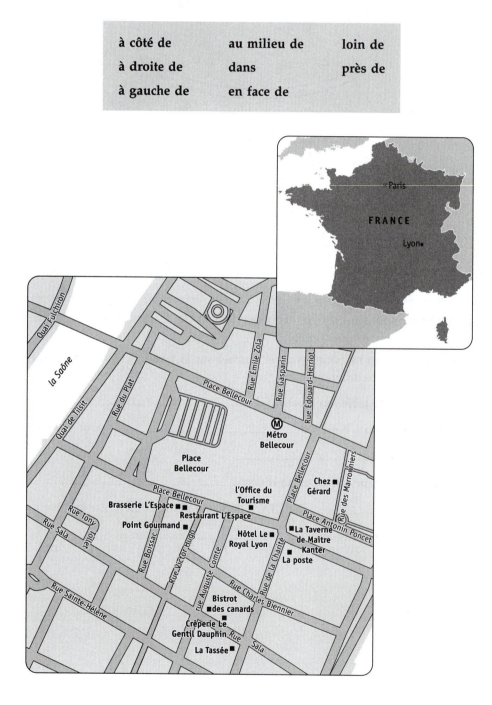

1. Dans la rue des Marronniers, il y a toutes sortes de restaurants. Si vous voulez goûter des spécialités lyonnaises, allez Chez Gérard. C'est _____ la rue.

2. La brasserie L'Espace est _____ Restaurant L'Espace.

3. Un autre restaurant, le Point Gourmand, n'est pas très _____ restaurant L'Espace.

4. Plus au sud (*More to the south*), il y a le Bistrot des Canards. _____ bistrot, il y a la crêperie Le Gentil Dauphin.

5. Pas trop _____ la place Bellecour, _____ la rue de la Charité, il y a un très bon restaurant, La Tassée, où l'on sert les fameuses quenelles de brochet (*poached dumplings with finely chopped fish or meat*), une spécialité lyonnaise.

6. Le bureau de poste est tout _____ Office du Tourisme et _____ l'hôtel.

Prononcez bien!
Les voyelles [ø] et [œ]

d<u>eu</u>x   s<u>œu</u>rs

1. The vowel sounds [ø], as in **deux**, and [œ], as in **sœur**, both involve rounding of the lips. The sound [ø], as in **deux**, is usually found in open syllables and is represented by the spelling **eu(x)**; the sound [œ], as in **sœurs**, is pronounced similarly to [ø], but with the jaw muscles more relaxed and the mouth more open. It is generally represented by the spelling **eu** or **œu**, followed by a consonant sound, which creates a closed syllable.

   Compare:

[ø] dans une syllabe ouverte	**[œ] dans une syllabe fermée**
feu (*fire*)	coi | ff**eur**
che | **veux**	v**euf** (*widower*)
p**eu**	p**eur** (*fear*)
j**eu**	j**eune**
b**eug** | ler (*to moo**)	b**œuf**

2. Notice that the letters *o* and *e* are combined into a single letter (œ) when they represent the sound [œ], as in the spelling of **bœuf**. Here are other examples of this spelling:

   hors-d'œuvre   **m<u>œu</u>rs** (*morals*)   **<u>œi</u>l** (*eye*)   **s<u>œu</u>r**

---

*Le verbe **beugler** est utilisé couramment pour dire *crier* (to scream).

A. Essayons!

♦ **Première étape.** Écoutez chaque mot et indiquez si c'est une syllabe **ouverte** avec [ø] ou une syllabe **fermée** avec [œ]. Vous allez entendre chaque mot deux fois. À la fin de l'activité, écoutez pour vérifier vos réponses.

	syllabe ouverte [ø]	syllabe fermée [œ]		syllabe ouverte [ø]	syllabe fermée [œ]
1.	☐	☐	5.	☐	☐
2.	☐	☐	6.	☐	☐
3.	☐	☐	7.	☐	☐
4.	☐	☐	8.	☐	☐

Deuxième étape. Écoutez encore une fois les mots de la **Première étape**. Répétez chaque mot en faisant attention à l'orthographe (*the spelling*).

1. bl**eu**   3. D**ieu** (*God*)   5. coul**eur**   7. s**eul**
2. vi**eux**   4. b**eu**rre   6. nev**eu**   8. chou-fl**eur**

Pour bien prononcer

As mentioned above and illustrated in the examples, it is almost always in open syllables, like **peu**, that the vowel [ø] occurs, and in closed syllables, like **peur**, that one hears [œ]. One important exception to this general "rule" in standard French is when a syllable is closed by a [z] sound, as in the feminine form of the adjective **sérieuse** and in the feminine form of the profession **coiffeuse**. In these cases, the vowel sound [ø] occurs, even though it is found in a closed syllable. Keep this exception in mind as you complete Activity B.

B. Un pas en avant.

Première étape. Écoutez la forme masculine de chaque adjectif, puis prononcez la forme féminine. Ensuite, écoutez pour vérifier votre prononciation. **Attention!** N'oubliez pas de bien prononcer la voyelle [ø] dans les deux formes.

EXEMPLE: *Vous entendez:* sérieux
          Vous dites: sérieuse
          Vous entendez: sérieuse

1. …   2. …   3. …   4. …   5. …   6. …

♦ **Deuxième étape.** Maintenant, écoutez encore une fois les deux formes de chaque adjectif de la **Première étape** et écrivez la forme féminine.

1. _____

2. _____

3. _____

4. _____

5. _____

6. _____

♦ **C. Dictée.**

Première étape. Complétez les phrases avec les mots que vous entendez. Vous allez entendre chaque phrase deux fois.

1. Il va _____ avec Claire ce _____.

2. Il y a des _____? Oui, il y en a _____.

3. Qu'est-ce que la _____ met au _____ de la table?

4. Son frère est _____, mais sa _____ ne travaille pas.

5. À quelle _____ arrive le _____?

6. Au supermarché, elle achète du _____, du _____ et un

    _____.

Attention! Avant de continuer, vérifiez vos réponses dans la clé de corrections sur le site Web d'*En avant!*

Deuxième étape. Écoutez encore une fois et répétez chaque phrase de la **Première étape,** en faisant attention à la prononciation de la voyelle [ø] dans les phrases 1 à 3 et de la voyelle [œ] dans les phrases 4 à 6.

Grammaire interactive

5.1 Il y a du sucre? The partitive article and expressions of quantity

A. J'aime… , je prends… Utilisez l'article partitif (**du, de la, de l'**) ou l'article indéfini **des** pour indiquer ce que prennent (*eat/drink*) les personnes suivantes.

> EXEMPLE: Marc aime le café. Il prend _____ *du café* _____ du matin au soir.

1. Mustafa adore la glace. Il prend souvent _____ pour le dessert.

2. Jules préfère l'eau. Il boit _____ à tous les repas.

3. Sophie aime le fromage. Elle mange _____ très souvent.

4. Caroline adore le pain. Elle prend _____ tous les jours.

5. Avec son apéritif, Benoît aime les olives. Il déguste (*savors, enjoys*) souvent

    _____ avec sa boisson.

6. Slimane et Jules adorent la viande. Ils commandent toujours _____ au

    restaurant.

7. Sophie et Claude préfèrent le jambon. Elles achètent _____ deux fois

    (*times*) par semaine.

8. Marc et sa femme aiment les huîtres. Ils prennent souvent _____

    comme entrée.

B. Quel plat? Complétez la liste des ingrédients pour chacun des quatre plats ci-dessous avec l'article partitif approprié ou l'article indéfini **des**. Ensuite, indiquez quel plat on prépare. Suivez l'exemple.

EXEMPLE: Il y a _du_ pain, _du_ jambon, _du_ fromage, et _du_ beurre.
On fait _un sandwich_.

une pizza	une soupe à l'oignon gratinée
une purée de pommes de terre	une tarte aux fraises

1. Il y a _____ farine, _____ beurre, _____ sucre et _____ fraises.

   On fait _____.

2. Il y a _____ oignons, _____ bouillon (*broth*), _____ tranches de pain grillé (*slices of toast*) et _____ fromage.

   On fait _____.

3. Il y a _____ sauce tomate, _____ fromage, _____ ail et _____ champignons.

   On fait _____.

4. Il y a _____ pommes de terre, _____ sel, _____ poivre et _____ crème ou _____ lait.

   On fait _____.

C. Une salade niçoise. Regardez bien la recette pour une salade niçoise (page 91). Vous allez entendre une série de questions sur les ingrédients dans cette salade. Répondez à chaque question en utilisant **Oui, il y a...** et l'article partitif ou **Non, il n'y a pas de (d')...** . Après une petite pause, écoutez pour vérifier votre réponse et répétez-la. Suivez l'exemple.

EXEMPLE: *Vous entendez:* Est-ce qu'il y a du poivron rouge?
Vous dites: Non, il n'y a pas de poivron rouge.
Vous entendez: Non, il n'y a pas de poivron rouge.
Vous répétez: Non, il n'y a pas de poivron rouge.

1. ... 2. ... 3. ... 4. ... 5. ... 6. ... 7. ... 8. ...

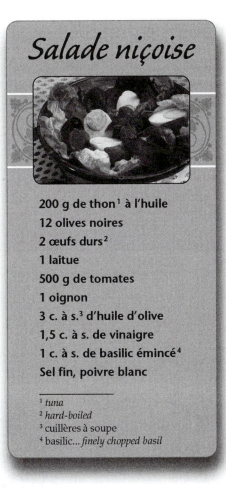

Salade niçoise

200 g de thon[1] à l'huile

12 olives noires

2 œufs durs[2]

1 laitue

500 g de tomates

1 oignon

3 c. à s.[3] d'huile d'olive

1,5 c. à s. de vinaigre

1 c. à s. de basilic émincé[4]

Sel fin, poivre blanc

_____

[1] *tuna*
[2] *hard-boiled*
[3] cuillères à soupe
[4] basilic... *finely chopped basil*

D. Restrictions. Ces personnes évitent de (*avoid*) manger certains aliments. Lisez chaque description et écrivez une phrase qui explique ce que la personne ne mange pas (pas souvent, jamais). Suivez l'exemple.

EXEMPLE: Serge est diabétique.
           Serge ne mange pas souvent de gâteau.

1. Jean est végétarien.

    _____

2. Aurélie n'aime pas les fruits de mer.

    _____

3. Henri n'aime pas les légumes verts.

    _____

4. Béatrice est intolérante au gluten.*

    _____

5. Solange est allergique aux produits laitiers.

    _____

_____

*Le gluten est une protéine qu'on trouve dans certaines céréales comme le blé (*wheat*).

5.2 Qu'est-ce que vous prenez? The verbs **boire** and **prendre**

A. Les formes des verbes. Complétez le tableau suivant en écrivant les formes des verbes **manger, boire** et **prendre,** qui manquent. **Attention!** Le verbe **manger** est un verbe régulier en **-er;** les verbes **boire** et **prendre** sont irréguliers.

	manger	boire	prendre
je	mange	bois	prends
tu			prends
il/elle/on	mange		
nous			prenons
vous	mangez	buvez	
ils/elles		boivent	

B. Qui est-ce? Vous allez entendre deux fois une série de phrases. Indiquez de qui on parle en cochant (✓) l'illustration a. ou b. Faites attention à la forme du verbe que vous entendez. À la fin de l'activité, écoutez pour vérifier vos réponses.

1. a. ☐   b. ☐   2. a. ☐   b. ☐

3. a. ☐   b. ☐   4. a. ☐   b. ☐

5. a. ☐   b. ☐   6. a. ☐   b. ☐

C. Que boivent-ils? Que mangent-ils? Complétez les phrases suivantes avec la forme correcte du verbe **boire** (si c'est une boisson) ou **manger** (si c'est un aliment).

1. Quand Chantal a faim, elle _____ un croque-monsieur, un sandwich de

    jambon-fromage grillé.

2. Danielle, comme tous les enfants français, ne _____ pas de lait avec ses repas.

3. Et toi? Tu _____ du jus d'orange?

4. Est-ce que vous _____ de la bière?

5. Je _____ des tartines le matin—du pain avec du beurre et de la confiture.

6. Est-ce que tu _____ beaucoup de légumes verts?

7. Quand j'ai soif, je _____ de l'eau minérale.

8. Quand vous avez faim, vous _____ un yaourt ou des fruits?

D. Vous en prenez? Dans les phrases suivantes, remplacez les verbes **manger** et **boire** par la forme appropriée du verbe **prendre**, et le pronom **en** par un aliment ou une boisson. Suivez l'exemple.

EXEMPLE: J'en mange le matin.

Je prends des céréales le matin.

1. Tu en bois peu au dîner?

    _____

2. Elle en mange pour son goûter.

    _____

3. On en boit assez quand on fait du sport.

    _____

4. Nous en mangeons beaucoup en été.

    _____

5. Vous en buvez quand il fait froid?

    _____

5.3 Vous attendez quelqu'un? Regular -re verbs

 A. Les amis de Barbara. Barbara parle de ses amis Daniel et Nicole. Écoutez et faites bien attention à la forme du verbe. Indiquez si Barbara parle seulement de Daniel, ou bien de Daniel et Nicole ensemble. Vous allez entendre chaque phrase deux fois. À la fin de l'activité, écoutez pour vérifier vos réponses.

	Daniel	Daniel et Nicole
1.	☐	☐
2.	☐	☐
3.	☐	☐
4.	☐	☐
5.	☐	☐
6.	☐	☐

◆ **B. Dictée.** Écoutez et complétez le passage suivant avec les verbes que vous entendez. Vous allez entendre le passage deux fois.

Marie-Christine _____[1] son amie Sandrine devant Carrefour, un grand supermarché

français où on _____[2] de tout: aliments, boissons, livres, vêtements, etc. À 14 h

Sandrine _____[3] de l'autobus et les deux filles entrent dans la grande surface pour

acheter des provisions. Pendant qu'elles font leurs courses, Sandrine _____[4] son sac à

main. Après un moment, les deux filles _____[5] une annonce au haut-parleur (*loudspeaker*):

«Sac à main retrouvé; venez le récupérer à la caisse (*cash register*), s'il vous plaît». Elles vont à la caisse

et la vendeuse _____[6] son sac à main à Sandrine.

C. Chez le boulanger. Complétez chaque phrase en conjuguant le verbe approprié.

Une baguette

1. Le boulanger _____ (attendre / rendre) ses assistants à 4 h du matin.

2. Les assistants _____ (descendre / perdre) de l'autobus devant la boulangerie.

3. À 7 h du matin, on _____ (entendre / rendre) les premiers clients entrer dans
   la boulangerie.

4. Le pain est délicieux et on en _____ (entendre / vendre) beaucoup.

5. Avant de quitter (*leave*) la boulangerie, les assistants _____ (rendre / vendre)
   leurs tabliers (*aprons*) au boulanger et ils rentrent chez eux.

D. Votre caractère. Complétez les questions suivantes avec la forme correcte du verbe entre parenthèses.

1. Vous _____ (rendre) vos devoirs à temps?

2. Vous _____ (répondre) immédiatement aux méls?

3. Vous _____ (perdre) souvent vos affaires?

4. Vous _____ (attendre) la dernière minute pour préparer un examen?

5. Il n'y a pas de lait. Vous _____ (descendre) tout de suite en acheter à l'épicerie?

6. Vous _____ (entendre) toujours le réveil (*alarm clock*) quand il sonne (*rings*)

    le matin?

5.4 Je ne prends rien, merci   Other negative expressions

A. Différences. Cécile et son ami Jules sont très différents. Complétez chaque phrase avec une expression négative de la liste.

| **ne... jamais** | **ne... nulle part** | **ne... personne** | **ne... plus** | **ne... rien** |

1. Juliette prend toujours un petit déjeuner, mais Jules ____ prend _____ de petit

    déjeuner.

2. Juliette écoute tout le monde, mais Jules ____ écoute _____.

3. Juliette va à Paris ce week-end, mais Jules ____ va _____.

4. Juliette mange beaucoup le matin, mais Jules ____ mange _____.

5. Juliette habite toujours avec ses parents, mais Jules ____ habite _____ avec

    ses parents.

♦ **B. Questions logiques.** Vous allez entendre deux fois une série de réponses. Cochez (✓) la question a. ou b. qui correspond à chaque réponse. À la fin de l'activité, écoutez pour vérifier vos réponses. Suivez l'exemple.

EXEMPLE: *Vous entendez:*   Non, je ne bois plus de vin.

Vous choisissez: a. ___✓___ Est-ce que vous buvez toujours du vin avec vos repas?

b. _____ Est-ce que vous buvez quelque chose avec vos repas?

Vous entendez: a.   Est-ce que vous buvez toujours du vin avec vos repas?
Non, je ne bois plus de vin.

1. _____ a. Vous mangez parfois au resto-U?

   _____ b. Vous mangez quelque chose au resto-U?

2. _____ a. Thomas prend souvent un petit déjeuner?

   _____ b. Thomas prend quelque chose au petit déjeuner?

3. _____ a. Hélène parle de quelque chose?

   _____ b. Hélène parle à quelqu'un?

4. _____ a. Tu vas quelque part aujourd'hui?

   _____ b. Tu vas bien aujourd'hui?

5. _____ a. Vous faites souvent le ménage chez vous?

   _____ b. Vous faites quelque chose chez vous?

6. _____ a. Sandrine et Philippe ont beaucoup d'enfants?

   _____ b. Sandrine et Philippe ont déjà des enfants?

♦ **C. Contradictions!** Écoutez chaque question, puis complétez la réponse avec **Si...** et l'expression logique de la liste. Vous allez entendre chaque question deux fois.

EXEMPLE: *Vous entendez:* Vous ne mangez rien à la brasserie?

   Vous écrivez: Si, je mange _quelque chose_ à la brasserie.

déjà	encore	quelque part	quelqu'un	souvent	toujours

1. Si, nous dînons _____ dans des restaurants japonais.

2. Si, mes parents font _____ du jardinage le week-end.

3. Si, ma sœur va _____ cet été! Elle va en Angleterre!

4. Si, mes frères parlent à _____! À moi!

5. Si, il y a _____ des enfants chez mes parents.

6. Si, je suis _____ au restaurant!

D. Réponses négatives—le restaurant de Juliette. Répondez aux questions en utilisant des expressions négatives.

1. Est-ce qu'ils sont *encore* au restaurant?

   Non, _____: ils sont chez eux maintenant.

2. Est-ce que le chef a *déjà* la recette?

   Non, _____: il la cherche dans son livre de cuisine.

3. Est-ce que votre frère dîne *souvent* au restaurant?

   Non, _____: il préfère cuisiner à la maison.

4. Est-ce que la cliente attend *quelqu'un*?

   Non, _____: elle dîne toute seule.

5. Est-ce que les clients à la table 3 prennent *quelque chose* comme entrée?

   Non, _____: ils attendent le plat principal.

Culture interactive

Lisons!

Stratégie de lecture   Making use of titles, subtitles, and picture captions to predict or get at a text topic

Recognizing the kind of text that you are reading can help you predict the kind of information that the text will convey. You can use your predictions to help guide your understanding as you read. One easy way to do this is to scan extra–textual elements such as illustrations or even letter fonts, and then to look at titles and subtitles.

Avant de lire

Commençons par le début. Dans le document suivant, le texte est accompagné d'images et de titres et sous-titres. Avant de lire le texte en détail, parcourez d'abord des yeux (*scan*) les images, les titres et les sous-titres et répondez à ces questions préliminaires.

1. D'après tous les éléments en dehors du (*aside from*) texte même, la raclette est le nom d'un

   plat, mais aussi _____.

   a. un type de fromage
   b. un vin
   c. de la viande

2. D'après les titres et les sous-titres, le document _____.

   a. est une brochure sur les fromages de France
   b. propose une recette avec du fromage à raclette
   c. explique comment on fait le fromage

3. D'après l'image de l'homme au chapeau, la raclette c'est probablement aussi _____.

   a. de la cuisine fusion
   b. un ingrédient pour un repas traditionnel
   c. la base d'une recette toute nouvelle

4. D'après l'image de l'Hexagone, en France on mange surtout la raclette _____.

   a. dans le nord
   b. à Paris
   c. dans l'est

Lecture

Maintenant, en tenant compte de ce que vous avez appris en analysant les images, les titres et les sous-titres, lisez la brochure.

Raclette à la franc-comtoise[1]

Préparation

15 mn

Cuisson[2]

20 mn

Ingrédients
(pour 4 personnes)

600 g à 800 g de raclette Jean Perrin en tranchettes, Charcuteries franc-comtoises : jambon braisé, jambon fumé, saucisse de Morteau, saucisse de Montbéliard, Bresi, lard, 8 pommes de terre, cornichons et oignons au vinaigre

Conseil du Sommelier

Accompagnez d'un vin blanc Côte du Jura Chardonnay

1. Faire cuire les pommes de terre à l'eau salée et les saucisses de Morteau et Montbéliard.

2. Dresser[3] votre sélection de charcuteries franc-comtoises. Installer les tranchettes de raclette Jean Perrin sur un plat.

Vous pouvez accompagner la raclette de salade verte.

Bon appétit !

Variez vos raclettes et vos plaisirs avec les fromages pour raclette Jean Perrin : lait pasteurisé, lait cru, vin d'Arbois, moutarde, poivre, viande des Grisons,[4] fumée,[5] ciboulette,[6] aux herbes, ...

Jean Perrin
Maître Fromager en Franche-Comté

Visitez Le Hameau du Fromage situé derrière la Fromagerie Jean PERRIN à Cléron dans le Doubs. Découvrez l'histoire et la fabrication traditionnelle des grands fromages de Franche-Comté... et dégustez les recettes fromagères du terroir au restaurant du Hameau, ouvert toute l'année.
Tél. : 03 81 62 41 51

Besançon
Cléron

[1] à... *prepared in the style of the* Franche-Comté *region*
[2] *Cooking time*
[3] *Arrange*
[4] viande... *a dried meat from Switzerland*
[5] *smoked*
[6] *chive*

• Après la lecture

A. Avez-vous compris?

Première étape. Chacune des questions suivantes fait référence à une partie précise du document. Maintenant, cherchez l'information spécifique.

1. C'est une recette plutôt compliquée, avec beaucoup d'étapes (*steps*)?

   Oui/Non, _____

2. On a besoin de combien de temps au total pour faire cette recette?

   La recette prend _____ minutes.

3. Quel type de boisson doit accompagner la raclette?

   On boit _____ .

4. Est-ce que la raclette à la franc-comtoise est un plat végétarien? Expliquez.

   Oui/Non, _____

   _____

5. Comment s'appelle le maître fromager (l'homme qui fait le fromage pour la raclette)?

   _____

Deuxième étape. Trouvez dans le texte les réponses aux questions suivantes. Faites attention aux articles!

   EXEMPLE: fromage franc-comtois qu'on déguste avec de la charcuterie → la raclette

1. charcuterie de porc cuit; on le mange en tranches (*slices*) → _____

2. on en met dans l'eau pour cuire les pommes de terre → _____

3. avec une vinaigrette, elle accompagne la raclette → _____

4. un produit en viande qu'on fabrique à Morteau et à Montbéliard → _____

5. une personne qui fait du fromage → _____

B. Pour aller plus loin. Avez-vous envie de goûter de la raclette? Est-ce qu'il y a un type de raclette qui vous semble particulièrement appétissant (*appetizing*)? Expliquez.

   EXEMPLE: La raclette au poivre me semble particulièrement appétissante parce que j'aime beaucoup le poivre.

   _____

   _____

   _____

Chez les Français / Chez les francophones / Rétrospective

Utilisez les renseignements fournis dans **Chez les Français, Chez les francophones** et **Rétrospective** du manuel pour déterminer si les affirmations suivantes sont vraies ou fausses. Si une affirmation est fausse, corrigez-la en changeant les mots soulignés (*underlined*) pour la rendre vraie.

	VRAI	FAUX
1. En France, il faut demander <u>l'addition</u> à la serveuse/au serveur.	☐	☐
2. En général, au restaurant en France, le service <u>est compris</u>.	☐	☐
3. En France, on prend parfois <u>un digestif</u> avant le dîner et <u>un apéritif</u> après le dîner.	☐	☐
4. La choucroute est une spécialité régionale de <u>la Bourgogne</u>.	☐	☐
5. Une épicerie est <u>une «grande surface»</u> où on vend un peu de tout.	☐	☐
6. En France, dans <u>les supermarchés</u>, les clients emballent leurs courses.	☐	☐
7. En France, on mange <u>rarement</u> du pain pour le petit déjeuner et le dîner.	☐	☐
8. La phrase: «Qu'ils mangent de la brioche!» est attribuée—faussement, peut-être—à <u>Louis XVI</u>.	☐	☐

✏️ Écrivons!

Genre: Fiche restaurant (*Restaurant review*)

Thème: Vous passez une année à l'étranger. Pour partager vos expériences culinaires avec vos amis, vous décidez de créer un blog. Choisissez un restaurant que vous aimez parmi les sites indiqués et créez une fiche pour votre blog. Donnez beaucoup de détails (emplacement, cuisine, décor, etc.) et décrivez votre expérience. Pour vous inspirer, consultez le site Web du Café Restaurant de la Fontaine et les commentaires qui suivent.

Café Restaurant de la Fontaine
(Genève)

Marc et Josseline vous accueillent[1] dans une ambiance chaleureuse et conviviale.[2] Situé au cœur de la campagne genevoise,[3] dans le village de Sézenove, le café restaurant de la Fontaine vous propose sa cuisine du terroir,[4] ses vins de la région et ses spécialités.

Une magnifique terrasse ombragée[5] vous accueille dès les beaux jours.[6]

De plus, un grand parking privé est mis à votre disposition.

Les animaux sont les bienvenus.

COMMENTAIRES (Source: www.resto-rang.ch)

30-09 - commentaire de pdmrd80:
Accueil chaleureux! Cuisine inventive et simple. Un peu cher, mais la présentation, les plats et le service sont excellents. Délicieux filet d'agneau à la graine de moutarde. Cadre[7] agréable avec une très belle terrasse. Un restaurant à recommander... !

28-09 - commentaire de dfreaux:
Un endroit agréable avec beaucoup de charme. Le personnel est serviable[8] et attentif. Les filets de perches sont excellents, les fondues merveilleuses! Les desserts sont superbes. Service de qualité. Addition plus que[9] raisonnable. Un véritable paradis.[10] Merci!

[1] *welcome* [2] *chaleureuse... warm and festive* [3] *au... in the heart of the Geneva countryside* [4] *cuisine local cooking* [5] *shaded* [6] *dès... during good weather* [7] *Setting* [8] *obliging* [9] *more than* [10] *Un... Heaven on earth*

1. Regardez les photos de votre restaurant et vos notes, et puis décrivez votre restaurant en utilisant la fiche restaurant du Café Restaurant de la Fontaine comme exemple. Où est-ce que votre restaurant est situé? Quel type d'ambiance a-t-il: chic et élégant, ou simple et convivial? Est-ce qu'il a une terrasse ou un parking?

2. Quelle sorte de cuisine sert-il? Des plats simples mais savoureux (*tasty*) ou de la cuisine gastronomique française (*fine French cuisine*)?

3. Comment est le service? Est-ce que c'est un restaurant cher, ou est-ce qu'il représente un bon rapport qualité-prix (*good value for money*)?

4. Maintenant, en vous basant sur les commentaires des clients du Café Restaurant de la Fontaine, offrez votre opinion sur l'ambiance, le service et un ou deux plats de votre restaurant. À la fin, dites si c'est une adresse à éviter (*a place to avoid*) ou une de vos adresses préférées.

Une fois que vous avez fini, relisez votre travail en tenant compte des conseils de la section **Vérifions.**

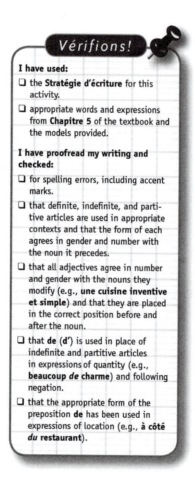

Vérifions!

I have used:

❑ the **Stratégie d'écriture** for this activity.

❑ appropriate words and expressions from **Chapitre 5** of the textbook and the models provided.

I have proofread my writing and checked:

❑ for spelling errors, including accent marks.

❑ that definite, indefinite, and partitive articles are used in appropriate contexts and that the form of each agrees in gender and number with the noun it precedes.

❑ that all adjectives agree in number and gender with the nouns they modify (e.g., **une cuisine inventive et simple**) and that they are placed in the correct position before and after the noun.

❑ that **de** (**d'**) is used in place of indefinite and partitive articles in expressions of quantity (e.g., **beaucoup *de* charme**) and following negation.

❑ that the appropriate form of the preposition **de** has been used in expressions of location (e.g., **à côté *du* restaurant**).

CHAPITRE

6

On est à la mode!

Communication en direct

A. Qu'est-ce que tu penses du style de Sophie? Marianne et Sandrine parlent de leur copine Sophie. Indiquez si l'opinion exprimée dans chaque cas est une opinion positive (+), négative (−) ou ambivalente (+/−).

1. MARIANNE: Ah, Sandrine! Sophie a un nouveau tatouage. Qu'est-ce que tu penses des

   tatouages en général?

   SANDRINE: Ça dépend… certains tatouages sont jolis, je pense. C'est une question de goût.

   _____

2. MARIANNE: Tu sais (*You know*) qu'elle a un piercing au nez (*nose*) aussi?

   SANDRINE: Oui, mais je trouve ça affreux! _____

3. MARIANNE: Alors, tu n'as pas envie de te faire percer (*get a piercing*)?

   SANDRINE: Ah, non, je ne suis pas trop piercings, moi. _____

4. SANDRINE: Qu'est-ce que tu penses de sa nouvelle coiffure (*hairstyle*)?

   MARIANNE: J'aime bien. C'est joli! _____

5. SANDRINE: Tu sais que Sophie travaille dans la boutique Kookaï deux jours par semaine?

   Elle a des réductions sur tout!

   MARIANNE: C'est génial. _____

6. SANDRINE: J'adore la marque Kookaï.

   MARIANNE: Pas moi. Je trouve ça moche. _____

B. Technophile ou technophobe? Écoutez chaque personne parler de la technologie et indiquez s'il / si elle est technophile ou technophobe. Vous allez entendre chaque commentaire deux fois. À la fin de l'activité, écoutez pour vérifier vos réponses.

		technophile	technophobe
1.	Audrey	☐	☐
2.	Bertrand	☐	☐
3.	Jonathan	☐	☐
4.	Laurence	☐	☐
5.	Olivier	☐	☐
6.	Sandrine	☐	☐

C. Mes préférences. Choisissez la question qui correspond à chaque réponse que vous entendez. Chaque réponse va être répétée deux fois. À la fin de l'activité, écoutez pour vérifier vos réponses. **Attention!** Il y a une réponse de plus.

> EXEMPLE: *Vous entendez:* Moi, j'adore Romain Duris.
>
> *Vous choisissez:* f. Quel est ton acteur français préféré?

1. _____ a. Quel est ton roman américain préféré?

2. _____ b. Quel est ton cours préféré ce semestre?

3. _____ c. Quels sont tes desserts préférés?

4. _____ d. Quels sont tes sports préférés?

5. _____ e. Quelle est ta fête préférée?

     ✓ f. Quel est ton acteur français préféré?

       g. Quel est ton gadget électronique préféré?

Vocabulaire interactif

Qu'est-ce qu'ils portent? Describing people's clothing and accessories

A. Le marché aux puces. Cochez (✓) le vêtement ou l'accessoire qui ne va pas avec les autres.

1. ☐ des bottes	☐ des gants	☐ des tennis	☐ des sandales
2. ☐ un tailleur	☐ un costume	☐ une robe	☐ un maillot de bain
3. ☐ un manteau	☐ un short	☐ un blouson	☐ une veste
4. ☐ un collier	☐ un parapluie	☐ un bracelet	☐ des boucles d'oreilles
5. ☐ une casquette	☐ un chapeau	☐ un chemisier	☐ une ceinture
6. ☐ une écharpe	☐ un pantalon	☐ une cravate	☐ un foulard

B. C'est qui? Regardez les illustrations des jumeaux (*twins*) et des jumelles. Ils sont identiques à part (*except for*) certains vêtements ou accessoires. Écoutez les descriptions et écrivez le nom de la personne décrite sous l'illustration. Vous allez entendre chaque description deux fois. À la fin de l'activité, écoutez pour vérifier vos réponses.

Michel et Marc **Florence et Françoise** **Liliane et Laure**

1. _____ 2. _____ 3. _____

C. Devinettes. Pour chaque description, écrivez le nom du vêtement ou de l'accessoire décrit. Attention à l'article indéfini: **un, une, des.**

1. C'est ce qu'on porte pour faire de la natation. _____

2. C'est ce qu'on met sur les mains (*hands*) quand il fait froid. _____

3. C'est un accessoire que les hommes portent avec un costume. _____

4. C'est un vêtement pour femmes, similaire à un costume. _____

5. C'est ce qu'on porte autour du cou (*around the neck*) avec une belle robe.

   _____

6. C'est un vêtement similaire à une chemise, mais uniquement pour femmes.

   _____

7. C'est un vêtement similaire à un pantalon, mais c'est moins long.

   _____

8. C'est ce qu'on met sur les pieds (*feet*) avant de mettre ses tennis.

   _____

9. C'est ce qu'on met autour de la taille (*waist*) pour tenir (*hold up*) son pantalon.

   _____

D. Qu'est-ce qu'ils mettent aujourd'hui? Complétez chaque phrase par la forme appropriée du verbe **mettre** + un ou deux vêtement(s) ou accessoire(s) logique(s). Suivez l'exemple.

   EXEMPLE: Je ___*mets*___ ___*un maillot de bain*___ pour faire de la natation.

1. Est-ce que tu _____ _____ et _____

   avant de sortir en automne?

2. Édouard _____ toujours _____ avant d'aller au travail.

3. Nous _____ _____ pour jouer au basket.

4. Vous ne _____ pas _____, j'espère! Il fait trop (*too*) chaud!

5. Les enfants _____ _____ pour jouer au parc.

6. Avant d'aller à la fac, je _____ _____ et

   _____

E. Dans un grand magasin. Vous écoutez des bribes (*snippets*) de conversation dans un grand magasin. Faites correspondre les phrases que vous entendez aux personnes de l'illustration. À la fin de l'activité, écoutez pour vérifier vos réponses. Suivez l'exemple.

EXEMPLE: *Vous entendez:* J'aime bien le costume, mais la cravate... Elle est bien trop courte!

Vous écrivez: ___c___

1. _____   2. _____   3. _____   4. _____   5. _____   6. _____

F. Dans une friperie. Vous êtes avec une amie dans une friperie. Elle vous montre (*shows you*) des vêtements et demande votre avis. Imaginez quelle sorte de vêtements (le style, la couleur, la taille, etc.) elle vous montre pour provoquer la réaction indiquée. Utilisez les termes de la liste suivante pour bien décrire chaque vêtement.

EXEMPLE: Votre réaction: Je trouve ça moche!

Le vêtement: *C'est un pantalon à pois roses clairs.*

à carreaux	à talons hauts	multicolore
à col roulé	ample / trop grand	petit(e) / trop court(e)
à manches courtes/longues	(bleu) clair	rayé(e)
à pattes d'éléphant	(bleu) foncé	serré(e)
à pois (noirs)		

1. Votre réaction: Je trouve ça très beau!

Le vêtement: _____.

2. Votre réaction: Je trouve ça horrible. Ça ne te va pas du tout!

Le vêtement: _____.

3. Votre réaction: Oui, parfait, ça te va très bien!

    Le vêtement: _____ .

4. Votre réaction: Je trouve ça superbe!

    Le vêtement: _____ .

5. Votre réaction: Ce n'est pas génial, mais…

    Le vêtement: _____ .

Prononcez bien!
Les voyelles [i], [y] et [u]   *joli, jupe et jour*

1. The vowel sound [i], as in **joli**, is typically represented in French spelling by the letter **i** when not in combination with any other vowel letter.

    joli   **chem<u>i</u>se**   **l<u>i</u>vre**

2. The vowel sound [y], as in **jupe**, does not exist in English but is produced similarly to [i] in that the tongue is toward the front of the mouth; the lips, however, are protruded and rounded. It is represented in French spelling by the letter **u** when not in combination with any other vowel letter.

    j<u>u</u>pe   **cost<u>u</u>me**   **l<u>u</u>nettes**

3. The vowel sound [u], as in **jour**, is represented in French spelling by the letter combination **ou**. It is produced similarly to [y] in that the lips are protruded and rounded; the tongue, however, is toward the back of the mouth.

    j<u>ou</u>r   **c<u>ou</u>leur**   **L<u>ou</u>vre**

    Now repeat the three words in each row, paying attention to changes in the position of your tongue and lips when moving from one word to the next.

[i]	→	[y]	→	[u]
joli		jupe		jour
chemise		costume		couleur
livre		lunettes		Louvre

A. Essayons!

♦ **Première étape.** Écoutez chaque mot et indiquez lequel des deux mots vous entendez. Vous allez entendre chaque mot deux fois.

	[i] comme *joli*				**[y] comme** *jupe*				**[y] comme** *jupe*				**[u] comme** *jour*	
1.	vie	☐		vue	☐		5.	vue	☐		vous	☐		
2.	cri	☐		cru	☐		6.	pur	☐		pour	☐		
3.	riz	☐		rue (*street*)	☐		7.	pull	☐		poule (*hen*)	☐		
4.	ride (*wrinkle*)	☐		rude	☐		8.	tu	☐		tout	☐		

Attention! Avant de continuer, vérifiez vos réponses dans la clé de corrections sur le site Web d'*En avant!*

Deuxième étape. Maintenant, vous allez entendre la liste des mots de la **Première étape** deux fois. La première fois, faites attention à la différence de prononciation entre les deux mots. La deuxième fois, répétez-les.

Pour bien prononcer

The letter **i** in English is not always pronounced the same way (for example, **sigh** versus **sill**), and *neither* of these pronunciations corresponds to the pronunciation of the letter **i** in French. When not used in combination with another vowel, the French letter **i** is always pronounced [i], as in the English word **seat**. Be sure to keep your lips spread very wide, in a tight smile, and your tongue in the front of your mouth to produce a "crisp" [i] sound, as in **si**. Keep this position, but protrude and round your lips—as if you were about to kiss someone!—in order to produce the sound [y], as in **su**. Though the sound [y] may be a challenge for you, it is important to keep trying to produce it accurately, since it occurs in two of the most frequently used words in French: the pronoun **tu** and the indefinite article **une**!

B. Un pas en avant. Écoutez et faites attention à la prononciation des mots dans la liste. La première fois que vous entendez le mot, écrivez son numéro à côté de sa forme écrite (*written form*). La deuxième fois, écoutez pour vérifier vos réponses et répétez le mot.

a. _____ un bijou

b. _____ une bille (*marble*)

c. _____ un billet (*ticket*)

d. _____ une bouche (*mouth*)

e. _____ une boucle d'oreille

f. _____ une bouteille

g. _____ une boutique

h. _____ une bûche (*log*)

i. _____ une bulle (*bubble*)

C. Dictée.

♦ **Première étape.** Complétez les phrases avec les mots que vous entendez. Vous allez entendre chaque phrase deux fois.

1. Je vais acheter une _____ et des _____.

2. Ce n'est pas une soirée élégante. Je vais porter un _____ et

   un _____.

3. Si on fait une randonnée aujourd'hui, il faut porter un _____ et des

   _____ de soleil.

4. Tu penses que ces _____ vont bien avec ma

   _____?

5. Pour mon anniversaire, j'aimerais (*I would like*) un _____ et un

   _____.

6. Tes _____ d'oreilles sont de quelle _____?

   Elles sont _____?

Attention! Avant de continuer, vérifiez vos réponses dans la clé de corrections sur le site Web d'*En avant!*

Deuxième étape. Écoutez encore une fois et répétez chaque phrase de la **Première étape,** en faisant attention à la prononciation de la voyelle [i] dans les phrases 1 à 2, de la voyelle [y] dans les phrases 3 à 4 et de la voyelle [u] dans les phrases 5 à 6.

Grammaire interactive

6.1 Qu'est-ce que tu portes ce soir? The demonstrative articles
ce, cet, cette, ces

♦ **A. On fait du shopping.** Claire et Sophie font du shopping ensemble. Écoutez chaque phrase et cochez (✓) les *deux* démonstratifs (**ce, cet, cette, ces**) que vous entendez. Vous allez entendre les phrases deux fois. **Attention!** On prononce **cet** and **cette** de la même façon (*the same way*). Utilisez le genre du nom pour choisir la forme correcte.

	ce	cet	cette	ces
1.	☐	☐	☐	☐
2.	☐	☐	☐	☐
3.	☐	☐	☐	☐
4.	☐	☐	☐	☐
5.	☐	☐	☐	☐
6.	☐	☐	☐	☐

B. Je préfère... Regardez les dessins et complétez les commentaires de chaque personne en utilisant les éléments des colonnes A, B et C. **Attention!** Un des mots dans la colonne B n'est pas utilisé.

A	B	C
ce	blouson	-ci
cet	chaussures	-là
cette	chemise	
ces	cravate	
	gants	
	imperméable	
	jean	

1. «Je préfère _____.»

2. «Je préfère _____.»

3. «Je préfère _____.»

4. «Je préfère _____.»

5. «Je préfère _____.»

6. «Je préfère _____.»

C. Combien coûte... ? Vous avez 100 euros pour acheter des cadeaux d'anniversaire à votre mère et à votre père. Demandez au vendeur combien coûtent tous les vêtements, accessoires et objets en complétant les phrases avec **ce, cet, cette,** et **ces.** Complétez les réponses du vendeur selon les illustrations.

1. —Combien coûte _____ jupe?

    —Elle coûte _____.

2. —Combien coûte _____ pantalon?

    —Il coûte _____.

3. —Combien coûte _____ pull à col roulé?

    —Il coûte _____.

4. —Combien coûtent _____ sandales?

    —Elles coûtent _____.

5. —Combien coûte _____ sac à main?

    —Il coûte _____.

6. —Combien coûtent _____ boucles d'oreilles?

    —Elles coûtent _____.

7. —Combien coûte _____ cravate?

    —Elle coûte _____.

D. Comment trouves-tu... ? Sophie et Claire sont au marché aux puces. Sophie montre (*shows*) des accessoires et des vêtements à Claire. Claire répond en utilisant un pronom d'objet direct: **le, la, l',** **les.** Écoutez la réaction de Claire et indiquez l'objet que Sophie montre à son amie. À la fin de l'activité, écoutez pour vérifier vos réponses. Suivez l'exemple.

EXEMPLE: *Vous entendez:* Je la déteste!

     Vous voyez: a. cette jupe   b. ce manteau   c. ces bottes

     Vous choisissez: (a.) cette jupe   b. ce manteau   c. ces bottes

1. a. ce parapluie   b. cette chemise   c. ces gants
2. a. cette veste   b. ces boucles d'oreilles   c. ces chaussettes
3. a. cette robe   b. ce jean   c. cette écharpe
4. a. ces tee-shirts   b. ce short   c. cette ceinture
5. a. ces tennis   b. cette robe   c. cet imperméable
6. a. cette jupe   b. ces lunettes de soleil   c. ces chaussettes

6.2 On sort ce soir!   Verbs in **–ir** like **sortir**

A. Une personne ou plusieurs? Écoutez les phrases et décidez si on parle de Benjamin ou de Benjamin et ses amis. Vous allez entendre les phrases deux fois. À la fin de l'activité, écoutez pour vérifier vos réponses.

	Benjamin	Benjamin et ses amis
1.	☐	☐
2.	☐	☐
3.	☐	☐
4.	☐	☐
5.	☐	☐
6.	☐	☐

♦ **B. Dictée.** Écoutez la conversation entre Marc et Aurélie et complétez-la avec les verbes que vous entendez. Vous allez entendre leur conversation deux fois.

MARC: Bonjour, Aurélie. Tu vas bien?

AURÉLIE: Oui, super bien. Je suis contente parce que je _____[1] en vacances ce

     week-end. Et toi, tu _____[2] pour les Alpes, vous allez à Chamonix,

     n'est-ce pas?

MARC: Oui, Claude et moi nous allons d'ailleurs _____[3] faire quelques courses

     pour le voyage. Nous avons vraiment besoin de nouveaux anoraks (*ski jackets*). Et toi et

     ta famille, vous _____[4] toujours pour Lyon?

AURÉLIE: Oui, on _____[5] demain matin. J'adore Lyon, sa vieille ville et ses bons

     petits restaurants où l'on sert une bonne cuisine bien traditionnelle. Nous allons dîner au

     restaurant La Tassée pour célébrer le trentième anniversaire de mariage de mes parents!

MARC: Eh bien, c'est super! Amuse-toi bien... et bon appétit!

C. Projets. Complétez les phrases en utilisant le verbe qui convient à la forme appropriée. **Attention!** Vous allez utiliser certains verbes plusieurs fois.

dormir   **partir**   **sentir**   **servir**   **sortir**

1. Marc _____ en vacances avec sa famille et il va rentrer lundi matin.

2. Sergey _____ encore une fois avec Natasha. Il la trouve très amusante.

3. Vous _____ pour Grasse? On _____ toujours le beau parfum de lavande là-bas.

4. Mon ami et moi, nous _____ tous les soirs pendant les vacances.

5. Est-ce que vous _____ la soupe? Ça _____ bon!

6. Nous _____ toujours quelque chose de bon quand nous invitons des amis à dîner.

7. Guillaume _____ jusqu'à midi le samedi et le dimanche.

8. Je ne _____ pas bien la nuit quand je suis stressé(e).

9. On _____ des glaces délicieuses à la pâtisserie près de chez moi. Ça te dit d'y aller cet après-midi?

D. Votre week-end. Que faites-vous pendant le week-end? Répondez aux questions suivantes en utilisant les verbes *en italique*.

1. Est-ce que vous *sortez* avec vos amis? Où allez-vous?

   _____

2. Jusqu'à quelle heure est-ce que vous *dormez* pendant le week-end?

   _____

3. Est-ce que vous *partez* quelquefois à l'improviste (*on the spur of the moment*) le week-end? Où?

   _____

4. Quand vous invitez vos amis à dîner chez vous, qu'est-ce que vous *servez*?

   _____

6.3 Tu préfères quel magasin?   The interrogative **quel(le)(s)**

A. Réponses logiques. Vous allez entendre une série de questions. Écoutez chacune des questions et choisissez la réponse logique. Vous allez entendre chaque question deux fois. À la fin de l'activité, écoutez pour vérifier vos réponses.

1. _____   a. À des jeux de cartes.

2. _____   b. Le rouge.

3. _____   c. En été et en automne.

4. _____   d. Du cours de français.

5. _____   e. Le pull-over à col roulé.

6. _____   f. Du saxophone.

B. Quel plat?

Première étape. Thomas, un Américain, va préparer le plat principal d'un repas pour ses amies françaises, Marie-Josée et Isabelle. Complétez les questions que Thomas pose à ses amies en utilisant la forme correcte de **quel(le)(s)**.

1. _____ plats est-ce que vous aimez?

2. Dans _____ boucherie est-ce que je peux acheter de la bonne viande?

3. _____ est la différence entre les vins rouges de Bourgogne et ceux (*those*) de Bordeaux?

4. Vous préférez _____ légumes? Les champignons, j'espère!

5. _____ est le meilleur marchand de fruits et légumes dans le quartier?

6. _____ assiettes est-ce qu'on va utiliser?

Deuxième étape. D'après les questions que Thomas pose dans la **Première étape,** qu'est-ce qu'il va préparer?

a. des crêpes bretonnes   c. du bœuf bourguignon
b. des moules-frites   d. de la choucroute

C. Exclamations.
Utilisez les éléments donnés pour créer une exclamation avec **quel(le)(s). Attention!** N'oubliez pas de faire l'accord de l'adjectif en genre et en nombre.

EXEMPLE: dîner / bon _____ *Quel bon dîner!* _____

1. chien / petit   _____

2. femmes / beau   _____

3. robe / joli   _____

4. hommes / intelligent _____

5. garçon / grand   _____

6. film / intéressant   _____

D. Et vous?

Première étape. Complétez les questions suivantes avec la forme appropriée de **quel.**

1. _____ est votre prénom?   4. À _____ heure arrivez-vous à la fac?

2. _____ âge avez-vous?   5. _____ sont vos cours préférés?

3. De _____ instrument jouez-vous?   6. _____ langues parlez-vous?

Deuxième étape. Maintenant, répondez aux questions de la **Première étape.**

1. _____

2. _____

3. _____

4. _____

5. _____

6. _____

6.4 Comment choisir le bon cadeau? Verbs in **-ir** like **choisir**

A. Frédéric ou ses frères? Écoutez les phrases et décidez si on parle de Frédéric ou de ses frères aînés. Vous allez entendre chaque phrase deux fois. À la fin de l'activité, écoutez pour vérifier vos réponses.

	Frédéric	ses frères
1.	☐	☐
2.	☐	☐
3.	☐	☐
4.	☐	☐
5.	☐	☐
6.	☐	☐
7.	☐	☐

B. La vie... illustrée. Complétez chaque phrase en écrivant la forme appropriée du verbe entre parenthèses. Ensuite, faites correspondre chaque phrase à une des illustrations qui suivent.

1. Il _____ (réfléchir) à sa future profession.

2. Elle _____ (rougir); elle aime beaucoup son copain.

3. Tu _____ (grandir), Théo! Tu as quel âge maintenant?

4. Elles _____ (vieillir), mes deux tantes, mais elles sont toujours belles!

5. Vous _____ (rajeunir), madame!

6. Tu _____ (grossir) un peu, papa?

7. Nous _____ (finir) enfin notre exposé. Il est tard!

8. Je _____ (maigrir) un peu, n'est-ce pas?

a. _____

b. _____

c. _____

d. _____

e. _____   f. _____   g. _____   h. _____

C. Avez-vous des petites habitudes (*Are you a creature of habit*)?

Première étape. Passez ce petit test pour déterminer si vous avez vraiment des petites habitudes. Cochez (✓) **oui** si la phrase vous décrit bien.

oui

1. Vous choisissez à l'avance la tenue que vous allez porter le lendemain (*the next day*). ☐
2. Vous finissez vos devoirs à la même heure chaque jour. ☐
3. Vous ne maigrissez pas en été et ne grossissez pas en hiver. ☐
4. Vous sortez tous les samedis soirs (au cinéma, par exemple). ☐
5. Vous servez toujours le même plat à vos amis (des spaghettis, par exemple). ☐
6. Vous ne dormez pas plus longtemps (*more, longer*) le week-end. ☐

Deuxième étape. Maintenant, faites un petit résumé des «résultats» du test précédent. Utilisez les verbes dans les questions de la **Première étape.** Faites bien attention à la forme des verbes en **-ir/-iss** (dans les questions 1 à 3) et les verbes en **-ir** (dans les questions 4 à 6).

    EXEMPLE: Oui, j'ai mes petites habitudes. Je…

            (*ou*) Je n'ai pas vraiment de petites habitudes. Je…

_____

_____

_____

_____

D. Les circonstances.
Expliquez ce que les gens font (ou ne font plus) normalement dans chaque circonstance. Par exemple, qu'est-ce qu'ils portent (ou ne portent plus)? Qu'est-ce qu'ils mangent/boivent (ou ne mangent/boivent plus)? Qu'est-ce qu'ils aiment (ou n'aiment plus) faire?

1. Quand on grandit… _____

_____

2. Quand on vieillit… _____

_____

3. Quand on grossit… _____

_____

4. Quand on maigrit… _____

_____

Culture interactive

Lisons!

Stratégie de lecture   Skimming the text to gather basic information

In **Chapitre 5**, you learned to first scan titles, subtitles, and picture captions in order to predict the topic of a text. In addition to that strategy, you should also briefly "skim" the paragraphs of a text—not reading sentences word for word, but rather using the words you already recognize in those sentences to piece together basic information about a text. By using both the scanning and skimming strategies, you increase your comprehension of a text before having to do a closer, more detailed reading.

Avant de lire

Commençons par le début! Vous allez lire un texte sur la mode en Afrique francophone. Regardez la photo et sa légende et parcourez brièvement (*briefly skim*) les paragraphes. Résumez les informations essentielles dans ce texte en complétant chaque phrase avec la forme correcte de l'adjectif (ou des adjectifs) de la liste.

africain	dynamique	ivoirien	sénégalais
burkinabé	féminin	moderne	traditionnel

1. En Afrique francophone, on porte des vêtements _____, comme en Europe, mais aussi des vêtements _____, comme le boubou.

2. La mode en Afrique francophone est aujourd'hui un milieu _____.

3. Mame Faguèye Bâ est une styliste et costumière _____; son atelier est près de Dakar.

4. Nathalie Konen est _____; elle se spécialise dans la mode _____.

5. Pathé'o est _____; beaucoup de célébrités _____ portent ses créations.

Lecture

Maintenant, lisez le texte plus attentivement et concentrez-vous cette fois-ci sur les détails.

L'Afrique francophone dynamise la mode mondiale

Dans beaucoup de pays d'Afrique francophone, on porte des vêtements modernes à l'européenne. Cependant, les vêtements traditionnels sont aussi très communs et ils représentent non seulement un respect de la tradition, ils sont aussi une forme d'attachement à la culture locale, ethnique ou nationale.

Il est donc naturel que les créateurs de mode africains tentent aujourd'hui de marier tradition et modernité dans leurs collections. Et en effet, depuis une quinzaine d'années, la mode en Afrique francophone est devenue un milieu artistique très dynamique. Les stylistes présentés ci-dessous, dont les collections sont appréciées dans le monde entier, sont restés profondément inspirés par leurs racines[1] africaines.

Ces femmes sénégalaises très élégantes portent des boubous multicolores

La sénégalaise **Mame Faguèye Bâ** est styliste et costumière. Elle crée des vêtements prêt-à-porter pour femmes et pour hommes qui marient la tradition africaine et les designs modernes; elle a déjà présenté plusieurs collections à Dakar et à Paris. Jeune femme aux multiples talents, elle a aussi travaillé sur plusieurs films africains et français et a créé les costumes des acteurs ainsi que[2] des vêtements et des accessoires. Son atelier de couture est installé à Sor, près de Dakar, depuis 1992.

Nathalie Konan est née en Côte d'Ivoire et travaille maintenant à Paris. Elle se spécialise dans la mode féminine et utilise des tissus africains pour créer des vêtements originaux, futuristes ou très chic. Vous pouvez voir les modèles de sa marque[3] NK Style dans sa boutique à Abidjan: robes de cocktail, robes de mariées,[4] prêt-à-porter—tous les vêtements sont faits sur mesure.[5]

Pathé'o est un styliste burkinabé (du Burkina Faso) un peu plus traditionnel qui est venu s'installer[6] en Côte d'Ivoire dans les années 70. Il a présenté ses collections dans plusieurs pays, en France, au Brésil et au Québec, et il a des boutiques en Angola, au Cameroun, au Sénégal, en Côte d'Ivoire et en Guadeloupe. Beaucoup de célébrités africaines ont porté ses créations, notamment Nelson Mandela et le Président de la République du Côte d'Ivoire.

[1] *roots* [2] *ainsi… as well as* [3] *brand* [4] *robes… wedding gowns* [5] *faits… made to order* [6] *est… moved to*

Après la lecture

A. Avez-vous compris? Indiquez si les affirmations suivantes sur la mode africaine sont vraies ou fausses. Si une affirmation est fausse, corrigez-la pour la rendre vraie.

	VRAI	FAUX
1. La haute couture africaine s'inspire exclusivement des traditions africaines.	☐	☐
_____		
2. Les collections des trois stylistes sont appréciées partout dans le monde.	☐	☐
_____		
3. Tous ces stylistes africains sont basés à Paris.	☐	☐
_____		
4. Les stylistes africains présentent souvent leurs collections à Paris.	☐	☐
_____		
5. Tous ces stylistes créent des vêtements prêt-à-porter.	☐	☐
_____		

B. Pour aller plus loin. Associez les mots et les expressions suivants sur la mode à d'autres mots ou expressions de votre culture, votre imagination ou votre expérience personnelle.

EXEMPLE: Si on vous dit «masque» → Vous pensez: *Halloween*

Si on vous dit: **Vous pensez:**

1. «costume traditionnel»   _____

2. «haute couture»   _____

3. «designer»   _____

4. «accessoire»   _____

5. «tissu»   _____

6. «mode»   _____

Chez les Français / Chez les francophones / Rétrospective

Utilisez les renseignements fournis dans **Chez les Français**, **Chez les francophones** et **Rétrospective** du manuel pour déterminer si les affirmations suivantes sont vraies ou fausses. Si une affirmation est fausse, corrigez-la en changeant les mots soulignés pour la rendre vraie.

		VRAI	FAUX
1.	Le mot «tatouage» vient <u>de la Polynésie.</u>	☐	☐
	_____		
2.	À Tahiti, les tatouages <u>sont uniquement décoratifs.</u>	☐	☐
	_____		
3.	On trouve des vêtements d'occasion dans <u>une friperie et à un marché aux puces.</u>	☐	☐
	_____		
4.	Les Galeries Lafayette sont <u>une boutique.</u>	☐	☐
	_____		
5.	On fait <u>du parfum</u> à Grasse parce que le climat est bon pour les plantes aromatiques comme la lavande.	☐	☐
	_____		
6.	Un parfum et une eau de parfum se différencient par <u>leur pourcentage d'alcool.</u>	☐	☐
	_____		
7.	À l'âge de 17 ans, le célèbre couturier Yves Saint Laurent commence à travailler chez <u>Coco Chanel.</u>	☐	☐
	_____		
8.	Le grand regret d'Yves Saint Laurent c'est de ne pas avoir inventé <u>le jean.</u>	☐	☐
	_____		

Écrivons!

Stratégie d'écriture   Adding more details and fuller descriptions

In this chapter, you will be writing an ad to sell some personal effects on the Internet. As you compose your list of items for sale, engage your readers by describing your items in terms of color, size, condition, fabric, and other characteristics to attract buyers. Specify gender and age category for clothing items as needed.

Genre: Petite annonce (*Classified ad*)

Thème: Vous désirez vendre quelques effets personnels pour arrondir vos fins de mois (*to round out your monthly budget*). En vous inspirant de l'annonce ci-dessous, décrivez quelques-uns de vos articles à vendre dans une petite annonce destinée à l'un des sites comme **particulier.fr** (France) ou **quebec.kijiji.ca** (Québec). Mentionnez les vêtements et les gadgets électroniques que vous proposez dans votre petite annonce et décrivez-les en détail en utilisant beaucoup d'adjectifs pour séduire vos acheteurs!

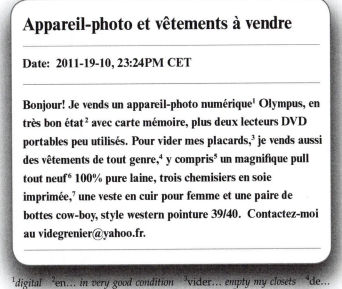

Appareil-photo et vêtements à vendre

Date: 2011-19-10, 23:24PM CET

Bonjour! Je vends un appareil-photo numérique[1] Olympus, en très bon état[2] avec carte mémoire, plus deux lecteurs DVD portables peu utilisés. Pour vider mes placards,[3] je vends aussi des vêtements de tout genre,[4] y compris[5] un magnifique pull tout neuf[6] 100% pure laine, trois chemisiers en soie imprimée,[7] une veste en cuir pour femme et une paire de bottes cow-boy, style western pointure 39/40. Contactez-moi au videgrenier@yahoo.fr.

[1]*digital* [2]*en... in very good condition* [3]*vider... empty my closets* [4]*de... of all kinds* [5]*y... including* [6]*tout... brand new* [7]*soie... printed silk*

1. Commencez votre petite annonce en décrivant en détail ce que vous avez à vendre et en utilisant le vocabulaire de l'exemple.
2. Expliquez pourquoi vous désirez vendre vos affaires.
3. Indiquez le prix de chaque objet et donnez vos coordonnées: **Contactez-moi au... , etc.**

Une fois que vous avez fini, relisez votre travail en tenant compte des conseils donnés dans la section **Vérifions.**

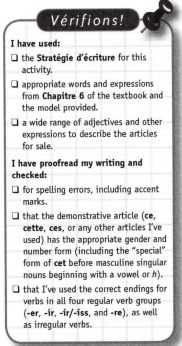

Vérifions!

I have used:

- ❏ the **Stratégie d'écriture** for this activity.
- ❏ appropriate words and expressions from **Chapitre 6** of the textbook and the model provided.
- ❏ a wide range of adjectives and other expressions to describe the articles for sale.

I have proofread my writing and checked:

- ❏ for spelling errors, including accent marks.
- ❏ that the demonstrative article (**ce, cette, ces,** or any other articles I've used) has the appropriate gender and number form (including the "special" form of **cet** before masculine singular nouns beginning with a vowel or *h*).
- ❏ that I've used the correct endings for verbs in all four regular verb groups (**-er, -ir, -ir/-iss,** and **-re**), as well as irregular verbs.

CHAPITRE 7

Le week-end dernier

Communication en direct

A. Quelle était la question? Lisez chaque conversation, et puis complétez chaque question avec **quand** ou **combien de temps**.

1. —Depuis _____ avez-vous cet appartement?

   —Nous avons cet appartement depuis trois ans.

2. —Depuis _____ jouez-vous du piano?

   —Je joue du piano depuis l'âge de cinq ans.

3. —Tu habites à Lyon, n'est-ce pas? Depuis _____?

   —J'habite ici depuis 2007.

4. —Depuis _____ est-ce que votre fils travaille au Canada?

   —Depuis quatre ans.

5. —Vous étudiez le français depuis _____?

   —J'étudie le français depuis six mois, c'est tout.

B. Depuis quand? Depuis combien de temps? Écoutez chaque question et choisissez la réponse correcte. Vous allez entendre chaque question deux fois. À la fin de l'activité, écoutez pour vérifier vos réponses.

1. a. J'habite en Suisse depuis ma première année à la fac.

   b. J'habite en Suisse depuis trois ans maintenant.

2. a. Nous sommes à Paris depuis trois jours.

   b. Nous sommes à Paris depuis samedi.

3. a. Marc joue au foot depuis l'âge de trois ans!

   b. Marc joue au foot depuis quinze ans déjà!

4. a. Mon ami me rend visite depuis quatre jours.

   b. Mon ami me rend visite depuis jeudi soir.

5. a. Je travaille dans cette banque depuis deux ans.

   b. Je travaille dans cette banque depuis septembre 2010.

C. Une journée à Paris.

Première étape. Peter, un étudiant américain, a passé la journée à visiter Paris. Complétez la description de sa journée en utilisant les expressions logiques: **a commencé par, ensuite** ou **(et) puis...** et **a terminé par.**

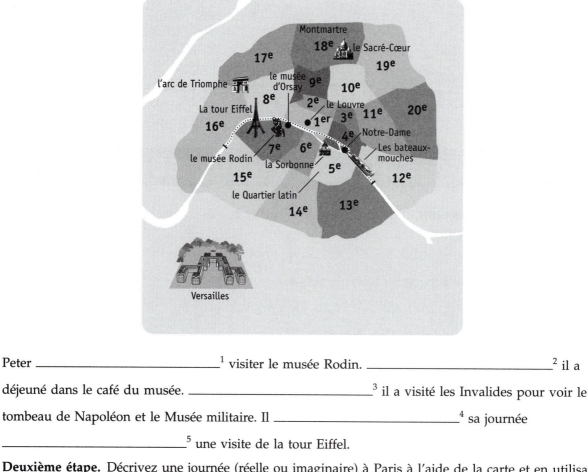

Peter _____¹ visiter le musée Rodin. _____² il a

déjeuné dans le café du musée. _____³ il a visité les Invalides pour voir le

tombeau de Napoléon et le Musée militaire. Il _____⁴ sa journée

_____⁵ une visite de la tour Eiffel.

Deuxième étape. Décrivez une journée (réelle ou imaginaire) à Paris à l'aide de la carte et en utilisant la **Première étape** comme exemple.

_____

_____

_____

Vocabulaire interactif

Un week-end à Paris Talking about entertainment and cultural events

A. Possibilités à Paris. Sophie propose des activités culturelles à ses amis pour un week-end à Paris. Indiquez où ils vont en choisissant un des trois termes.

L'Opéra-Bastille à Paris

1. Ça vous dit d'aller voir le nouveau film de Claire Denis au Champo?
   a. au cinéma b. au stade c. en boîte de nuit

2. En ce moment, on joue *Faust* par Gounod. Tu veux y aller demain soir?
   a. dans une galerie d'art b. au musée c. à l'opéra

3. L'intérieur du Palais Garnier est très beau, et les danseurs sont extraordinaires! Ce n'est pas à manquer (*to be missed*)!
   a. au théâtre b. au ballet c. dans une salle de concert

4. À l'Olympia, il y a toujours des performances surtout de musique classique ou de jazz.
   a. dans une salle de concert b. au stade c. à l'opéra

5. Ça vous dit d'aller danser après le concert?
   a. au théâtre b. au ballet c. en boîte de nuit

6. Si vous voulez voir une exposition des œuvres de Picasso, c'est possible, aussi!
   a. au théâtre b. en boîte c. au musée

7. Si tu préfères assister à un match de foot, je peux consulter leur site Internet.
   a. au stade (de France) b. au cirque (Romanès) c. au cinéma (UGC Odéon)

B. Les spectateurs. Complétez les phrases (a.) avec la forme appropriée du verbe **voir** et les phrases (b.) avec un des endroits de la liste.

au ballet	✓ au concert	à la finale de rugby
au cirque	à l'exposition	à la pièce de théâtre

EXEMPLE: a. Je _____ *vois* _____ un orchestre.

b. J'assiste _*au concert*_ de musique classique.

1. a. Tu _____ les deux équipes (*teams*)?

 b. Tu assistes _____ Pau–Toulon?

2. a. Elle _____ des tableaux et des statues.

 b. Elle assiste _____ d'art moderne.

3. a. Nous _____ des acrobates.

 b. Nous assistons _____ de Monte-Carlo.

4. a. Vous _____ la scène et les acteurs?

 b. Vous assistez _____ *La leçon*?

5. a. Ils _____ des danseurs.

 b. Ils assistent _____ *Giselle*.

 C. Les divertissements. Saleem parle des activités intéressantes dans sa ville. Complétez chaque phrase que vous entendez en choisissant le terme qui la complète le mieux (*the best*). Vous allez entendre chaque phrase deux fois. À la fin de l'activité, écoutez pour vérifier vos réponses.

1. _____ a. séances b. genres
2. _____ a. un cirque b. un billet
3. _____ a. le prix b. une place
4. _____ a. un tarif réduit b. une station de métro
5. _____ a. le spectacle b. l'horaire
6. _____ a. à l'affiche b. en concert
7. _____ a. gratuite b. amusante

D. Qu'est-ce qu'on va faire? Comment? Écoutez chaque suggestion et indiquez ce que la personne propose. Vous allez entendre chaque suggestion deux fois. À la fin de l'activité, écoutez pour vérifier vos réponses.

1. _____ a. télécharger un film b. aller au cinéma
2. _____ a. jouer à un jeu de société b. jouer à un jeu vidéo
3. _____ a. louer un DVD b. regarder un film à la télé
4. _____ a. regarder une émission à la télé b. voir un film sur grand écran
5. _____ a. acheter un DVD b. télécharger un film
6. _____ a. jouer à la Wii b. acheter un téléviseur HD

E. Quels genres de film préférez-vous? Complétez les phrases avec les genres de film de la liste.

comédies musicales	films d'animation	films de guerre	films de science-fiction
films d'amour	films d'aventures	films d'horreur	westerns

1. En général, les (jeunes) filles aiment les _____.

2. Les meilleurs (*best*) films pour les enfants, ce sont les _____.

3. Les _____ et _____ ne sont pas appropriés pour les enfants parce qu'ils sont violents.

4. John Wayne a fait les meilleurs (*best*) _____.

5. Les _____ du théâtre, comme *Grease* ou *Chicago*, sont souvent adaptées en film.

6. *Avatar* et *Alien* sont des _____.

7. Moi, je préfère les _____. Mon film préféré est

_____.

Prononcez bien!
Les semi-voyelles [j], [ɥ] et [w]

pièce, puis et *point*

There are three semi-vowel (or "glide") sounds in French that precede and combine with a full vowel *within the same syllable*: [j] as in **pièce**, [ɥ] as in **puis**, and [w] as in **point**.

1. The semi-vowel [w] typically combines with the full vowel [a] and is spelled **oi** or **oy**.

   b<u>oî</u>te   **de | v<u>oi</u>r**   **v<u>oy</u> | age**

   It can also be spelled **ou** at the start of a word, or **w** in words borrowed from English, and found in combination with other vowel letters.

   <u>ou</u>i   **<u>w</u>eek- | end**

2. The semi-vowel [ɥ] typically combines with the full vowel [i] and is spelled **ui**.

   h<u>ui</u>t   **de | p<u>ui</u>s**   **ré | d<u>ui</u>t**

   It is sometimes found in combination with other vowel letters.

   s<u>ua</u>ve   **ac | t<u>ue</u>l**

3. The semi-vowel [j] is spelled **i** when followed by another vowel letter in the same syllable.

   p<u>iè</u>ce   **p<u>ia</u> | no**   **fic | t<u>io</u>n**

   The semi-vowel [j] follows a full vowel in words with the spellings **ail** and **eil**.

   tra | v<u>ail</u>   **so | l<u>eil</u>**

A. Essayons! Vous allez entendre chaque mot deux fois. Faites attention à la semi-voyelle dans chaque mot et écrivez le mot dans la colonne appropriée. À la fin de l'activité, écoutez pour vérifier vos réponses et répétez les mots.

✓ animation	émission	noir	piano
armoire	ensuite	nuit	société
cuisine	fruit	ouest (*west*)	western

[w] comme *point*	[ɥ] comme *puis*	[j] comme *pièce*
1. _____	1. _____	1. *animation*
2. _____	2. _____	2. _____
3. _____	3. _____	3. _____
4. _____	4. _____	4. _____

•

Pour bien prononcer

The semi-vowel [j] normally occurs *before* a full vowel, as you saw in words like **pièce**; it also occurs *after* a full vowel—as you saw in words like **travail** and **soleil**—and in the spelling **-ill** as in **billet**. Unlike the endings **-ail** and **-eil**, however, **-ill** does not always represent the semi-vowel [j]: there are three frequently used words in French that simply end in the consonant sound [l], as you will see when completing Activity B.

•

B. Un pas en avant.

Première étape. Vous allez entendre chaque mot deux fois. Cochez (✓) les mots dans lesquels (*in which*) l'orthographe (*the spelling*) **-ill** représente la semi-voyelle [j]. À la fin de l'activité, écoutez pour vérifier vos réponses et répétez les mots.

1. _____ abeille (*bee*)   5. _____ mille
2. _____ billet   6. _____ tranquille
3. _____ feuille   7. _____ Versailles
4. _____ fille   8. _____ ville

♦ **Deuxième étape.** Maintenant, complétez la phrase suivante.

L'orthographe **-ill** représente la semi-voyelle [j] dans tous les mots de la **Première étape** sauf (*except*):

_____, _____ et _____.

C. Dictée.

♦ **Première étape.** Écoutez les gens parler de leurs projets pour ce soir. Complétez les phrases avec les mots que vous entendez. Vous allez entendre chaque phrase deux fois.

1. Il y a un bon concert pas _____ d'ici. C'est un ensemble de _____

   musiciens et une chanteuse.

2. Je n'ai pas envie de _____ un _____ ce _____.

3. _____ l'année dernière, l'entrée des musées est _____ le

   dimanche.

4. Le film finit à _____ et _____ nous rentrons chez nous.

5. J'ai déjà acheté mon _____ pour la _____ de théâtre.

6. Quel genre de film préférez-vous? Un film d' _____ ou de _____

   _____ peut-être?

Attention! Avant de continuer, vérifiez vos réponses dans la clé de corrections sur le site Web d'*En avant!*

Deuxième étape. Écoutez encore une fois et répétez chaque phrase de la **Première étape,** en faisant attention à la prononciation des semi-voyelles [w] dans les phrases 1 et 2, [ɥ] dans les phrases 3 et 4 et [j] dans les phrases 5 et 6.

Grammaire interactive

7.1 Je veux bien!   The verbs **vouloir, pouvoir, devoir,** and **savoir**

A. La forme des verbes.

Première étape. Complétez le tableau suivant avec les formes des verbes **devoir, pouvoir** et **savoir** qui manquent.

	devoir	pouvoir	savoir
je	dois	peux	
tu		peux	
il/elle/on	doit		sait
nous		pouvons	
vous	devez		
ils/elles			savent

Deuxième étape. Complétez chaque conversation avec les formes appropriées du verbe **vouloir**. **Attention!** La conjugaison du verbe **pouvoir** dans la **Première** étape doit vous aider.

1. —À quelle heure est-ce que vous _____ sortir?

    —Nous? Nous ne _____ pas du tout sortir ce soir!

2. —Tu _____ voir un film à la télé?

    —Non, pas vraiment. Je _____ plutôt aller au ciné.

3. —Ton frère _____ assister à la pièce avec nous?

    —Oui, avec sa copine. Ils _____ y assister tous les deux.

B. Aptitudes et possibilités. Stéphanie parle d'elle-même (*herself*) et de ses amis. Indiquez si elle parle de quelque chose qu'on sait faire (**une aptitude**) ou de quelque chose qu'on peut faire (**une possibilité**). Vous allez entendre chaque phrase deux fois. À la fin de l'activité, écoutez pour vérifier vos réponses.

	une aptitude	une possibilité
1.	☐	☐
2.	☐	☐
3.	☐	☐
4.	☐	☐
5.	☐	☐
6.	☐	☐
7.	☐	☐

C. Un week-end chargé (*busy*). Jean-Marc a beaucoup d'obligations ce week-end, mais il rêve de faire autre chose. Utilisez une expression de volonté et une expression de nécessité de la liste et les verbes entre parenthèses pour décrire chaque illustration. Suivez l'exemple.

Expressions de volonté	Expressions de nécessité
avoir envie de	avoir besoin de
désirer	devoir
vouloir	être obligé de

EXEMPLE: (assister, étudier)

Jean-Marc veut assister à un concert ce week-end, mais il a besoin d'étudier.

(dîner, rendre visite)

1. _____

   _____

   _____

   _____

(jouer, aider)

2. _____

   _____

   _____

   _____

(aller, faire)

3. _____

   _____

   _____

   _____

(voir, préparer)

4. _____

   _____

   _____

   _____

D. Une conversation.

Première étape. Complétez la conversation téléphonique entre Véra et son amie Annick en écrivant la forme appropriée du verbe entre parenthèses. **Attention!** Vous allez répondre à des questions sur leur conversation dans la **Deuxième étape.**

VÉRA: Qu'est-ce que tu _____¹ (vouloir) faire demain soir?

ANNICK: Nous _____² (pouvoir) peut-être dîner au nouveau restaurant en ville avec Émile.

VÉRA: Moi, je _____³ (devoir) travailler tard demain soir—mais je _____⁴ (pouvoir) vous rejoindre (*meet up with you*) après 22 heures.

ANNICK: Aucun problème. J'ai une super idée! Émile et moi _____⁵ (vouloir) aller à la nouvelle boîte de nuit Le Roméo. Ce n'est pas loin du restaurant.

VÉRA: Mais je n'aime pas trop danser... Est-ce qu'on _____⁶ (devoir) payer l'entrée?

ANNICK: Normalement, oui.

VÉRA: Est-ce que tu _____⁷ (savoir) quels films sont à l'affiche ce week-end?

ANNICK: Aucune idée. Peut-être que tu _____⁸ (pouvoir) regarder l'horaire en ligne au bureau?

VÉRA: Bonne idée... Je _____⁹ (savoir) qu'Émile préfère aller au cinéma. Il va _____¹⁰ (vouloir) sans doute payer nos billets!

ANNICK: À ce soir alors!

Attention! Avant de continuer, vérifiez vos réponses dans la clé de corrections sur le site Web d'*En avant!*

Deuxième étape. Répondez à chaque question en cochant (✓) le prénom correct.

			Annick	Véra	Émile
1.	a.	Qui suggère d'aller au restaurant demain soir?	☐	☐	☐
	b.	Qui ne peut pas y aller?	☐	☐	☐
2.	a.	Qui suggère d'aller en boîte?	☐	☐	☐
	b.	Qui ne veut pas y aller?	☐	☐	☐
3.	a.	Qui suggère d'aller au cinéma?	☐	☐	☐
	b.	Qui va y aller avec elles?	☐	☐	☐

7.2 Tu peux faire quelque chose ce week-end?

The indefinite pronouns **quelqu'un**, **quelque chose**, and **quelque part**

A. Sujets de discussion. On parle des événements culturels en ville ce week-end. Écoutez les phrases et indiquez si le pronom indéfini fait référence à une personne, à un objet ou à un endroit. Vous allez entendre chaque phrase deux fois. À la fin de l'activité, écoutez pour vérifier vos réponses.

	une personne	un objet	un endroit		une personne	un objet	un endroit
1.	☐	☐	☐	4.	☐	☐	☐
2.	☐	☐	☐	5.	☐	☐	☐
3.	☐	☐	☐	6.	☐	☐	☐

B. Devinettes (*Riddles*). Utilisez le pronom indéfini **quelqu'un de (d')...** ou **quelque chose de (d')...** avec l'adjectif entre parenthèses pour compléter chaque devinette. Pour réussir (*solve*) les devinettes, choisissez le terme culturel approprié de la liste. Suivez l'exemple.

Coco Chanel	le jardin du Luxembourg	Nicolas Sarkozy
la choucroute	la Palme d'or	la tour Eiffel
Daniel Auteuil		

EXEMPLE: (très grand)

C'est *quelque chose de très grand*. C'est un monument à Paris.
C'est la tour Eiffel.

1. (beau) C'est _____.

   C'est un parc sur la Rive gauche (*Left Bank*) à Paris.

   _____

2. (célèbre) C'est _____.

   Il a joué dans le film *Mon meilleur ami*.

   _____

3. (prestigieux) C'est _____.

   C'est un prix (*award*) de cinéma.

   _____

4. (très créatif) C'était (*She was*) _____.

   Elle a fondé une maison de couture.

   _____

5. (délicieux) C'est _____.

   C'est une spécialité alsacienne.

   _____

6. (un peu égoïste) C'est _____.

   C'est le président, après tout!

   _____

C. Réponses. Répondez à chaque question que vous entendez en cochant (✓) la réponse logique. Vous allez entendre chaque question deux fois. Après une petite pause, écoutez pour vérifier votre réponse, puis répétez-la. Suivez l'exemple.

EXEMPLE: *Vous entendez:* Ils voient quelqu'un devant le musée?

Vous choisissez: ___✓___ a. Non, ils ne voient personne.

___ b. Non, ils ne voient rien.

Vous entendez: Non, ils ne voient personne.

Vous répétez: Non, ils ne voient personne.

1. ___ a. Non, nous ne cherchons rien.

   ___ b. Non, nous ne cherchons personne.

2. ___ a. Non, je ne fais rien.

   ___ b. Non, je ne vais nulle part.

3. ___ a. Non, personne n'arrive chez moi.

   ___ b. Non, rien n'arrive chez moi.

4. ___ a. Non, il n'y a rien d'intéressant à voir.

   ___ b. Non, il n'y a personne d'intéressant à voir.

5. ___ a. Non, il ne veut voyager nulle part.

   ___ b. Non, il ne veut voyager avec personne.

6. ___ a. Non, elles ne vont nulle part.

   ___ b. Non, elles n'y vont avec personne.

D. Devant le cinéma. Regardez les gens qui font la queue (*standing in line*) devant le cinéma, puis répondez aux questions suivantes. Si la réponse est affirmative, identifiez la personne (**Oui, c'est…**); si la réponse est négative, utilisez **ne (n')… personne** (ou **personne… ne [n']** quand c'est nécessaire).

1. Est-ce qu'il y a quelqu'un au guichet (*box office*)?

   _____

2. Est-ce que quelqu'un regarde l'affiche?

   _____

3. Est-ce que quelqu'un regarde sa montre?

   _____

4. Est-ce que quelqu'un porte un pull-(over)?

_____.

5. Est-ce que quelqu'un cherche quelque chose dans son sac?

_____.

6. Est-ce que quelqu'un cherche quelque chose par terre?

_____.

7. Est-ce que quelqu'un parle sur son portable?

_____.

8. Est-ce que quelqu'un attend un ami?

_____.

7.3 Qu'est-ce que vous avez fait hier? Talking about past activities using the **passé composé**

A. Régulier ou irrégulier? Décidez si les participes passés suivants sont réguliers ou irréguliers, puis écrivez l'infinitif de tous les verbes.

	régulier	irrégulier	infinitif
1. ils ont choisi	☐	☐	_____
2. ils ont vu	☐	☐	_____
3. ils ont bu	☐	☐	_____
4. ils ont attendu	☐	☐	_____
5. ils ont fait	☐	☐	_____
6. ils ont joué	☐	☐	_____
7. ils ont perdu	☐	☐	_____
8. ils ont dormi	☐	☐	_____
9. ils ont parlé	☐	☐	_____
10. ils ont été	☐	☐	_____

B. Une première sortie en couple. Paul raconte une première soirée en couple avec sa copine, Angéline. Complétez chaque phrase avec la forme correcte de l'auxiliaire **avoir** et du participe passé du verbe entre parenthèses.

1. J'_____ (choisir) une comédie de Molière: *Le Bourgeois Gentilhomme*.

2. J'_____ (consulter) l'horaire sur Internet et j'_____

   (réserver) deux places.

3. J'_____ (mettre) un beau costume et j'_____

   (attendre) Angéline devant la Comédie-Française.

4. Nous _____ (assister) à la pièce.

5. Après, nous _____ (prendre) un verre au café près du théâtre où

   nous _____ (rencontrer) un des acteurs de la pièce.

6. Nous _____ (faire) une belle promenade la nuit pour regarder les
   monuments parisiens illuminés.

7. À la fin de la soirée, nous _____ (décider) de sortir ensemble le
   week-end prochain.

C. La journée de Gabriel. Écoutez Gabriel raconter ce qu'il a fait hier et décidez si les phrases suivantes sont vraies ou fausses. Vous allez entendre le récit deux fois. À la fin de l'activité, écoutez pour vérifier vos réponses.

	VRAI	FAUX
1. Gabriel n'a pas pris de petit déjeuner.	☐	☐
2. Il a travaillé un peu.	☐	☐
3. Il a fait de la gym avec son ami Albert.	☐	☐
4. Il n'a vu personne le reste de la journée.	☐	☐
5. Il a regardé la télé.	☐	☐
6. Il a fini de lire un bon livre.	☐	☐

D. Habitudes et exceptions. Complétez chaque phrase avec la forme correcte du verbe entre parenthèses, d'abord au **présent** puis au **passé composé**.

EXEMPLE: (mettre) D'habitude, Marc _____*met*_____ une veste pour aller travailler, mais ce

matin, il _____*a mis*_____ un pull.

1. (prendre) D'habitude, je _____ le train pour aller à Paris, mais hier

   je/j'_____ l'avion.

2. (boire) D'habitude, Nicolas _____ du café au petit déjeuner, mais ce matin il

   _____ du thé.

3. (dormir) D'habitude, Marie _____ huit heures par jour, mais hier elle

   _____ seulement quatre heures.

4. (faire) D'habitude, Saïd et Alma _____ leurs courses au marché en plein air,

   mais hier ils _____ leurs courses au supermarché.

5. (rendre) D'habitude, Gina _____ ses devoirs à temps, mais cette semaine, elle

   _____ ses devoirs en retard.

6. (dîner) D'habitude, mes amis et moi, nous _____ chez nos parents, mais ce

   week-end, nous _____ au restaurant.

7.4 Vous êtes sortis ce week-end? The use of **être** as auxiliary

A. Un samedi soir. Sébastien et Monique sont sortis samedi soir pour la première fois depuis long-temps. Écoutez la description de leur soirée. Cochez (✓) l'auxiliaire (**avoir** ou **être**) que vous entendez dans chaque phrase. Vous allez entendre chaque phrase deux fois. À la fin de l'activité, écoutez pour vérifier vos réponses.

	avoir	être
1.	☐	☐
2.	☐	☐
3.	☐	☐
4.	☐	☐
5.	☐	☐
6.	☐	☐
7.	☐	☐
8.	☐	☐

B. Qui l'a fait? Complétez les phrases avec le nom de la personne qui a fait chacune des activités suivantes. **Attention!** Considérez la forme de l'auxiliaire et la forme du participe passé avant de décider.

Aimée	Marc	Marc, Aimée et Philippe	Aimée et Sophie

1. _____ est allée au stade avec ses frères.

2. _____ sont arrivés au spectacle un peu en retard.

3. _____ est descendu du métro.

4. _____ est tombée sur la piste de danse (*dance floor*).

5. _____ sont rentrées tard hier soir.

6. _____ est resté chez lui.

C. Les opposés. Pour chaque verbe de la colonne A, trouvez un verbe au sens opposé dans la colonne B. Ensuite, complétez la phrase sous chaque illustration avec la forme appropriée du verbe au passé composé.

A

1. **monter** _____

B

a. **mourir**

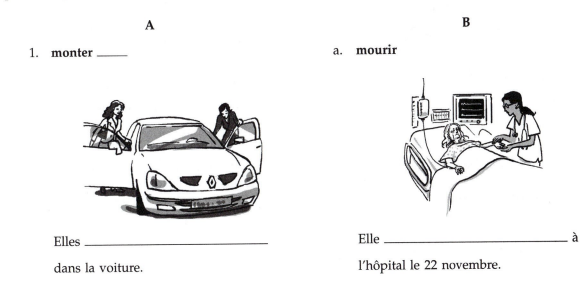

Elles _____ dans la voiture.

Elle _____ à l'hôpital le 22 novembre.

2. **arriver** _____

Ils _____ en

classe à 9 h.

b. **sortir**

Il _____ de la

pharmacie avec ses achats (*purchases*).

3. **naître** _____

Elle _____ à

l'hôpital le 7 août.

c. **descendre**

Elles _____ du

bus.

4. **entrer** _____

Il _____ dans la

pharmacie.

d. **partir**

Ils _____ une

heure plus tard, à 10 h.

 D. Au contraire! Répondez à chaque question que vous entendez en utilisant l'expression négative indiquée. Faites attention à la position de **ne... pas, ne... personne,** etc., avant ou après le participe passé. Vous allez entendre chaque question deux fois. Après une petite pause, écoutez pour vérifier votre réponse.

EXAMPLE: *Vous entendez:* Il est parti?

Vous voyez: ne… pas

Vous répondez: Non, il n'est pas parti.

Vous entendez: Non, il n'est pas parti.

1. ne… jamais
2. ne… personne
3. ne… plus
4. ne… pas encore
5. ne… nulle part
6. ne… rien

Culture interactive

Lisons!
Une bande dessinée de Claire Bretécher

Stratégie de lecture Using prior knowledge to help guide your understanding of a text

In **Chapitres 5** and **6**, you used scanning and skimming strategies to help predict the content of a text and to gather basic information within a text. A third strategy, to help guide your understanding of a text as you read it fully, is to use prior knowledge—both "world knowledge" (what you expect to occur based on typical patterns of human behavior) and knowledge derived from other sentences or paragraphs in the same text. Humorous texts, such as comic strips (**bandes dessinées**), often derive their humor from playing on prior knowledge.

Avant de lire

Claire Bretécher est l'une des premières femmes dessinatrices de bandes dessinées en France. Elle a commencé à travailler dans les années 1960 et s'intéresse dès ses débuts (*right from the start*) à l'aspect social de ses personnages. Célèbre pour le groupe de personnages qu'elle nomme «les Frustrés», elle colore ses bandes dessinées de commentaires sur la société française à la fois francs et humoristiques, souvent sarcastiques.

Commençons par le début! Parcourez d'abord des yeux (*First scan*) le titre et les images de la bande dessinée, puis répondez à ces questions préliminaires.

1. Le titre fait penser (*makes one think*) à _____.
   a. un jeu
   b. une tâche ménagère (*chore*)
   c. un animal domestique
   d. une profession

2. Les deux personnages, Agrippine (à droite) et Caroline (à gauche), sont _____.
   a. des enfants précoces (*precocious*)
   b. des jeunes filles typiques
   c. des femmes d'affaires
   d. des mères très occupées

3. Il est donc (*therefore*) peu probable que ces deux personnages parlent _____.
   a. d'une soirée (*party*)
   b. de leurs amis (de leurs copains/copines)
   c. de leurs cours
   d. de la politique

4. Il est évident à la fin de la bande dessinée qu'Agrippine raconte une histoire _____.
   a. choquante pour des adolescents
   b. amusante pour des adolescents
   c. d'amour
   d. triste

Lecture

Maintenant, lisez la bande dessinée. Employez vos connaissances préalables (*prior knowledge*) pendant votre lecture du texte.

MÉNAGE

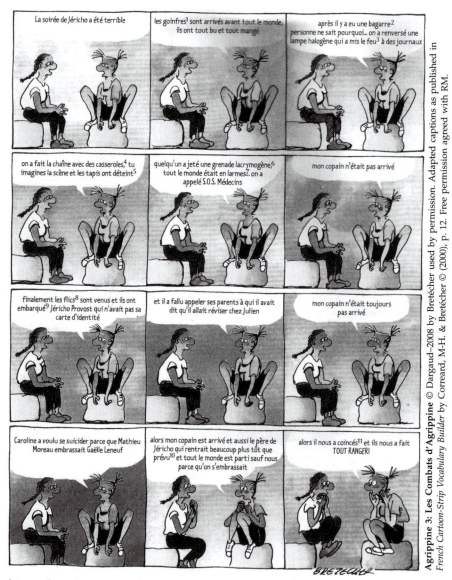

Agrippine 3: Les Combats d'Agrippine © Dargaud–2008 by Bretécher used by permission. Adapted captions as published in *French Cartoon-Strip Vocabulary Builder* by Correard, M-H. & Bretécher © (2000), p. 12. Free permission agreed with RM.

[1]*gluttons* [2]*fight* [3]*a... set on fire* [4]*pots* [5]*ont... lost their color* [6]*grenade... tear gas grenade* [7]*en... in tears*
[8]*cops* [9]*ont... took away* [10]*anticipated* [11]*nous... caught us*

Après la lecture

A. Avez-vous compris? Remettez les événements de l'histoire que raconte Agrippine dans l'ordre chronologique de 1 à 10.

_____ Il a fallu appeler les parents de Jéricho.

_____ Les jeunes ont appelé S.O.S Médecins.

_____ Agrippine et son copain ont dû ranger l'appartement.

_____ Les amis sont arrivés à la fête.

__1__ Les policiers sont arrivés.

_____ Une lampe renversée a mis le feu.

_____ Les jeunes ont essayé d'éteindre (*put out*) le feu avec des casseroles d'eau.

_____ Tout le monde est parti sauf Agrippine et son copain.

_____ Le copain d'Agrippine (et le père de Jéricho!) sont finalement arrivés.

_____ Certains jeunes ont tout bu et tout mangé.

B. Pour aller plus loin. Faites une petite analyse de l'humour de cette bande dessinée en répondant aux questions suivantes.

1. De tous les événements de la soirée chez Jéricho, lequel (*which one*) est-ce qu'un adulte trouverait (*would find*) «catastrophique»? Pourquoi?

    _____

    _____

    _____

2. Quel événement est-ce qu'Agrippine et Caroline trouvent «catastrophique»? Pourquoi?

    _____

    _____

    _____

Chez les Français / Chez les francophones / Rétrospective

Utilisez les renseignements fournis dans **Chez les Français, Chez les francophones** et **Rétrospective** du manuel pour déterminer si les affirmations suivantes sont vraies ou fausses. Si une affirmation est fausse, corrigez-la en changeant les mots soulignés pour la rendre vraie.

		VRAI	FAUX
1.	Les bateaux-mouches sont en opération sur <u>la Seine</u> depuis 1949.	☐	☐
2.	<u>Jean-Sébastien Mouche</u> est le vrai concepteur des bateaux-mouches.	☐	☐
3.	On trouve le jardin et le palais du Luxembourg <u>au Luxembourg</u>.	☐	☐
4.	Le cinématographe, une des premières caméras portables, est une invention <u>des frères Lumière</u>.	☐	☐
5.	En 1946, le premier festival de film a eu lieu à <u>Saint-Tropez</u>, sur la Côte d'Azur.	☐	☐
6.	Un jury décerne (*awards*) le prix du meilleur film du festival, appelé <u>la Palme d'or</u>.	☐	☐
7.	Les FrancoFolies ont lieu chaque année <u>en juillet</u> au Québec.	☐	☐
8.	Les spectateurs aux FrancoFolies partagent un amour pour <u>la musique de langue française</u>.	☐	☐

Écrivons!

Stratégie d'écriture   Organizing ideas

Learning how to group related material into paragraphs will make your writing more coherent. Begin by identifying the single main idea of each paragraph. For this particular activity, in which you describe what you did while house-sitting, you can devote one paragraph to tasks that you completed, another paragraph to tasks that you were not able to accomplish or forgot to do, and a third to describe the bad things that happened during a party you threw! Open each of your paragraphs with a topic sentence, summarizing the main points made in the paragraph. To find key words and phrases that you can use to express yourself, scan the **Chapitre 7** vocabulary list in your textbook and use the **Vocabulaire utile** provided here. Don't forget that when telling a story about completed actions in the past, you'll need to use the **passé composé**.

Genre: Un petit mot (*personal note*)

Thème: Imaginez que vous gardez depuis quelques temps la maison de quelqu'un et que cette personne revient demain. Voici les directives qu'elle vous a laissées:

> Bienvenue!
>
> Fais comme chez toi. Il y a de la bière, du vin et aussi du bon chocolat au frigo. Sers-toi ! Je t'ai aussi laissé(e) une sélection de DVD à regarder. Tu peux choisir les films que tu veux. Sinon, il y a le cinéma en face.
>
> Est-ce que je peux te demander un service? Chipie, mon chien, aime beaucoup jouer au frisbee. Tu peux y jouer avec lui tous les jours? J'ai aussi des roses, des tulipes, et quelques pieds[1] de tomates dans mon jardin qui ont besoin d'être arrosés[2] tous les jours. Tu aimes faire du jardinage, n'est-ce pas? Il y a le courrier[3] et le journal à ramasser[4] aussi. Désolé, mais pas de visiteurs pendant mon absence, d'accord? Merci encore et à bientôt.

[1]pieds... *tomato plants*   [2]*watered*   [3]*mail*   [4]*pick up*

Sur une feuille de papier, préparez un petit mot de trois paragraphes pour lui dire:

1. ce que vous avez réussi à faire pendant son absence: **Bonjour! Voici ce que j'ai réussi à faire chez toi pendant ton absence…**
2. ce que vous n'avez pas réussi à faire ou a oublié de faire: **Cependant** (*However*)**, j'ai eu quelques difficultés… j'ai oublié de…**
3. Expliquez aussi que vous avez décidé d'avoir une petite fête… et qu'il y a eu quelques problèmes: **Je sais que tu m'as dit de ne pas avoir de visiteurs, mais…** Relisez la bande dessinée (page 140) si vous avez besoin d'inspiration!

VOCABULAIRE UTILE	
J'ai passé un très bon moment.	*I had a great time.*
Je n'ai pas la main verte.	*I don't have a green thumb.*
casser	*to break*
faire du bruit	*to make noise*
faire des bêtises	*to get into trouble*
les voisins	*the neighbors*

Une fois que vous avez fini, relisez votre travail en tenant compte des conseils donnés dans la section **Vérifions**.

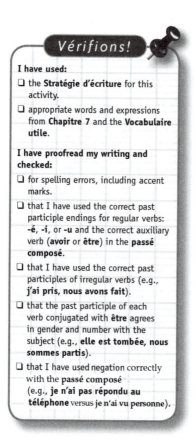

Vérifions!

I have used:

❑ the **Stratégie d'écriture** for this activity.

❑ appropriate words and expressions from **Chapitre 7** and the **Vocabulaire utile**.

I have proofread my writing and checked:

❑ for spelling errors, including accent marks.

❑ that I have used the correct past participle endings for regular verbs: **-é**, **-i**, or **-u** and the correct auxiliary verb (**avoir** or **être**) in the **passé composé**.

❑ that I have used the correct past participles of irregular verbs (e.g., **j'ai pris, nous avons fait**).

❑ that the past participle of each verb conjugated with **être** agrees in gender and number with the subject (e.g., **elle est tombée, nous sommes partis**).

❑ that I have used negation correctly with the **passé composé** (e.g., **je n'ai pas répondu au téléphone** versus je n'ai vu personne).

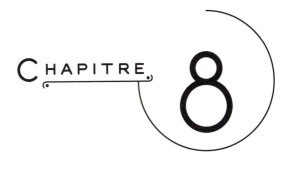

C HAPITRE 8

En forme

Communication en direct

A. Qu'est-ce qu'il faut faire? Savez-vous ce qu'il faut faire pour rester en forme, pour gérer le stress? Savez-vous ce qu'il faut manger et faire pour être en bonne santé? Lisez les suggestions et identifiez la *mauvaise* suggestion dans chaque liste.

1. Pour rester en forme, il faut _____.
   a. courir et marcher beaucoup
   b. faire attention à son alimentation
   c. dormir moins de six heures par jour

2. Pour gérer le stress, il faut _____.
   a. être perfectionniste en tout
   b. savoir se distraire / s'amuser
   c. bien dormir et manger équilibré

3. Pour être en bonne santé, il faut _____.
   a. manger cinq fruits et légumes par jour
   b. éviter de manger et boire trop sucré
   c. manger seulement le soir

4. Pour rester en bonne santé, il faut _____.
   a. essayer de faire du sport régulièrement et bien dormir
   b. renoncer définitivement aux desserts
   c. manger des aliments sains

B. La santé et le stress: conseils. Écoutez cinq étudiants décrire leurs habitudes malsaines (*unhealthy habits*). Pour chaque personne de la colonne A, trouvez un conseil dans la colonne B. Vous allez entendre les descriptions deux fois. À la fin de l'activité, écoutez pour vérifier vos réponses.

A	B
1. _____ Antoine	a. Il faut se distraire et faire des activités qu'on aime!
2. _____ Élisabeth	b. Il faut manger équilibré pendant toute la journée.
3. _____ Jérémie	c. Il faut courir ou se promener dans la nature.
4. _____ Marine	d. Il faut bien dormir.
5. _____ David	e. Il faut manger sainement: cinq fruits et légumes tous les jours.

♦ C. **Tu te lèves / Vous vous levez à quelle heure le matin?** Stéphane décrit la routine de sa famille en semaine. Complétez chaque phrase avec l'heure que vous entendez. Vous allez entendre chaque phrase deux fois.

1. Ma mère se lève à _____ chaque matin pour lire le journal. Par contre, mon père aime se lever à la dernière minute: plutôt à _____.

2. Ils prennent le métro ensemble à _____ pour arriver au travail vers _____.

3. Mon frère et moi, nous sommes étudiants à la fac. Donc, nous pouvons nous réveiller après _____ ou _____.

4. Le soir, nous dînons ensemble vers _____ ou quelquefois _____.

5. Nous nous couchons à des heures très différentes: pour nos parents, c'est à _____ et à _____ pour mon frère et moi.

Vocabulaire interactif

Tu fais du yoga? Parts of the body

♦ **A. Quiz d'anatomie.**

Première étape. Identifiez la partie du corps que vous entendez en écrivant le mot (avec son article défini) à côté du numéro correspondant. Vous allez entendre chaque partie du corps deux fois. **Attention!** Quatre parties du corps ne sont pas mentionnées. À la fin de cette première étape, écoutez pour vérifier vos réponses.

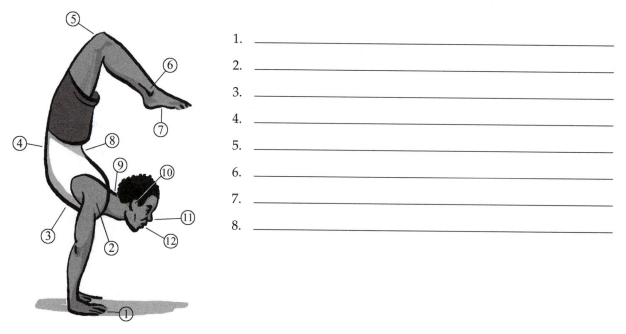

1. _____
2. _____
3. _____
4. _____
5. _____
6. _____
7. _____
8. _____

Attention! Avant de continuer, vérifiez vos réponses dans la clé de corrections sur le site Web d'*En avant!*

Deuxième étape. Identifiez les noms des quatre parties du corps que vous n'avez pas entendus dans la **Première étape.**

9. _____   11. _____

10. _____   12. _____

B. Du singulier au pluriel. Écrivez la forme appropriée de l'article indéfini (**un, une**) devant chaque partie du corps de la colonne **A.** Ensuite, écrivez le pluriel du même mot dans la colonne B. **Attention!** Pour une partie du corps dans la liste, la forme du pluriel est irrégulière.

	A		B
1.	_____ épaule	des	_____
2.	_____ doigt	des	_____
3.	_____ genou	des	_____
4.	_____ orteil	des	_____
5.	_____ oreille	des	_____
6.	_____ œil	des	_____
7.	_____ bras	des	_____
8.	_____ pied	des	_____

C. Aïe! (*Ouch!*) **On a mal!**

Première étape. Complétez chaque phrase en indiquant où on a mal. Utilisez la forme appropriée de la préposition **à** + la partie du corps représentée dans chaque illustration. Suivez l'exemple.

EXEMPLE:

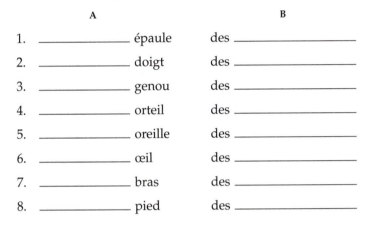

Elle a mal _____ *au dos* _____.

1. Elle a mal

_____.

2. Elle a mal

_____.

3. Il a très mal

_____.

4. Il a vraiment mal

_____.

5. Il a terriblement mal

_____.

6. Elle a affreusement mal

_____.

Deuxième étape. Associez chaque illustration de la **Première étape** à la raison pour laquelle (*reason why*) on a mal.

a. _____ C'est parce qu'il est allé à un concert de rock.

b. _____ C'est parce qu'elle a porté des chaussures trop petites.

c. _____ C'est parce qu'il a mangé trop de pâtes.

d. _____ C'est parce qu'elle a fait un tour à vélo.

e. _____ C'est parce qu'il a passé une journée très stressante au travail.

f. _____ C'est parce qu'elle a encouragé son équipe de foot.

D. Vêtements et accessoires. Quelle partie du corps associez-vous aux vêtements ou accessoires suivants? Écrivez le nom de la partie du corps logique. **Attention!** Utilisez l'article défini (**le, la, l', les**) ou la forme appropriée de la préposition **de** dans l'expression **autour de...**.

1. On porte des lunettes de soleil pour protéger (*protect*) _____.

2. On porte un chapeau sur _____.

3. On met des chaussettes sur _____ et des gants sur

_____.

4. Un short ne couvre (*covers*) pas complètement _____; un tee-shirt à

manches courtes ne couvre pas complètement _____ (il faut mettre

une chemise ou un chemisier à manches longues.)

5. On porte un collier ou une écharpe autour _____, un bracelet

ou une montre autour _____ et une bague (*ring*) au

_____.

6. On porte un sac à dos sur _____ bien sûr!

♦ **E. Un bel homme: les critères.**

Première étape. Écoutez la description que Christine fait de son frère Luc. Cochez (✓) l'adjectif que vous entendez à côté de la partie du visage qu'elle décrit. Vous allez entendre sa description deux fois.

1.	les cheveux	☐ courts	☐ longs	☐ roux
2.	les yeux	☐ bleus	☐ clairs	☐ grands
3.	un nez	☐ aquilin	☐ gros	☐ petit
4.	les oreilles	☐ grandes	☐ percées	☐ petites
5.	les dents	☐ très belles	☐ bien blanches	☐ grandes
6.	un menton	☐ petit	☐ fuyant (*receding*)	☐ en galoche (*protruding*)

Deuxième étape. Décrivez le visage d'un membre de votre famille en utilisant le vocabulaire de la **Première étape.**

_____

_____

_____

_____

_____

Prononcez bien!

Le *h* muet et le *h* aspiré

ḥomme et hanche

1. You've already learned that the letter **h** is silent in French. Words beginning with an **h,** when pronounced in isolation, are treated as if they began with a vowel (or semi-vowel) sound. For example: ḥistoire, ḥomme, ḥuit. Words beginning with an **h** actually fall into two categories: those derived from Latin (such as the words above) and those that were borrowed from languages in which an **h** is pronounced, such as German and English. For example: **hamster, hanche,** and **harpe.**

2. The first set of **h** words, considered to begin with a "silent **h**" (*h* **muet**), allows both **élision** and **liaison** to occur; the second set, considered to begin with an "aspirated **h**" (*h* **aspiré**), block both from occurring—that is, *h* **aspiré** words act like words that begin with a consonant, even though the **h** is not pronounced.

   Compare:

Avec élision	Sans élision	Avec liaison	Sans liaison
l'homme	le ‖ hamster	les‿hommes	les ‖ hamsters
l'histoire	la ‖ hanche	les‿histoires	les ‖ hanches

3. You obviously can't be expected to know the origins of all words beginning with an **h** in French, but you can make a mental note of how you hear such words pronounced—that is, with or without **élision** and **liaison.** If you want to verify the pronunciation, dictionaries usually indicate the pronunciation of words that begin with an *h* **aspiré** with an apostrophe or an asterisk preceding the vowel sound. For example, the pronunciation of **hautbois** (*oboe*) is represented as [*obwa] or ['obwa].

A. Essayons!

♦ **Première étape.** Vous allez entendre une série de mots qui commencent par la lettre **h.** Vous allez entendre chaque mot de la série deux fois. Indiquez s'il s'agit d'un *h* **muet** (avec élision) ou d'un *h* **aspiré** (sans élision). À la fin de cette première étape, écoutez pour vérifier vos réponses.

	h muet (avec élision)	*h* aspiré (sans élision)			*h* muet (avec élision)	*h* aspiré (sans élision)
1. hall	☐	☐	6.	hiver	☐	☐
2. hanche	☐	☐	7.	homard	☐	☐
3. haricot	☐	☐	8.	hôpital	☐	☐
4. heure	☐	☐	9.	hôtel	☐	☐
5. histoire	☐	☐	10.	huître	☐	☐

Deuxième étape. Vous allez entendre deux fois les mots de la **Première étape** au pluriel. La première fois, faites attention à la présence ou à l'absence de liaison. La deuxième fois, répétez le mot.

Pour bien prononcer

Liaison occurs not only with the letter **s**, as in **les hôtels**, but also with the letters **n** and **t,** such as with the indefinite article **un** and the number **vingt**.

    un‿hôtel   **vingt‿hôtels**

Liaison with these letters is also blocked with words beginning with an *h* **aspiré.**

    un || homard   **vingt || homards**

B. Un pas en avant.

Première étape. Vous allez entendre une série de mots précédés de l'article **un** ou du numéro **vingt**. Vous allez entendre chaque mot deux fois. Si vous entendez la liaison, cochez (✓) la case. À la fin de l'activité, écoutez pour vérifier vos réponses.

	liaison avec le *n*?		liaison avec le *t*?
1.	☐	6.	☐
2.	☐	7.	☐
3.	☐	8.	☐
4.	☐	9.	☐
5.	☐	10.	☐

Deuxième étape. Vous allez entendre encore une fois les expressions de la **Première étape**. Répétez-les en faisant attention à la présence ou l'absence de liaison.

♦ **C. Dictée.**

Première étape. Écoutez la description d'Henri. Complétez les phrases avec les mots que vous entendez. Vous allez entendre la description deux fois.

1. Henri est _____.

2. Il se lève à _____ tous les matins.

3. Il est _____ à la fac.

4. Il prend toujours des _____ en hors-d'œuvre.

5. Il joue du piano et _____.

6. Il a _____ qui s'appelle Georges.

7. Il est né _____. (C'est aussi son numéro chanceux [*lucky*].)

8. Il aime jouer _____ avec ses neveux.

Attention! Avant de continuer, vérifiez vos réponses à la **Première étape** dans la clé de corrections sur le site Web d'*En avant!*

Deuxième étape. Écoutez encore une fois la description d'Henri. Répétez les phrases que vous entendez en faisant attention à l'élision et à la liaison dans les phrases 1 à 4 et à l'absence d'élision et de liaison dans les phrases 5 à 8.

Grammaire interactive

8.1 Je me lève à 7 h! Talking about daily routines using pronominal verbs

A. Les formes des verbes.

Première étape. Complétez le tableau suivant en écrivant les formes des verbes pronominaux qui manquent. Faites attention aux différences dans la conjugaison des verbes en **-er**, en **-ir** (comme **dormir**) et en **-re**.

	s'amus**er** (comme hab**iter**)	se sent**ir** (comme dor**mir**)	se détend**re** (comme vend**re**)
je	m'amuse		me détends
tu		te sens	
il/elle/on	s'amuse		
nous		nous sentons	nous détendons
vous	vous amusez	vous sentez	
ils/elles			se détendent

Attention! Avant de continuer, vérifiez vos réponses à la **Première étape** dans la clé de corrections sur le site Web d'*En avant!*

Deuxième étape. Utilisez les verbes entre parenthèses et la négation **ne... pas** pour compléter les phrases suivantes. Faites attention à la position de **ne...** (avant le pronom réfléchi) et **pas** (après le verbe conjugué).

1. Je _____ (se sentir) bien aujourd'hui. Je suis malade.

2. Tu _____ (se dépêcher) de rentrer chez toi te reposer?

3. Oui, mais on _____ (s'amuser) quand on passe trop de temps à la maison!

4. Les étudiants _____ (se détendre) la semaine des examens.

B. Les colocataires.

Six filles habitent dans la même maison près du campus. Qu'est-ce que chaque fille fait le matin avant de quitter la maison pour aller à la fac? Utilisez le verbe pronominal approprié pour compléter la phrase sous chaque illustration.

1. Laetitia _____ les dents.

2. Irène _____ la bouche après son petit déjeuner.

3. Nathalie _____ la figure.

4. Claire _____ les yeux.

5. Sandrine _____ les cheveux.

6. Hélène _____ les jambes.

C. La vie de tous les jours.

Première étape. Bernard décrit sa routine en semaine. Écoutez sa description et numérotez les activités dans l'ordre qu'il les mentionne. Vous allez entendre sa description deux fois. À la fin de l'activité, écoutez pour vérifier vos réponses. **Attention!** Trois activitiés ne seront pas mentionnées.

_____ se brosser les dents   _____ s'ennuyer   _____ se promener
_____ déjeuner au bistro   _____ se lever   _____ se raser
_____ se dépêcher   _____ préparer un café   _____ se sentir tout seul (*all alone*)
_____ se détendre   _____ prendre une douche   _____ travailler

Deuxième étape. Indiquez maintenant les trois activités de la **Première étape** que Bernard ne fait pas pendant la semaine en utilisant **ne** (avant le pronom réfléchi) et **pas** (après le verbe conjugué).

1. Il _____ .

2. Il _____ .

3. Il _____ .

D. Un colocataire potentiel.

Première étape. Vous questionnez un colocataire potentiel pour savoir si vos habitudes sont compatibles. Écrivez cinq questions avec **Est-ce que tu...** selon l'activité indiquée. Vous allez tenir compte de (*take into account*) ses réponses à vos questions dans la **Deuxième étape.**

1. se réveiller tôt en général

_____ ?

Sa réponse: Non. Mes cours sont l'après-midi.

2. fumer

_____ ?

Sa réponse: Non, je ne fume pas. C'est une mauvaise habitude.

3. faire attention à son alimentation

_____ ?

Sa réponse: Oh oui, et je fais pas mal de sport.

4. préférer prendre une douche le matin

_____ ?

Sa réponse: Non, le soir... avant de me coucher.

5. se dépêcher en général de ranger, faire la vaisselle, etc.

_____ ?

Sa réponse: Oui, autrement ça me stresse.

Deuxième étape. Selon ses réponses à vos questions, indiquez si vous aimeriez (ou n'aimeriez pas) habiter avec cette personne et justifiez votre décision en faisant référence aux activités de la **Première étape.**

J'aimerais / Je n'aimerais pas habiter avec cette personne parce que...

_____

_____

8.2 Qu'est-ce qui se passe? Additional forms for asking questions

A. Une personne ou une chose? Selon la question que vous entendez, déterminez si Olivier parle d'une personne ou d'une chose et cochez (✓) la réponse logique. Vous allez entendre chaque question deux fois. À la fin de l'activité, écoutez pour vérifier vos réponses.

1. a. La biologie. ☐
   b. Le prof de biologie. ☐

2. a. De ses notes. ☐
   b. De son copain. ☐

3. a. De ma guitare. ☐
   b. De ma mère. ☐

4. a. Le train. ☐
   b. Mon frère. ☐

5. a. Avec PowerPoint. ☐
   b. Avec mon camarade. ☐

6. a. Sur l'horaire des séances. ☐
   b. Sur le nouveau directeur. ☐

B. Le Malade imaginaire. Lisez le passage suivant sur *Le Malade imaginaire* de Molière et répondez aux questions. Faites attention aux expressions interrogatives **en caractères gras** avant de répondre.

Molière (1622–1673)

Le Malade imaginaire est la dernière pièce de théâtre de Molière, né Jean-Baptiste Poquelin à Paris en 1622, un des plus grands dramaturges[1] et acteurs du théâtre français. C'est une comédie en trois actes, jouée pour la première fois en 1673. Molière lui-même a interprété le rôle du protagoniste Argan, un hypocondriaque qui fait confiance à[2] des médecins qui essaient de[3] profiter de ses maladies imaginaires. Ironiquement, Molière est tombé gravement malade pendant la quatrième représentation de la pièce; il est mort juste après d'une maladie réelle: la tuberculose.

[1]*playwrights* [2]*fait... trusts* [3]*essaient... try to*

1. **Qui** a écrit *Le Malade imaginaire?* _____

2. **Quel** genre de pièce est-ce? _____

3. **À qui est-ce qu'**Argan fait confiance? _____

4. **Qu'est-ce que** ses médecins essaient de faire? _____

   _____

5. **Qu'est-ce qui** s'est passé pendant la quatrième représentation? _____

   _____

6. **De quoi est-ce que** Molière est mort? _____

C. Pour gérer le stress.

Première étape. Trouvez dans la liste l'expression interrogative appropriée pour poser ces questions sur le bien-être (*well-being*) et le stress. Vous allez répondre personnellement à ces questions dans la **Deuxième étape.**

Qui...	Qu'est-ce qui...
À qui est-ce que (qu')...	Qu'est-ce que (qu')...

1. _____ est plus susceptible d'être stressé—un étudiant

   ou un professeur?

2. _____ on peut faire au travail / à la fac pour éviter le

   stress—travailler moins ou faire souvent des pauses (*breaks*)?

3. _____ aide le plus à préserver son bien-être—le sport,

   la méditation ou le yoga?

4. _____ je devrais (*should*) parler si je me sens vraiment

   trop stressé(e)—à un médecin ou à un psychologue?

Attention! Avant de continuer, vérifiez vos réponses dans la clé de corrections sur le site Web d'*En avant!*

Deuxième étape. Répondez aux questions de la **Première étape** en choisissant une des options données. (Vous pouvez aussi répondre **les deux / les trois** ou **ni l'un ni l'autre / aucun des trois**). Justifiez chaque réponse en ajoutant des détails.

1. _____

   _____

2. _____

   _____

3. _____

   _____

4. _____

   _____

D. C'est qui? Écrivez la préposition appropriée (**à**, **avec**, **contre**, ou **de**) pour compléter chaque question, puis répondez aux questions.

EXEMPLE: _Avec_ quel membre de votre famille est-ce que vous vous entendez très bien?

avec Jim, mon frère aîné

1. _____ quel membre de votre famille est-ce que vous vous fâchez souvent?

_____

2. _____ quel membre de votre famille est-ce que vous vous moquez de temps de temps?

_____

3. _____ qui est-ce que vous vous amusez le plus?

_____

4. _____ qui est-ce que vous préférez parler quand vous avez un problème?

_____

5. _____ qui est-ce que vous aimez rendre visite pendant les vacances?

_____

6. _____ qui est-ce que vous avez vraiment besoin dans la vie?

_____

8.3 Tu t'es amusé(e) hier soir? Expressing past actions using pronominal verbs in the **passé composé**

A. Le petit Max. Rachel parle de son fils, Max. Écoutez et indiquez, selon la forme du verbe, si elle parle de ce qu'il fait d'habitude (**présent**) ou d'une action spécifique dans le passé (**passé composé**). Vous allez entendre chaque phrase deux fois. À la fin de l'activité, écoutez pour vérifier vos réponses.

	une habitude (présent)	une action spécifique dans le passé (passé composé)
1.	☐	☐
2.	☐	☐
3.	☐	☐
4.	☐	☐
5.	☐	☐
6.	☐	☐
7.	☐	☐

B. Les formes des verbes.

Première étape. Complétez le tableau suivant en écrivant les formes du verbe **se lever** qui manquent au **passé composé**. **Attention!** Considérez d'abord si le pronom sujet **je, tu,** ou **il/elle** fait référence à un homme ou à une femme.

	Un homme	Une femme
je	*me suis levé*	*me suis levée*
tu		
il / elle		

Deuxième étape. Faites de même (*Do the same*) dans ce deuxième tableau. **Attention!** Considérez d'abord à qui le pronom sujet **nous, vous,** ou **ils/elles** fait référence—à des hommes (ou un groupe mixte) ou à des femmes.

	Des hommes (ou un groupe mixte)	Des femmes
nous		
vous (*au pluriel*)	*vous êtes levés*	*vous êtes levées*
ils / elles		

C. Le verbe approprié. Complétez les phrases en utilisant les deux verbes indiqués au passé composé—le premier avec l'auxiliaire **avoir** et le second (le verbe pronominal) avec l'auxiliaire **être**. **Attention!** N'oubliez pas de faire l'accord du participe passé quand c'est nécessaire.

1. **amuser / s'amuser**

   a. Les étudiants _____ leur prof en classe.

   b. Les étudiants _____ en classe.

2. **casser / se casser**

   a. Mon frère _____ des verres en faisant la vaisselle.

   b. Mon frère _____ le bras pendant le match de foot.

3. **couper / se couper**

   a. Ma mère _____ des carottes pour la salade.

   b. Ma mère _____ le doigt en préparant le dîner.

4. **promener / se promener**

   a. Mes deux sœurs _____ notre chien au jardin public.

   b. Mes deux sœurs _____ au centre-ville.

D. La journée de Laura.

Première étape. Choisissez l'illustration qui correspond à chacune des phrases que vous entendez. Vous allez entendre chaque phrase deux fois. À la fin de l'activité, écoutez pour vérifier vos réponses.

EXEMPLE: *Vous entendez:* Laura a pris une douche.

Vous choisissez: a.

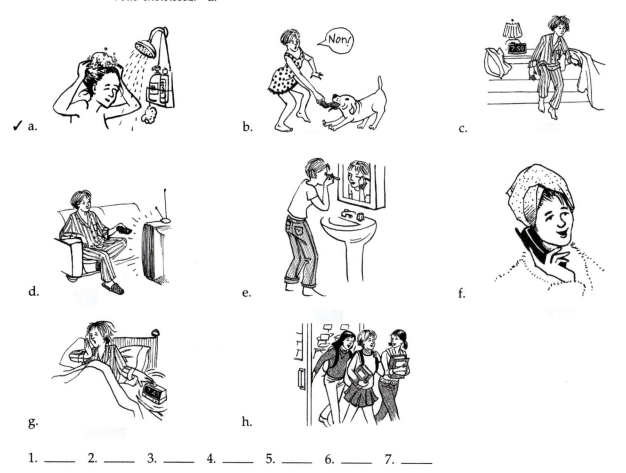

✓ a.　　　　　　b.　　　　　　c.

d.　　　　　　e.　　　　　　f.

g.　　　　　　h.

1. _____　2. _____　3. _____　4. _____　5. _____　6. _____　7. _____

Deuxième étape. Décrivez votre journée selon les illustrations de la **Première étape.** Indiquez si vous avez fait les mêmes choses que Laura ou pas.

EXEMPLE: Laura a pris une douche et moi aussi, j'ai pris une douche. (*ou*)

Laura a pris une douche, mais moi, je n'ai pas pris de douche hier.

_____

_____

_____

_____

_____

_____

_____

_____

Culture interactive

Lisons!

Stratégies de lecture

In the previous three chapters, you learned to scan extratextual clues (titles, subtitles, pictures, and picture captions) in order to predict the topic of a text, to skim the lines of a text in order to gather basic information, and to use previous knowledge to guide your comprehension. Even though particular words or particular sentences in a text may remain a challenge, using these strategies will help you become a more confident reader of French.

Avant de lire

Commençons par le début! Parcourez le texte des yeux pour répondre à ces questions préliminaires.

1. D'après les images, c'est probablement _____.

   a. un texte scientifique sur la nutrition
   b. une publicité (*advertisement*) pour une marque (*brand*) de thé
   c. un petit «test de personnalité»

2. Il est donc très probable qu'on va trouver _____ dans ce texte.

   a. beaucoup de chiffres (*facts and figures*)
   b. beaucoup de mots «positifs» (bon, naturel, plaisir, sérénité)
   c. beaucoup de questions

3. D'après le titre et les sous-titres, le choix qu'on fait est une indication de son/sa _____.

   a. intelligence
   b. classe sociale
   c. personnalité

4. Après une lecture rapide des paragraphes, on promet de vous _____.

   a. purifier et calmer
   b. endormir
   c. faire maigrir rapidement

Lecture

Maintenant que vous avez une bonne idée du genre du texte et de son «message», lisez cette publicité pour le thé Lipton en détail.

VOTRE THÉ révèle **votre personnalité**

Boire du the n'est pas si anodin[1] que cela. Pureté, sérénité, naturalité, on a toutes de bonnes raisons de s'offrir un moment Thé. Alors, découvrez quelle vraie nature se cache[2] dans votre petit sachet.[3]

VERT ATTITUDE? À VOUS LE THÉ VERT LIPTON CLEAR GREEN.

Vous aimez vous sentir purifiée. Les propriétés antioxydantes* du vert alliées à l'effet purifiant** de l'eau[4] aident votre corps à éliminer naturellement pour mettre votre organisme au vert. Chaque tasse vous procure une sensation de légèreté[5] et un pur moment de bien-être grâce aux saveurs délicates du thé vert Lipton Clear Green.

ENVIE DE DÉTENTE ET DE PLAISIR? VOUS ÊTES LIPTON TCHAÉ.

Le matin pour éveiller vos sens, la journée pour rester zen: vous êtes addict de votre thé vert parfumé. Vous êtes gourmande de naturel et savez prendre le temps de savourer chacune de vos pauses Lipton Tchaé. Un plaisir qui se décline de mille saveurs[6] pour libérer votre esprit: Jasmin Fleuri, Orient épicé, Agrumes[7] fruités, Menthe fraîche.

*Les antioxydantes peuvent aider à la protection de l'organisme en luttant contre les effets néfastes des radicaux libres.
**L'eau aide à éliminer les toxines du corps.

Lipton Tchaé et le Thé Vert Lipton Clear Green sont **100%** naturels

[1]harmless [2]is hidden [3]tea bag [4]alliées... *together with water's purifying effect* [5]lightness [6]qui... *which comes in a thousand flavors* [7]citrus fruits

Après la lecture

A. Avez-vous compris? Lisez les affirmations suivantes et indiquez si elles sont vraies ou fausses. Si une affirmation est fausse, corrigez-la en changeant les mots soulignés pour la rendre vraie.

	VRAI	FAUX
1. Le thé vert a des propriétés <u>antioxydantes.</u>	☐	☐
2. L'expression «mettre au vert» évoque <u>un retour à la nature, un produit bio (*organic*), écologique.</u>	☐	☐
3. Le thé Lipton Tchaé doit se consommer <u>uniquement le matin.</u>	☐	☐
4. Il y a <u>quatre</u> sortes de thé Lipton Tchaé mentionnées dans la publicité.	☐	☐

B. Pour aller plus loin. Répondez personnellement aux questions suivantes.

1. Selon d'autres publicités que vous avez vues/lues, nommez une boisson qu'il «faut» acheter pour...

   avoir l'air plus chic/branché/cool _____

   célébrer avec des amis _____

   maigrir _____

   rester en bonne santé _____

2. Quelle boisson révèle votre personnalité? Expliquez.

   _____

   _____

Chez les Français / Chez les francophones / Rétrospective

Utilisez les renseignements fournis dans **Chez les Français**, **Chez les francophones** et **Rétrospective** du manuel pour déterminer si les affirmations suivantes sont vraies ou fausses. Si une affirmation est fausse, corrigez-la en changeant les mots soulignés pour la rendre vraie.

	VRAI	FAUX
1. <u>Depuis les années 90,</u> il est défendu de fumer dans les lieux publics en France.	☐	☐
2. La consommation de cigarettes <u>n'a pas diminué</u>, même si les Français respectent les nouvelles lois anti-tabac.	☐	☐
3. En 2006, le Ministère de la santé a développé une campagne pour encourager l'arrêt de <u>la consommation d'alcool</u> avec le slogan «Ça vaut le coup d'essayer.»	☐	☐
4. Au Québec, on peut voir la devise «Je me souviens» sur tous les <u>bâtiments publics</u>.	☐	☐
5. On ne sait pas exactement <u>l'origine</u> de la devise «Je me souviens».	☐	☐
6. Certains Français font du <u>«tourisme esthétique»</u>, en Tunisie par exemple.	☐	☐
7. Beaucoup de sculptures d'Auguste Rodin ont, comme thème, le rapport entre <u>le corps humain et la condition humaine</u>.	☐	☐

✎ Écrivons!

Stratégies d'écriture

In addition to following the instructions below, this is your opportunity to reuse some of the writing strategies that are already familiar to you. For this health self–assessment, you already know how to do the following: keep it simple, use the French you know and avoid translation; use semantic mapping; brainstorm ideas; use visual prompts to give you ideas; add details and fuller descriptions; and organize your ideas before you write.

Genre: Bilan de santé personnel (*Health Self-Assessment*)

Thème: Toute occasion est bonne pour faire le point sur votre santé. Sur une feuille de papier, décrivez en trois paragraphes ce que vous faites (ou alors ce que vous évitez de faire) pour lutter contre le stress et pour rester en forme.

1. D'une manière générale, comment évaluez-vous votre état de santé actuel? Êtes-vous heureux/ heureuse? sportif/sportive? dynamique? fatigué(e)? stressé(e)? Quels types de sport ou d'activités faites-vous pour diminuer votre stress?
2. Décrivez (au passé composé) comment vous avez passé le week-end dernier. Quelle(s) activité(s) physique(s) avez-vous choisie(s) pour décompresser? Avez-vous organisé des sorties (cinéma, concerts, restaurants, etc.) pour vous détendre? Quelles choses importantes n'avez-vous pas faites?
3. Imaginez votre avenir. Quels changements devez-vous faire pour rester en forme, gérer le stress et préserver votre santé? Devez-vous faire un régime?

Une fois que vous avez fini, relisez votre travail en tenant compte des conseils donnés dans la section **Vérifions.**

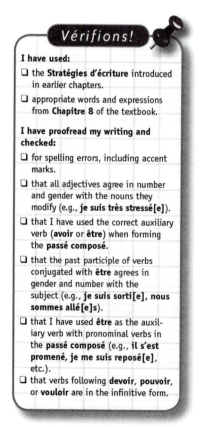

Vérifions!

I have used:

- ❏ the **Stratégies d'écriture** introduced in earlier chapters.
- ❏ appropriate words and expressions from **Chapitre 8** of the textbook.

I have proofread my writing and checked:

- ❏ for spelling errors, including accent marks.
- ❏ that all adjectives agree in number and gender with the nouns they modify (e.g., **je suis très stressé[e]**).
- ❏ that I have used the correct auxiliary verb (**avoir** or **être**) when forming the **passé composé**.
- ❏ that the past participle of verbs conjugated with **être** agrees in gender and number with the subject (e.g., **je suis sorti[e], nous sommes allé[e]s**).
- ❏ that I have used **être** as the auxiliary verb with pronominal verbs in the **passé composé** (e.g., **il s'est promené, je me suis reposé[e]**, etc.).
- ❏ that verbs following **devoir, pouvoir,** or **vouloir** are in the infinitive form.

CHAPITRE 9

Chez nous

Communication en direct

A. Quelques questions. Écoutez chaque question et choisissez la réponse logique. Vous allez entendre chaque question deux fois. À la fin de l'activité, écoutez pour vérifier vos réponses.

EXEMPLE: *Vous entendez:* Qu'est-ce que tu aimais manger quand tu étais petit?

Vous voyez: a. J'aimais manger des biscuits.
b. J'aimais faire de la natation.

Vous choisissez: a. J'aimais manger des biscuits.

1. a. Mes amis étaient sympathiques.
b. Mes parents étaient indulgents.

2. a. J'aimais faire des randonnées.
b. J'étais plutôt timide.

3. a. J'aimais les maths et l'histoire.
b. C'était difficile.

4. a. Ils n'étaient pas très autoritaires.
b. J'aimais aller à l'école.

5. a. J'aimais beaucoup mon professeur de musique.
b. J'aimais lire des livres d'aventures.

6. a. Elle n'était pas grande, mais elle était confortable.
b. Elles étaient très jolies.

7. a. J'aimais avoir de bonnes notes à l'école.
b. J'aimais aller à la piscine avec ma sœur.

8. a. Oui, c'était très agréable.
b. Oui, j'aimais beaucoup mon chien.

B. Le monde d'une enfant. Complétez les phrases par **aimais**, **était**, ou **étaient**.

Quand j'étais petite, j'_____[1] inventer des mondes imaginaires. C'_____[2] amusant d'imaginer être la reine (*queen*) d'un pays lointain (*faraway*). J'_____[3] aussi beaucoup jouer avec mes amies. Elles _____[4] très créatives! Artistes, professeurs, astronautes, exploratrices… toutes les professions _____[5] possibles! Notre école _____[6] à côté d'un grand parc, où j'_____[7] grimper aux arbres, et c'_____[8] un bon endroit pour jouer à cache-cache (*hide-and-seek*). Ces moments _____[9] magiques.

Tu cherches un logement? Talking about one's residence

A. Un appartement en banlieue. Écrivez la lettre qui correspond à chaque pièce dans l'illustration de l'appartement ci-dessous.

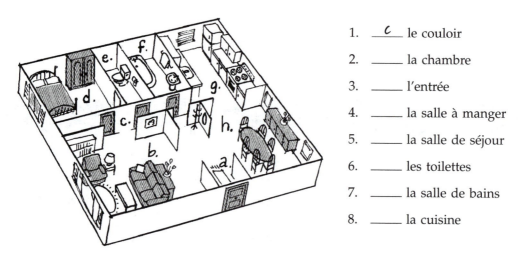

1. __c__ le couloir

2. _____ la chambre

3. _____ l'entrée

4. _____ la salle à manger

5. _____ la salle de séjour

6. _____ les toilettes

7. _____ la salle de bains

8. _____ la cuisine

B. Une place pour chaque chose... et chaque chose à sa place.

Première étape. Nommez deux objets (deux meubles, appareils ou articles ménagers) dans les illustrations ci-dessous qu'on associe à chaque activité (page 165). Utilisez l'article indéfini (**un**, **une**) approprié.

1. Pour faire la cuisine…

   _____

   _____

2. Pour faire le ménage…

   _____

   _____

3. Pour meubler (*furnish*) sa salle de séjour…

   _____

   _____

4. Pour meubler sa chambre…

   _____

   _____

Deuxième étape. À quelle liste de la **Première étape** (1, 2, 3 ou 4) faut-il ajouter les objets suivants? Écrivez la forme appropriée de l'article indéfini (**un, une**), puis le numéro de la liste correspondante.

   EXEMPLE: sèche-linge: _____ *un* _____ sèche-linge (liste __*2*__)

1. _____ cafetière (liste ____)

2. _____ commode (liste ____)

3. _____ couette (liste ____)

4. _____ fer à repasser (liste ____)

5. _____ grille-pain (liste ____)

6. _____ étagère (liste ____)

7. _____ oreiller (liste ____)

8. _____ table basse (liste ____)

C. Une devinette.

Première étape. Utilisez les indices (*clues*) dans la colonne A pour compléter les mots dans la colonne B, une lettre par case. Attention à l'orthographe et aux accents.

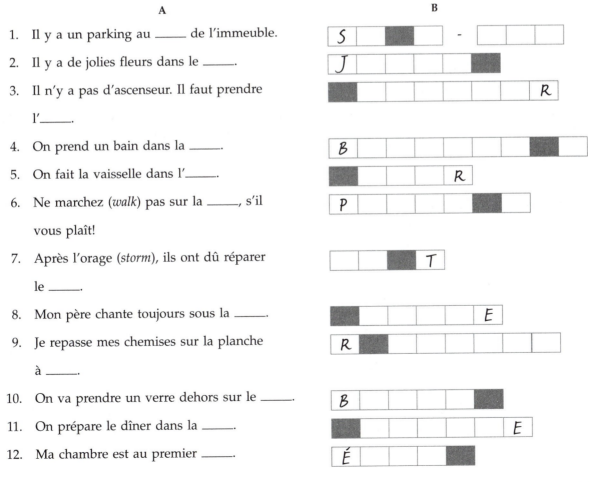

	A	
	A	**B**
1.	Il y a un parking au _____ de l'immeuble.	
2.	Il y a de jolies fleurs dans le _____.	
3.	Il n'y a pas d'ascenseur. Il faut prendre l'_____.	
4.	On prend un bain dans la _____.	
5.	On fait la vaisselle dans l'_____.	
6.	Ne marchez (*walk*) pas sur la _____, s'il vous plaît!	
7.	Après l'orage (*storm*), ils ont dû réparer le _____.	
8.	Mon père chante toujours sous la _____.	
9.	Je repasse mes chemises sur la planche à _____.	
10.	On va prendre un verre dehors sur le _____.	
11.	On prépare le dîner dans la _____.	
12.	Ma chambre est au premier _____.	

Attention! Avant de continuer, vérifiez vos réponses dans la clé de corrections sur le site Web d'*En avant!*

Deuxième étape. Utilisez les lettres dans les cases en gris de la **Première étape** pour épeler (*spell*) un synonyme du mot *une habitation*: ____ ____ ____   _____

D. Quelle est la chambre de Caroline?

Première étape. Vous allez entendre deux fois Caroline faire la description de sa chambre. Identifiez l'illustration qui correspond à sa description. À la fin de l'activité, écoutez pour vérifier votre réponse.

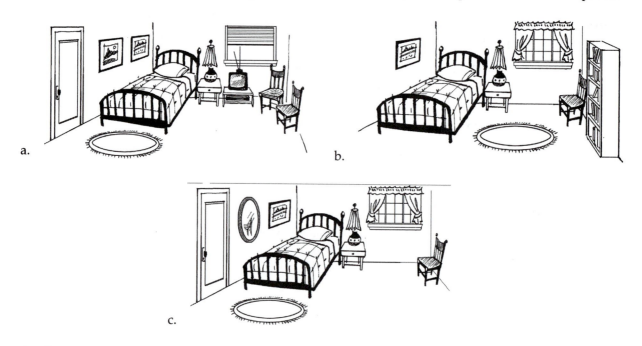

a.   b.

c.

Quelle est la chambre de Caroline? ____

Deuxième étape. Regardez de nouveau les trois illustrations de la **Première étape,** puis indiquez de quelle(s) chambre(s) on parle dans chacune des phrases suivantes. **Attention!** Si la phrase ne décrit aucune (*none*) des chambres, marquez **aucune des trois.**

	chambre A	chambre B	chambre C	aucune des trois
1. Il y a un tapis au milieu de la chambre.	☐	☐	☐	☐
2. Il y a un miroir sur le mur.	☐	☐	☐	☐
3. Il y a un ventilateur dans le coin (*corner*).	☐	☐	☐	☐
4. Il y a une étagère sur la droite.	☐	☐	☐	☐
5. Il y a un placard.	☐	☐	☐	☐
6. Il y a deux tableaux sur le mur.	☐	☐	☐	☐
7. Il y a un petit lavabo sous la fenêtre.	☐	☐	☐	☐

E. Quelques petites annonces.

Vous avez besoin de louer un appartement à Tours pour un an et vous voyez les petites annonces suivantes. Complétez les phrases pour indiquer ce qu'il y a et ce qu'il n'y a pas dans chaque appartement. Révisez (*Review*) les abréviations dans votre livre si nécessaire.

EXEMPLE: | **Joli 3p au 3ème, sans asc., avec cuis. éq. et pk au sous-sol...** |

a. Il y a *trois pièces, une cuisine équipée et un parking*

b. Il n'y a pas *d'ascenseur*

1. | **Appt au centre-ville avec sdb et 1 CH, grand balcon, pas de pk.** |

   a. Il y a _____.

   b. Il n'y a pas _____.

2. | **AL: Maison avec 2 CH, sdb, sam, terrasse, ch.c.g. dans une rue calme. Pas de garage.** |

   a. Il y a _____.

   b. Il n'y a pas _____.

3. | **1p au 4ème dans un quartier ancien. Sdb moderne et cuis. éq., sans asc.** |

   a. Il y a _____.

   b. Il n'y a pas _____.

Prononcez bien!
Les voyelles nasales [ɑ̃], [ɔ̃] et [ɛ̃]*

chambre, balcon et jardin

Nasal vowels (**voyelles nasales**) in French differ from the oral vowels (**voyelles orales**) you've studied in that the air stream passes not only through the mouth but through the nose as well. Nasal vowels are represented by one or two vowel letters followed by an **m** or an **n**, always within the same syllable.

1. The nasal vowel [ɑ̃], as in **chambre**, is represented by the spellings **an/am** and **en/em** when within the same syllable. For example:

   d**an**s   ch**am**bre   a | s**cen** | ceur   dé | c**em**bre

2. The nasal vowel [ɔ̃], as in **balcon**, is represented by the spelling **on/om** when within the same syllable. For example:

   b**on**   bal | c**on**   mai | s**on**   t**om** | ber

3. The nasal vowel [ɛ̃], as in **jardin**, is represented by the spellings **in/im** and **ain/aim/ein** when within the same syllable. For example:

   jar | d**in**   **im** | po | ssible   b**ain**   f**aim**   p**ein** | ture (*painting*)

A. Essayons!

Première étape. Écoutez chaque paire de mots. Indiquez si les deux mots contiennent la même voyelle nasale ou pas. Vous allez entendre chaque paire de mots deux fois. À la fin de l'activité, écoutez pour vérifier vos réponses.

		oui	non			oui	non
1.	la b**an**lieue, la b**an**que	☐	☐	5.	la m**on**tagne, la c**am**pagne	☐	☐
2.	le pl**an**, le jard**in**	☐	☐	6.	la j**am**be, le v**en**tre	☐	☐
3.	la mais**on**, le balc**on**	☐	☐	7.	la t**an**te, l'**on**cle	☐	☐
4.	du v**in**, du p**ain**	☐	☐	8.	c**in**q, c**en**t	☐	☐

*In addition to [ɑ̃], [ɔ̃], and [ɛ̃], many French speakers living in Belgium, Canada, and Louisiana have a fourth nasal vowel, [œ̃]. This vowel is pronounced similarly to [ɛ̃] but with lip rounding. For French speakers who have this fourth nasal vowel, phrases such as **un bon vin blanc** (*a good white wine*) are pronounced [œ̃ bɔ̃ vɛ̃ blɑ̃].

Deuxième étape. Maintenant, vous allez entendre encore une fois tous les mots de la **Première étape,** groupés par le son de leur voyelle. Répétez chaque mot en faisant attention à la voyelle.

la voyelle nasale [ɑ̃]: banlieue, banque, plan, campagne, jambe, ventre, tante, cent

la voyelle nasale [ɔ̃]: maison, balcon, montagne, oncle

la voyelle nasale [ɛ̃]: jardin, vin, pain, cinq

Pour bien prononcer

There are many pairs of words in French that differ in pronunciation depending on whether they contain a nasal vowel or an oral vowel + the consonant sound [n] or [m]. This is often the case with the masculine versus feminine form of an adjective, such as **bon** versus **bonne**, or the third-person singular versus plural form of a verb, such as **elle comprend** versus **elles comprennent**. If you pinch your nose shut, the words **bon** and **comprend** (with a nasal vowel) should sound odd because you're preventing any air from passing through, whereas the words **bonne** and **comprennent** (without a nasal vowel) should sound fine. This distinction between nasal vowels, on the one hand, and oral vowels + the consonant sound [n] or [m], on the other, will be important when completing Activity B.

B. Un pas en avant.

Première étape. Vous allez entendre une série de quatre adjectifs, puis une série de quatre verbes. Vous allez entendre chaque mot deux fois. Indiquez si l'adjectif est au masculin ou au féminin, puis si le verbe est au singulier ou au pluriel. À la fin de l'activité, écoutez pour vérifier vos réponses.

	adjectif				verbe	
	MASCULIN	FÉMININ			SINGULIER	PLURIEL
1.	☐	☐		5.	☐	☐
2.	☐	☐		6.	☐	☐
3.	☐	☐		7.	☐	☐
4.	☐	☐		8.	☐	☐

Deuxième étape. Vous allez entendre chaque mot de la **Première étape** avec les deux formes de l'adjectif (masculin et féminin) ou les deux formes du verbe (singulier et pluriel). Répétez les paires en faisant attention à la distinction entre une voyelle nasale et une voyelle orale + [n] ou [m].

1. ...   2. ...   3. ...   4. ...   5. ...   6. ...   7. ...   8. ...

C. Dictée.

♦ **Première étape.** Écoutez un jeune Français décrire où habite sa famille. Complétez les phrases avec les mots que vous entendez. Vous allez entendre chaque phrase deux fois.

1. Nous _____ dans une _____ ville _____.

2. Nous _____ dans une _____ _____ à Quimper.

3. Ma _____ a une _____ secondaire en _____.

4. Mon _____ achète un _____ avec un

   _____ _____.

5. Mes _____ _____ _____ de vivre au centre-ville.

Attention! Avant de continuer, vérifiez vos réponses dans la clé de corrections sur le site Web d'*En avant!*

Deuxième étape. Écoutez encore une fois les phrases de la **Première étape.** Répétez-les en faisant attention à la prononciation des voyelles nasales.

Grammaire interactive

9.1 Un logement plus abordable
The comparative and superlative of adjectives

A. L'électroménager. L'employé d'un magasin d'électroménager aide un client à faire ses achats en comparant les appareils en vente (*for sale*). Jouez le rôle de l'employé en utilisant les symboles (+, =, −) et les adjectifs entre parenthèses. Suivez l'exemple.

EXEMPLE: (+ / abordable) aspirateur *Philips*, aspirateur *Miele*

L'aspirateur Philips est plus abordable que l'aspirateur Miele.

1. (= / gros) frigo noir, frigo blanc

_____

2. (+ / beau) cafetière *Philips*, cafetière *Bosch*

_____

3. (− / cher) cuisinières à gaz, cuisinières électriques

_____

4. (− / lourd) ventilateurs en plastique, ventilateurs en métal

_____

5. (+ / bon) lave-linge *Whirlpool*, lave-linge *Indesit*

_____

B. Le moins utile. Pour chaque activité, éliminez un des trois meubles, appareils ou articles ménagers disponibles (*available*). Justifiez votre choix en utilisant le superlatif **le/la/les moins...** des adjectifs dans la liste (ou **le/la/les pire[s]**). Suivez l'exemple.

commode (*convenient*)	économe	essentiel	pratique
désirable	élégant	important	utile

EXEMPLE: Pour faire la cuisine: une cuisinière, un grille-pain ou un four à micro-ondes?

Un grille-pain est le moins utile.

1. Pour faire ses devoirs: un dictionnaire, un ordinateur portable ou un cahier?

_____

2. Pour se détendre: un canapé, un téléviseur grand écran ou un petit jardin?

_____

3. Pour faire la lessive: un lave-linge, un sèche-linge ou un fer à repasser?

_____

4. Pour faire sa toilette: un sèche-cheveux, une baignoire ou un miroir?

_____

5. Pour décorer sa chambre: des rideaux, un tapis ou des affiches?

_____

C. Les enfants Morin.

Première étape. Vous allez écouter deux fois une série de questions sur les enfants Morin que vous voyez dans l'illustration ci-dessous. Répondez à chaque question en cochant (✓) le nom de la personne en question. À la fin de l'activité, écoutez pour vérifier vos réponses.

	Élodie	Élise	Éric	Enzo
	Élodie 24 ans	Élise 20 ans	Éric 16 ans	Enzo 7 ans
	Élodie	Élise	Éric	Enzo
1.	☐	☐	☐	☐
2.	☐	☐	☐	☐
3.	☐	☐	☐	☐
4.	☐	☐	☐	☐
5.	☐	☐	☐	☐
6.	☐	☐	☐	☐

Deuxième étape. D'après (_According to_) l'illustration de la **Première étape**, de qui est-ce qu'on parle dans chaque phrase? Considérez la forme de l'adjectif et le pronom accentué utilisé dans chaque phrase. Suivez l'exemple.

EXEMPLE: «Je suis plus grand que lui.»

Éric parle de _son frère Enzo_.

1. «Je suis plus sportive qu'elle.»

    Élodie parle de _____.

2. «Il est beaucoup plus grand que moi.»

    Enzo parle de _____.

3. «Nous sommes plus âgées qu'eux.»

    Élodie et Élise parlent de _____.

4. «Je suis plus studieux qu'elles.»

   Éric parle de _____.

5. «Elle est beaucoup plus élégante que nous!»

   Éric et Enzo parlent de _____.

D. En Bretagne.

Première étape. Lisez le texte ci-dessous sur la Bretagne. Vous allez en faire un résumé dans la **Deuxième étape.**

La Bretagne est une vaste péninsule située entre la Manche[1] et le golfe de Gascogne. L'appellation *Bretagne* désigne à la fois une région historique de la France et une région administrative moderne, composée de quatre départements. Rennes, la capitale administrative, est la ville la plus peuplée de la région, avec environ 206.000 habitants.

La Bretagne se différencie des autres régions françaises sur plusieurs plans: elle bénéficie de la plus grande longueur de côtes,[2] d'un climat extrêmement doux et d'une langue régionale d'origine celte—*le breton*. Le paysage[3] breton est marqué par de nombreux *menhirs*, mégalithes de l'ère[4] néolithique. Le Grand menhir brisé[5] d'Er Grah, dans le département du Morbihan, est le plus grand d'Europe. Les aspects les plus visibles de la culture bretonne d'aujourd'hui sont ses *festoù-noz*—festivals de nuit où on danse à la musique celte—et sa gastronomie, surtout ses crêpes de sarrasin[6] et ses cidres alcoolisés, faits de pommes fermentées.

[1]*English Channel* [2]*coastlines* [3]*landscape* [4]*era* [5]*broken* [6]*buckwheat*

Deuxième étape. Complétez ce résumé du texte en utilisant les noms et le superlatif des adjectifs entre parenthèses.

   EXEMPLE: La Bretagne est une des *plus belles régions* (région / beau) de la France.

1. Rennes est la _____ (ville / peuplé) de la région.

2. Le breton est sans doute le _____ (exemple / bon) de

   ses origines celtes.

3. On trouve dans le Morbihan le _____ (menhir / grand)

   d'Europe.

4. Ses festivals et sa gastronomie sont les _____

   (aspect / représentatif) de la culture bretonne d'aujourd'hui.

9.2 Quand j'étais plus jeune

Using the **imparfait** to express habitual actions in the past

A. Quelle maison? Écoutez Gérard décrire deux résidences: sa maison actuelle (*current*) et sa maison d'enfance. Indiquez de quelle maison il parle dans chaque phrase en faisant attention à la forme du verbe (**au présent** ou **à l'imparfait**). Vous allez entendre chaque phrase deux fois. À la fin de l'activité, écoutez pour vérifier vos réponses.

	sa maison actuelle	sa maison d'enfance
1.	☐	☐
2.	☐	☐
3.	☐	☐
4.	☐	☐
5.	☐	☐
6.	☐	☐
7.	☐	☐
8.	☐	☐

B. Quand Dominique était petite.

Première étape. À côté de chaque infinitif, écrivez la racine (*root*) qu'on utilise à l'imparfait. **Attention!** considérez d'abord la forme du verbe avec le sujet **nous** au présent avant d'écrire la racine de l'imparfait. **Mais attention!** Un verbe a une racine irrégulière à l'imparfait!

1. aimer ___*aim-*___
2. aller _____
3. avoir _____
4. devoir _____
5. être _____

6. faire _____
7. partir _____
8. prendre _____
9. rendre _____
10. vivre _____

Attention! Avant de continuer, vérifiez vos réponses dans la clé de corrections sur le site Web d'*En avant!*

Deuxième étape. Utilisez la racine de chaque verbe dans la liste de la **Première étape** pour compléter cette description de l'enfance de Dominique.

1. Quand j'_____ais petite, je _____ais en banlieue avec mes parents et mon frère.

2. À l'époque (*At that time*), nous _____ions un chien, Prince. Nous _____ions beaucoup jouer avec lui dans le jardin.

3. En semaine, mon frère et moi _____ions le petit déjeuner ensemble avant d'aller à l'école. Nous _____ions pour l'école vers 7 h 30.

4. Le samedi, je _____ais ranger ma chambre. (Quelle horreur!) Je _____ais aussi un peu le ménage avec ma mère.

5. Le dimanche, nous _____ions à l'église (*church*), puis nous _____ions visite à mes grands-parents.

C. Les retraités (*retirees*). Un groupe de retraités parle de leurs anciens métiers. Cochez (✓) le nom du métier qui correspond à ce qu'ils faisaient dans la vie avant de prendre leur retraite. Vous allez entendre chaque phrase deux fois. À la fin de l'activité, écoutez pour vérifier vos réponses.

1. Elle était...	☐ femme médecin	☐ serveuse	☐ coiffeuse
2. Il était...	☐ agent de police	☐ ouvrier	☐ boulanger
3. Elle était...	☐ mère au foyer	☐ infirmière	☐ dentiste
4. Ils étaient...	☐ journalistes	☐ avocats	☐ musiciens
5. Il était...	☐ professeur	☐ homme d'affaires	☐ acteur
6. Ils étaient...	☐ architectes	☐ facteurs	☐ biologistes

D. Une enfance en Louisiane. Dans le texte suivant, Michael, membre du groupe cajun Feufollet, décrit un bon souvenir d'enfance. Complétez sa description en mettant le verbe approprié de la liste à l'imparfait.

Geno Delafose et French Rockin' Boogie

adorer	assister	danser	être
s'amuser	avoir	déguster	s'installer

Quand j'étais petit ma famille et moi _____[1] toujours aux Festivals Acadiens et Créoles

à Lafayette en Louisiane au mois d'octobre. On _____[2] au parc Girard derrière la scène

(*stage*) «Ma Louisiane». Mon frère Chris et moi _____[3] écouter de la musique cajun et

créole. Les groupes comme Steve Riley et les Mamou Playboys et Geno Delafose et French Rockin'

Boogie _____[4] formidables! Mes parents _____[5] et on

_____[6] des spécialités cajuns comme le jambalaya aux saucisses et le gombo aux fruits

de mer. Il y _____[7] toujours beaucoup de monde et on _____[8] bien!

Aujourd'hui, mon frère Chris et moi avons notre propre groupe cajun, Feufollet.

9.3 Qu'est-ce qui se passait? Using the **imparfait** to express ongoing actions and situations in the past

A. À la cité universitaire.

Première étape. Qu'est-ce que les étudiants du deuxième étage de la cité universitaire faisaient hier soir à minuit? Écoutez le passage et indiquez ce que chaque personne faisait. Cochez les infinitifs des verbes que vous entendez. Vous allez entendre le passage deux fois. À la fin de l'activité, écoutez pour vérifier vos réponses.

	dormir	étudier	manger	parler	regarder
1. Paul	☐	☐	☐	☐	☐
2. Léonard	☐	☐	☐	☐	☐
3. Isabelle	☐	☐	☐	☐	☐
4. Julie	☐	☐	☐	☐	☐
5. Raphaël	☐	☐	☐	☐	☐

Deuxième étape. Selon vos réponses dans la **Première étape**, écrivez une phrase pour décrire ce que chaque étudiant faisait hier soir à minuit.

1. Paul _____

2. Léonard _____

3. Isabelle _____

4. Julie _____

5. Raphaël _____

B. Qu'est-ce que vous faisiez quand j'ai téléphoné?

Première étape. M. Guérin, qui rentre de son voyage d'affaires en train, a essayé tout l'après-midi de joindre sa famille, mais personne n'a répondu. Finalement, on répond. Complétez la conversation entre M. Guérin et sa famille en mettant les verbes entre parenthèses à l'imparfait.

M. GUÉRIN: Allô, Annick. C'est Papa. Enfin, quelqu'un répond! Ça fait des heures que j'essaie de vous joindre. J'ai essayé vers midi, qu'est-ce que tu _____[1] (faire)?

ANNICK: Moi, j' _____[2] (écouter) mon iPod dans ma chambre. Je n'ai pas entendu le téléphone sonner. Je te passe Nathan.

NATHAN: Salut, Papa.

M. GUÉRIN: Bonjour, Nathan. Mais où est-ce que vous _____[3] (être), ton frère et toi, quand j'ai téléphoné à 3 heures?

NATHAN: Nous _____[4] (jouer) au foot dans le jardin. Maman! C'est Papa à l'appareil.

M. GUÉRIN: Caroline, dis, pourquoi est-ce que tu ne _____[5] (répondre) pas? Je _____[6] (s'inquiéter).

MME GUÉRIN: Désolé, mon chéri! Mon portable _____[7] (avoir) besoin d'être chargé. Je _____[8] (nettoyer) la salle de bains. Nous ne _____[9] (faire) rien de spécial. À quelle heure est-ce que tu rentres?

M. GUÉRIN: Pas de changement. À 19 h. À ce soir!

Deuxième étape. En réalité, que faisait la famille de M. Guérin pendant son absence? Regardez les illustrations (page 175) et répondez en mettant les verbes de la liste à l'imparfait.

cacher (*to hide*) les invités   décorer la salle de séjour   faire un gâteau   rentrer les provisions

1. Annick et sa mère _____

_____

2. Nathan et son frère _____

_____

3. Mme Guérin _____

_____

4. Ils _____

_____

C. Un cambriolage (*burglary*). Julie explique aux policiers les détails d'un cambriolage commis chez elle. Complétez son récit avec les verbes entre parenthèses, à l'imparfait.

«Je me souviens de quelques détails, mais franchement je _____¹ (ne pas

voir) très bien; il _____² (faire) déjà noir. Je _____³

(venir) de rentrer et j'_____⁴ (être) dans ma voiture en face de la maison.

Deux hommes _____⁵ (sortir) de chez moi avec de gros sacs dans les bras.

Le premier _____⁶ (sembler) très grand. Il _____⁷

(porter) un jean et des bottes. L'autre _____⁸ (être) beaucoup plus petit et

il _____⁹ (avoir) les cheveux courts. Ils _____¹⁰

(se parler) dans une langue que je _____¹¹ (ne pas comprendre). Tous les deux

_____¹² (se diriger) vers une voiture. Je _____¹³

(se sentir) soulagée (*relieved*) de les voir partir!»

D. À l'heure indiquée. Deux colocataires racontent ce qu'ils faisaient hier, à l'heure indiquée. Et vous, qu'est-ce que vous faisiez hier à la même heure?

1. À 9 h? Nous finissions notre petit déjeuner.

    Et toi? _____

2. À midi? Nous rangions l'appartement.

    Et toi? _____

3. À 14 h 30? Nous faisions de la gym.

    Et toi? _____

4. À 18 h? Nous prenions un verre avec des amis.

    Et toi? _____

5. À 21 h? Nous étions au cinéma.

    Et toi? _____

9.4 Une question de perspective
Use of the **passé composé** versus the **imparfait**

A. Pendant qu'elle étudiait... Écoutez la description de la journée d'Anaïs, puis mettez les événements dans l'ordre chronologique en les numérotant de 1 à 5. Vous allez entendre sa description deux fois. À la fin de l'activité, écoutez pour vérifier vos réponses.

Pendant qu'Anaïs étudiait...

_____ ses colocataires sont rentrés.

_____ le téléphone a sonné.

_____ son voisin a frappé à la porte.

_____ le chien a aboyé (*barked*).

_____ le facteur a livré un colis (*delivered a package*).

B. Vive la différence! Complétez chaque paire de phrases en utilisant le verbe indiqué—à l'imparfait dans une des phrases et au passé composé dans l'autre. **Attention!** Considérez les expressions/groupes de mots en italique avant d'écrire les formes appropriées.

1. **déménager**

    a. Est-ce que vous _____ *souvent* quand vous étiez petit(e)?

    b. Nous _____ *pour la première fois* en 2007.

2. **travailler**

    a. *D'habitude,* mon père ne _____ pas *le week-end.*

    b. Moi, je (j') _____ *jusqu'à 20 h hier soir!*

3. **partir**

    a. Ma mère _____ *très tôt ce matin* pour aller faire les courses.

    b. *Normalement,* nous _____ en vacances *au mois d'août.*

4. **vendre**

a. *Pour avoir un peu d'argent, je (j')* _____ *souvent* des choses sur Internet.

b. *Récemment,* mes parents _____ leur voiture; ils n'en ont plus besoin.

C. Je veux tout simplement prendre une douche! Christine, Éric, Juliette et Thomas

partagent un appartement à Paris. Avec une seule salle de bains, les matins peuvent être difficiles. Christine nous donne sa version d'hier matin. Complétez le paragraphe avec les verbes entre parenthèses à l'imparfait ou au passé composé.

Hier matin, je/j' _____[1] (se réveiller) tôt, avant mes colocataires. Comme il

_____[2] (faire) très froid, je/j' _____[3] (ne pas

vouloir) sortir tout de suite du lit. Après quelques minutes, je/j' _____[4] (se

lever) pour aller prendre une douche. Mais dès que je/j' _____[5] (arriver)

devant la porte de la salle de bains je/j' _____[6] (entendre) l'eau de la

douche couler. Ce/C' _____[7] (être) mon coloc, Thomas. Alors, je/j'

_____[8] (réveiller) Juliette et nous _____[9] (prendre)

le petit déj ensemble. Pendant que nous _____[10] (manger), Éric

_____[11] (entrer) dans la salle de bains pour se préparer. Juliette et moi, nous

_____[12] (être) furieuses! Et moi alors? Je/j' _____[13]

(être) en retard pour le travail et avec tout ça, je/j' _____[14] (ne pas avoir) le

temps de prendre une douche!

D. Chez qui?

Première étape. Le week-end passé, Philippe a dîné vendredi soir chez les Picard et samedi soir chez les Guérin. Écoutez sa description de chaque soirée et indiquez si les phrases suivantes correspondent à la soirée passée chez les Picard (P) ou chez les Guérin (G). Vous allez entendre le passage deux fois. À la fin de l'activité, écoutez pour vérifier vos réponses.

1. _____ Nous avons écouté de la belle musique pendant le repas.

2. _____ Le chien, qui était enfermé au sous-sol, aboyait sans cesse.

3. _____ Nous avons mangé un repas typiquement français.

4. _____ Le repas était froid.

5. _____ Ça sentait si bon!

6. _____ On a discuté dans le salon après le dîner.

7. _____ Je suis rentré très tard.

Deuxième étape. Maintenant, répondez aux questions suivantes. Dans chaque réponse, employez le passé composé et l'imparfait.

1. Comment est-ce que Philippe se sentait après le repas chez les Guérin? Pourquoi?

   _____

2. Quel repas n'a-t-il pas aimé? Pourquoi?

   _____

3. Est-ce qu'il a préféré la soirée chez les Picard ou chez les Guérin? Pourquoi?

   _____

Culture interactive

Lisons!

Stratégie de lecture   Identifying plot–advancing sentences versus descriptive sentences

When verbs in the **passé compose** and the **imparfait** appear together in the same text, they tend to serve different functions. The **passé compose** usually appears in sentences that advance the storyline (for example, the fictional plotline of a novel or the series of events presented in nonfiction works like biographies). The **imparfait**, on the other hand, usually contributes further description or explanation in order to enhance the basic storyline. Taking note of which verbs are in the **passé composé** and which are in the **imparfait** will help you better understand how sentences, or clauses within sentences, contribute to the overall meaning of a text.

Avant de lire

Commençons par le début! Vous allez lire un texte sur la maison du peintre (*painter*) Claude Monet à Giverny. Voici quelques phrases tirées du texte. Analysez les exemples du passé composé et/ou de l'imparfait dans chaque phrase puis cochez (✓) leur fonction: **faire avancer l'histoire** ou **décrire/expliquer**.

EXEMPLE: Il <u>a peint</u> (*painted*) beaucoup de scènes dans son propre jardin à Giverny.

☑ **fait avancer l'histoire**   ☐ **décrit/explique**

	fait avancer l'histoire	décrit/explique
1. Monet <u>s'est installé</u> à Giverny en 1883,	☐	☐
l'année où <u>il a rencontré</u> Cézanne.	☐	☐
2. Pour les impressionnistes, la lumière <u>pouvait</u>	☐	☐
être plus importante que la scène qu'ils <u>avaient</u> sous les yeux.	☐	☐
3. Monet <u>était</u> passionné de jardinage et	☐	☐
il <u>a conçu</u> (*designed*) son domaine comme une peinture.	☐	☐

Lecture

Maintenant, en tenant compte des verbes que vous avez analysés, lisez le texte.

Une maison de peintre

Claude Monet est l'un des peintres français impressionnistes les plus célèbres, mais ce que l'on sait moins, c'est qu'il a peint beaucoup de scènes dans son propre jardin à Giverny, une petite ville de Normandie. Monet s'est installé à Giverny en 1883, l'année où il a rencontré Cézanne. Il y est mort en 1926. Les impressionnistes préféraient peindre en plein air. Pour eux, la lumière pouvait être plus importante que la scène qu'ils avaient sous les yeux; c'est pourquoi Monet essayait sans cesse[1] de capturer la même scène, mais à des heures et sous une lumière à chaque fois différentes: le petit pont japonais, des feuilles de nénuphars[2] flottant sur l'eau, la façade «rose et verte» de sa maison...

Le pont japonais et des nénuphars

    Sa fascination pour les couleurs se reflète tout naturellement dans les parterres de fleurs[3] bleues, rouges, jaunes, qui entourent sa maison et embellissent[4] son jardin. Monet était passionné de jardinage et il a conçu son domaine comme une peinture. Même dans sa grande maison, les couleurs dominent: au rez-de-chaussée, on trouve le «salon bleu», les murs de la salle à manger et les meubles sont peints en jaune et la cuisine est décorée de carreaux de faïence[5] bleus et blancs.

    Vers la fin de sa vie, souffrant de la cataracte qui troublaient sa perception des couleurs, Monet a peint des tableaux de plus en plus abstraits. Monet a été opéré de la cataracte en 1923, trois ans avant sa mort.

    La maison de Giverny, qui est devenue un musée en 1980, se visite toute l'année et l'on peut y être témoin[6] des changements de lumière sur ces paysages colorés que Monet a si bien peints.

[1]*sans... constantly* [2]*water lilies* [3]*parterres... flower beds* [4]*make more attractive* [5]*carreaux... earthenware tiles* [6]*être... to witness*

Après la lecture

A. Avez-vous compris? Mettez les verbes dans les phrases suivantes au passé composé. Puis, mettez les événements dans la vie de Monet dans l'ordre chronologique (a–d). Utilisez les verbes de la liste suivante.

devenir	être opéré	s'installer	mourir	rencontrer

ordre chronologique (a–d)

1. La maison de Giverny _____ un musée. _____

2. Monet _____ à Giverny en 1926. _____

3. Monet _____ à Giverny la même année

   où il _____ Cézanne. _____

4. Monet _____ de la cataracte. _____

B. Pour aller plus loin. Premièrement, décidez si les phrases suivantes décrivent une caractéristique de Monet ou des impressionnistes en général et cochez (✓) la case appropriée. Deuxièmement, choisissez le pronom sujet (**il/ils**) qui convient et mettez les verbes à l'imparfait. Utilisez les verbes de la liste suivante.

adorer	avoir	essayer	préférer

	Monet	les impressionnistes en général
1. La lumière pouvait être plus importante que la scène qu'il/ils _____ sous les yeux.	☐	☐
2. Il/Ils _____ le jardinage.	☐	☐
3. Il/Ils _____ peindre en plein air.	☐	☐
4. Il/Ils _____ sans cesse de capturer la même scène, mais sous une lumière à chaque fois différente.	☐	☐

Chez les Français / Chez les francophones / Rétrospective

Utilisez les informations fournies dans les sections **Chez les Français, Chez les francophones** et **Rétrospective** du manuel et décidez si les affirmations suivantes sont vraies ou fausses. Si une affirmation est fausse, changez les mots soulignés pour la rendre vraie.

	VRAI	FAUX
1. En France, il y a <u>deux types de banlieues: «la zone» et les vieilles banlieues traditionnelles.</u>	☐	☐
_____		
2. Il y a <u>plus de personnes</u> qui louent des appartements ou des maisons en France qu'en Amérique du Nord.	☐	☐
_____		
3. Les HLM se trouvent souvent dans la banlieue <u>des petites villes.</u>	☐	☐
_____		
4. Dans une petite annonce immobilière, l'abréviation «rdc» signifie que l'appartement est situé <u>au sous-sol du bâtiment.</u>	☐	☐
_____		
5. Dans une maison française typique, les toilettes, le lavabo et la baignoire sont dans <u>la même pièce.</u>	☐	☐
_____		

	VRAI	FAUX
6. Généralement, on trouve les maisons avec un toit en tuiles dans <u>le nord</u> de la France.	☐	☐
7. À Versailles, durant le règne de Louis XIV, les nobles essayaient de suivre <u>les habitudes quotidiennes</u> du roi et de la reine.	☐	☐

✎ Écrivons!

Stratégie d'écriture   Using connecting words

Connectors and transition words create greater cohesion and help your reader to follow the structure of your writing. They also add sophistication to your writing style. Experiment with this technique by using some of the following connectors in your text: **d'abord, et, puis, mais, maintenant, ensuite, donc, parce que, enfin.**

Genre: Un événement inoubliable

Thème: Quelle chanson évoque pour vous votre enfance ou votre adolescence? Discutez d'un souvenir particulier en utilisant l'imparfait et le passé composé. N'oubliez pas d'utiliser les mots **d'abord, et, puis, mais, maintenant, ensuite, donc, parce que,** et **enfin.** À la fin, dites comment les choses sont différentes pour vous maintenant. Suivez l'exemple.

EXEMPLE: Chaque fois que j'entends «Beau oui comme Bowie», une chanson de Serge Gainsbourg, ça me rappelle un bon souvenir d'enfance. J'étais dans la voiture avec mes parents, ma sœur et mon frère. Nous allions à la plage et nous chantions à tue-tête (*at the top of our lungs*) avec la radio. Puis, quand la chanson «Beau oui comme Bowie» est passée, j'ai vite compris le jeu de mots dans le refrain, mais pas mon frère. Donc, nous le lui avons expliqué. Ensuite, nous avons beaucoup ri (*laughed*) parce que ma mère a commencé à chanter et puis mon père. Mais lui, il chantait mal! Maintenant, je ne chante plus dans la voiture, seulement sous la douche!

(cont.)

Une fois que vous avez fini, relisez votre travail en tenant compte des conseils donnés dans la section **Vérifions!**

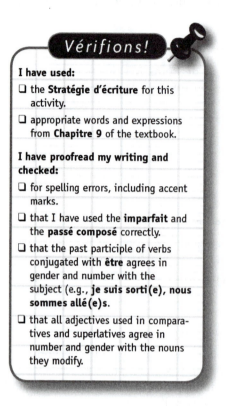

Vérifions!

I have used:

❑ the **Stratégie d'écriture** for this activity.

❑ appropriate words and expressions from **Chapitre 9** of the textbook.

I have proofread my writing and checked:

❑ for spelling errors, including accent marks.

❑ that I have used the **imparfait** and the **passé composé** correctly.

❑ that the past participle of verbs conjugated with **être** agrees in gender and number with the subject (e.g., **je suis sorti(e), nous sommes allé(e)s**.

❑ that all adjectives used in comparatives and superlatives agree in number and gender with the nouns they modify.

C HAPITRE 10

Ça se fête!

Communication en direct

A. La bonne formule. Qu'est-ce qu'on dit dans chaque situation? Faites correspondre les situations de la colonne A avec l'expression appropriée de la colonne B. **Attention!** Il y a quelquefois plusieurs réponses possibles.

A

1. _____ Votre professeur s'est marié pendant l'été.

2. _____ Vos grands-parents vont passer deux semaines au Club Med à la Guadeloupe.

3. _____ Le serveur vous apporte l'entrée.

4. _____ Votre ami a reçu (*received*) 18 sur 20 à son examen.

5. _____ Vos camarades vont bientôt fêter Hanoukka, Noël et le nouvel an.

6. _____ Votre frère fête ses 25 ans.

7. _____ Un copain va partir pendant un semestre au Sénégal.

8. _____ Vos copains sortent pour voir une pièce de théâtre.

9. _____ Vos parents ont ouvert une bouteille de champagne.

10. _____ Votre frère s'est fiancé.

B

a. Bon appétit!

b. Bonnes fêtes (de fin d'année)!

c. Bravo!

d. Chin-chin!

e. Joyeux anniversaire!

f. Bonne soirée!

g. Bonnes vacances!

h. Félicitations!

i. Soyez heureux pour la vie!

j. Bon séjour!

B. De quoi est-ce qu'on parle? Écoutez chaque description et choisissez la question correspondante. Vous allez entendre chaque description deux fois. À la fin de l'activité, écoutez pour vérifier vos réponses.

1. a. Qu'est-ce que c'est la Saint-Sylvestre?
   b. Qu'est-ce que c'est la Saint-Jean-Baptiste?

2. a. Qu'est-ce que c'est que le champagne?
   b. Qu'est-ce que c'est que le cidre?

3. a. Qu'est-ce que c'est le réveillon?
   b. Qu'est-ce que c'est le ramadan?

4. a. Qu'est-ce que c'est que la Saint-Sylvestre?
   b. Qu'est-ce que c'est que la fête des Rois?

5. a. Qu'est-ce que c'est une fève?
   b. Qu'est-ce que c'est une galette des rois?

6. a. Qu'est-ce que c'est que la dinde?
   b. Qu'est-ce que c'est que le couscous?

Vocabulaire interactif

Les jours de fête   Talking about holidays and other celebrations

A. Préparatifs de fête. Marie explique comment on prépare les fêtes dans sa famille. Écoutez chaque phrase et choisissez la fête qui correspond aux préparatifs mentionnés. Vous allez entendre chaque phrase deux fois. À la fin de l'activité, écoutez pour vérifier vos réponses.

1. a. Noël	b. la Toussaint	c. un anniversaire
2. a. la fête des Rois	b. le premier avril	c. le jour de l'An
3. a. le 14 juillet	b. la fête des Mères	c. le Mardi gras
4. a. le jour de l'An	b. le ramadan	c. le 14 juillet
5. a. le premier d'avril	b. un anniversaire	c. Pâques
6. a. la fête des Pères	b. le réveillon de Noël	c. la Saint-Jean-Baptiste
7. a. la Toussaint	b. le Mardi gras	c. le réveillon du jour de l'An

B. Quel mot vient à l'esprit? Ajoutez à chaque groupe le mot ou l'expression de la liste qui correspond.

Bonne année!	les cadeaux	les chrysanthèmes	la prise de la Bastille
la bûche	le carême	les œufs dans le jardin	

Le 14 juillet à Paris

1. **Pâques:** les lapins en chocolat, les cloches, _____

2. **le jour de l'An:** le 1ᵉʳ janvier, les cartes de vœux, _____

3. **le 14 juillet:** un feu d'artifice, un défilé militaire, _____

4. **la Toussaint:** le 1ᵉʳ novembre, les tombes, _____

5. **Noël:** un sapin, les chaussures, _____

6. **le Mardi gras:** les défilés dans la rue, les déguisements, _____

7. **le réveillon de Noël:** le pâté de foie gras, la messe de minuit, _____

C. Qu'est-ce qu'on a fait? Complétez les phrases suivantes avec les activités que les personnes font avant ou pendant la fête mentionnée. **Attention!** Utilisez chaque expression une seule fois.

acheter une bûche de Noël	faire le jeûne (*to fast*)
acheter des cadeaux	mettre le champagne au frigo
aller à la mosquée	porter des déguisements
allumer les bougies de la ménorah	porter un toast
assister au défilé	préparer une dinde ou une oie
cacher des œufs dans le jardin	recevoir un lapin en chocolat
décorer le sapin	

1. Avant le réveillon du jour de l'An, je/j' _____

2. À minuit, on _____

3. Bien avant Noël, nous (2 *activités*) _____

   _____

4. Pour le réveillon de Noël, ma mère (2 *activités*) _____

   _____

5. Le jour de Pâques, les parents _____

6. Le jour de Pâques, les enfants _____

7. Pendant les 30 jours de ramadan, Moustapha (2 *activités*) _____

   _____

8. Pendant la journée du Mardi gras, Cécile et Amélie (2 *activités*) _____

   _____

9. Pour Hanoukka, appelée aussi la «Fête des lumières», les Juifs _____

   _____

D. Idées de cadeaux. Complétez chaque phrase en utilisant la forme correcte du verbe **offrir** au présent.

1. Mon père _____ quelquefois des bijoux à ma mère pour son anniversaire.

2. Mes grands-parents _____ souvent des chèques-cadeaux à leurs petits-enfants.

3. Pour la fête des Mères, vous _____ toujours un bouquet de fleurs à votre mère?

4. Nous _____ des DVD à mon frère et ma belle-sœur.

5. Qu'est-ce que tu _____ en général aux membres de ta famille pour leur anniversaire?

6. Est-ce que tu _____ des cadeaux à tes amis? Oui, je leur _____ des cadeaux.

E. On compare les cadeaux. Deux frères comparent ce qu'ils offrent à leur famille pour Noël. Complétez le dialogue par **lui** ou **leur,** selon le sens.

YVES: Grand-mère adore le Pays basque, donc je _____¹ offre un livre sur la région. Et toi, qu'est-ce que tu _____² offres?

STÉPHANE: Moi, aux grands-parents, je _____³ offre une grosse boîte de chocolats. Et Papa, qu'est-ce que tu _____⁴ offres?

YVES: Je ne sais pas encore. Un polo Lacoste? Peut-être une chemise Christian Dior, sa marque préférée? Nous _____⁵ offrons la chemise ensemble, d'accord?

STÉPHANE: Excellente idée! Je pense que Maman, elle, compte _____⁶ offrir un pull en cachemire.

YVES: Eh bien, il va être très chic notre père!

STÉPHANE: Eh pour les jumelles, Murielle et Miriam? Qu'est-ce qu'on _____⁷ donne?

YVES: Si on _____⁸ offre des poupées (*dolls*), elles seront certainement contentes.

STÉPHANE: C'est parfait! On a notre liste!

Prononcez bien!

Les consonnes *l* et *r*

*Noë**l** et **r**amadan*

Although the consonants **l** and **r** are used in both English and French, neither one is produced the same way in the two languages.

1. The **l** sound in French is called a "lateral l" because the sides of the tongue come into contact with the upper teeth along the sides of the mouth. The tip of the tongue touches the roof of the mouth and remains toward the front of the mouth when pronouncing words. The **l** sound is spelled as a single or double letter **l** in French, as in **l**undi, c**l**oche, ga**l**ette, Noë**l**, and be**ll**e.

2. Although the **r** sound in French varies greatly from dialect to dialect, in standard French it is produced as a "uvular r". The uvula—the appendage that hangs from the soft palate, at the back of the mouth—is allowed to vibrate as air passes from the throat into the mouth. The **r** sound is spelled as a single or double letter **r** in French, as in **r**amadan, B**r**avo!, soi**r**ée, pè**r**e, and te**rr**e.

A. Essayons!

Première étape. Vous allez entendre une série de mots qui commencent par la lettre **l** ou **r**, puis une série de mots qui se terminent en **l** ou **r**. Vous allez entendre chaque mot deux fois. Cochez (✓) le mot que vous entendez. À la fin de l'activité, écoutez pour vérifier vos réponses.

1. a. ☐ lit (_bed_)   b. ☐ riz
2. a. ☐ loup (_wolf_)   b. ☐ roux
3. a. ☐ long   b. ☐ rond
4. a. ☐ poule (_hen_)   b. ☐ pour
5. a. ☐ mule   b. ☐ mur
6. a. ☐ pétale   b. ☐ pétard (_firecracker_)

Deuxième étape. Maintenant vous allez entendre chaque paire de mots de la **Première étape**. Répétez les paires en faisant attention à la distinction entre les sons **l** et **r** au début ou à la fin des mots.

•

Pour bien prononcer

Producing a uvular **r** sound in French can be challenging. (One way to practice producing this sound is through "dry gargling"—making a gargling sound deep in the back of your mouth, but without any liquid). The uvular **r** sound is most audible at the beginning and end of words, such as those in Activity A. When found in the middle of words before another consonant, as in **ca<u>r</u>te** and **ma<u>r</u>di**, there simply isn't enough time for the uvula to fully vibrate. Keep this in mind as you complete Activity B.

•

B. Un pas en avant.

♦ **Première étape.** Écoutez les mots ou groupes de mots suivants. Vous allez les entendre deux fois. La première fois, complétez-les avec la lettre **l** ou **r**. La deuxième fois, répétez-les.

1. une ca_____te de vœux
2. un défi_____é
3. une fa_____ce
4. un _____apin
5. un feu d'a_____tifice
6. _____a fête nationa_____e
7. un jou_____ fé_____ié
8. le Ma_____di g_____as

Attention! Avant de continuer, vérifiez vos réponses dans la clé de corrections sur le site Web d'_En avant!_

Deuxième étape. Répondez à la question suivante.

Dans quels mots de la **Première étape** est-ce qu'on trouve le son **r** devant une autre consonne?

_____carte_____   _____   _____   _____

C. Dictée.

♦ **Première étape.** Écoutez les descriptions de quelques fêtes et complétez les phrases avec les mots que vous entendez. Vous allez entendre chaque phrase deux fois.

1. Le jour de l'An est _____ en _____.

2. _____ premier_____, c'est le jour des _____.

3. J'_____ un bouquet de _____ à ma _____ pour

   son _____.

4. À Pâques, les enfants _____ des œufs et des _____ en

   _____ dans le _____.

Attention! Avant de continuer, vérifiez vos réponses dans la clé de corrections sur le site Web d'*En avant!*

Deuxième étape. Écoutez encore une fois les phrases de la **Première étape**. Répétez-les en faisant attention à la prononciation des sons **l** et **r**.

Grammaire interactive

10.1 Tu crois au père Noël? The verb **croire** and subordinate clauses

A. Les formes du verbe *croire*. Finissez les débuts de phrases de la colonne A avec les mots de la colonne B en faisant bien attention aux formes du verbe **croire**.

A	B
1. Marie et moi, nous ____	a. croient toujours au papa Noël.
2. Ton frère et toi, vous ____	b. ne crois pas aux fantômes.
3. M. Juneau ____	c. croyons que tout va bien.
4. Les enfants de Julie ____	d. crois que ton frère va se marier?
5. Personnellement, je ____	e. croit que la famille est importante.
6. Et toi? Tu ____	f. croyez aux miracles? Vraiment?

B. Vous y croyez?

Première étape. Complétez chaque phrase avec la forme appropriée de la préposition **à** ou la conjonction **que (qu')**, selon le cas. Ensuite, répondez à chaque question en donnant votre opinion.

	Oui, j'y crois.	Non, je n'y crois pas.
1. Croyez-vous _____ extraterrestres?	☐	☐
2. Croyez-vous _____ grand amour?	☐	☐
3. Croyez-vous _____ les chats noirs portent malheur?	☐	☐
4. Croyez-vous _____ destin ([m.] *fate*)?	☐	☐
5. Croyez-vous _____ magie (*f.*)?	☐	☐
6. Croyez-vous _____ un jour vous allez parler français couramment (*fluently*)?	☐	☐

Deuxième étape. Choisissez et justifiez une de vos réponses de la **Première étape**.

EXEMPLE: *Je ne crois pas au grand amour. À mon avis...*

_____

_____

C. À quoi croyaient les enfants? Voici quelques messages tirés d'un forum Internet sur ce thème. Complétez chaque message en utilisant d'abord la forme appropriée du verbe **croire** à l'imparfait, puis la forme appropriée des autres verbes entre parenthèses à l'imparfait.

1. Moi, je _____¹ (croire) qu'un *serial killer* _____² (être) une

    personne qui _____³ (vivre) cachée dans une boîte de céréales!

2. Ma sœur et moi _____⁴ (croire) que la petite souris* (*tooth fairy*)

    _____⁵ (exister) vraiment et qu'elle _____⁶ (venir) dans notre

    chambre par un petit trou (*hole*) qu'elle _____⁷ (creuser [*to dig*]) dans le plancher

    (*floor*). Nous avons compris rapidement que nos parents _____⁸ (être) des

    menteurs!

3. Les deux garçons d'à côté (*next door*) _____⁹ (croire) vraiment que dans

    une droguerie,† on _____¹⁰ (vendre) de la drogue!

4. Mon petit frère _____¹¹ (croire) que quand les mamans _____¹²

    (manger) beaucoup de chocolat, elles _____¹³ (grossir), et que ça

    _____¹⁴ (faire) des bébés.

D. Commentaires sur les fêtes.

Première étape. Écoutez ces gens faire des commentaires sur plusieurs fêtes. Marquez le numéro de chaque commentaire que vous entendez à côté de l'expression utilisée dans ce commentaire. Vous allez entendre chaque commentaire deux fois. À la fin de cette première étape, écoutez pour vérifier vos réponses.

EXEMPLE: *Vous entendez:* 1. Je crois qu'il a bu un peu trop de champagne hier soir!

  Vous écrivez: __1__ croire que

_____ avoir l'impression que   _____ savoir que

_____ espérer que   _____ être certain que

_____ être sûr(e) que   _____ trouver que

_____ penser que

Deuxième étape. Écoutez encore une fois les commentaires de la **Première étape.** Pour chaque commentaire, indiquez la fête dont on parle. À la fin de l'activité, écoutez pour vérifier vos réponses.

1. a. la Saint-Sylvestre   b. le ramadan
2. a. le 14 juillet   b. le premier d'avril
3. a. la fête du Travail   b. Noël
4. a. la fête des Rois   b. la Saint-Valentin
5. a. Halloween   b. un anniversaire
6. a. la Toussaint   b. la fête des Mères
7. a. Pâques   b. la fête des Pères
8. a. le Mardi gras   b. la Toussaint

---

*In France, the "tooth fairy" is actually a mouse who, just like its American counterpart, leaves **une pièce de monnaie** in the place of the tooth.

†A **droguerie** is a hardware store.

10.2 Une fête que j'aime bien   Relative clauses with **qui**, **que**, and **où**

A. Devinettes. Complétez les devinettes suivantes avec le pronom relatif (**qui, que [qu'], où**) approprié, puis trouvez la solution à chaque devinette dans la liste ci-dessous. **Attention!** Trois expressions ne sont pas utilisées.

la bûche de Noël	La Nouvelle-Orléans	la Saint-Jean-Baptiste
la fève	la Pâque juive	la Saint-Sylvestre
la messe de minuit	la prise de la Bastille	la Saint-Valentin

1. C'est le jour _____ les Québécois fêtent leur héritage.

   C'est _____.

2. C'est une fête _____ marque la fin de l'année.

   C'est _____.

3. C'est un gâteau _____ on mange au réveillon de Noël, à la fin du repas.

   C'est _____.

4. C'est une ville aux États-Unis _____ on célèbre le Mardi gras.

   C'est _____.

5. C'est le petit objet _____ se trouve traditionnellement dans une galette des Rois.

   C'est _____.

6. C'est l'événement _____ les Français commémorent chaque 14 juillet.

   C'est _____.

 B. Qu'est-ce que c'est que la Bastille? Vous allez entendre deux fois l'histoire de la prison de la Bastille. Cochez (✓) la proposition relative (a.) ou (b.)—ou les deux—pour compléter correctement la phrase **La Bastille était une prison... .** À la fin de l'activité, écoutez pour vérifier vos réponses.

La Bastille était une prison...

1. a. ☐ qui servait à l'origine de forteresse.
   b. ☐ qui servait à l'origine de palais royal.
2. a. ☐ que le roi Charles V a fait construire.
   b. ☐ que le roi Louis XIII a fait construire.
3. a. ☐ établie pour détenir les prisonniers du roi.
   b. ☐ établie pour détenir les prisonniers ordinaires.
4. a. ☐ où le fameux marquis de Sade a été emprisonné.
   b. ☐ où le philosophe Voltaire a été emprisonné.
5. a. ☐ que les révolutionnaires ont prise le 14 juillet 1789.
   b. ☐ que les révolutionnaires ont peint en bleu, blanc et rouge.
6. a. ☐ qui a été transformée en hôtel.
   b. ☐ qui n'existe plus aujourd'hui.

C. Qu'est-ce que *la crémaillère*? Coralie invite des amis à sa crémaillère et doit expliquer à ses invités étrangers cette tradition. Complétez l'explication de Coralie en utilisant le pronom relatif approprié (**qui, que** ou **où**).

La crémaillère est une coutume _____[1] consiste à inviter des amis chez soi pour fêter un nouveau logement. Cette fête date du temps _____[2] on utilisait une crémaillère (*hook*) pour pendre (*hang*) au-dessus du feu la marmite (*pot*) dans lequel (*in which*) on préparait un repas pour ses amis! De nos jours, il y a souvent des invités _____[3] apportent un petit cadeau comme une bougie, une carte de vœux ou une bouteille de vin. La crémaillère est une coutume _____[4] tout le monde adore.

D. L'accord. Écoutez les phrases suivantes et cochez (✓) la forme correcte du participe passé. Vous allez entendre chaque phrase deux fois. À la fin de l'activité, écoutez pour vérifier vos réponses.

EXEMPLE: *Vous entendez:* Regarde les poissons que les enfants ont découpés.

Vous cochez: a. ☐ découpé   b. ☐ découpée   c. ☑ découpés   d. ☐ découpées

1. a. ☐ pris (*sing.*)   b. ☐ prise   c. ☐ pris (*pl.*)   d. ☐ prises
2. a. ☐ mis (*sing.*)   b. ☐ mise   c. ☐ mis (*pl.*)   d. ☐ mises
3. a. ☐ offert   b. ☐ offerte   c. ☐ offerts   d. ☐ offertes
4. a. ☐ ouvert   b. ☐ ouverte   c. ☐ ouverts   d. ☐ ouvertes
5. a. ☐ acheté   b. ☐ achetée   c. ☐ achetés   d. ☐ achetées
6. a. ☐ choisi   b. ☐ choisie   c. ☐ choisis   d. ☐ choisies
7. a. ☐ reçu   b. ☐ reçue   c. ☐ reçus   d. ☐ reçues
8. a. ☐ envoyé   b. ☐ envoyée   c. ☐ envoyés   d. ☐ envoyées

10.3 Aide ton père! Giving commands using the imperative

A. Les formes des verbes.

Première étape. Complétez ce tableau en écrivant l'impératif de ces verbes; d'abord la forme qui correspond à **tu**, puis à **vous** et finalement à **nous**.

	ÉCOUTER	FINIR	SORTIR	ATTENDRE
(tu)			*Sors!*	
(vous)	*Écoutez!*			
(nous)		*Finissons!*		

Deuxième étape. Quelle forme du verbe **attendre** du tableau de la **Première étape** faut-il utiliser dans chaque situation?

1. (à vos parents): _____! Je n'ai pas encore fini.

2. (à votre famille, vous inclus[e]): _____! Le train arrive dans cinq minutes.

3. (à votre frère ou sœur): _____! Je cherche mon blouson.

B. Une soirée chez les Paillard.

Première étape. Il y a une soirée chez les Paillard ce soir. Pour préparer la maison, Mme Paillard donne des ordres à son mari et à ses fils. Écoutez les phrases et indiquez si Mme Paillard s'adresse à son mari ou à ses fils. Vous allez entendre chaque phrase deux fois. À la fin de l'activité, écoutez pour vérifier vos réponses.

	à son mari	à ses fils
1.	☐	☐
2.	☐	☐
3.	☐	☐
4.	☐	☐
5.	☐	☐
6.	☐	☐
7.	☐	☐

Deuxième étape. Les deux fils Paillard veulent faire autre chose aujourd'hui mais ils n'ont pas le droit (*aren't allowed*). Jouez le rôle de leur mère / leur père en utilisant **ne (n')... pas** avec l'impératif. Suivez l'exemple.

EXEMPLE: Nous voulons jouer aux jeux vidéo.

Non, ne jouez pas aux jeux vidéo maintenant

1. Nous voulons sortir nos Legos.

   _____

2. Nous pouvons goûter le gâteau?

   _____

3. Nous voulons regarder la télé.

   _____

4. Nous voulons finir notre partie (*game*) de Monopoly.

   _____

5. Nous pouvons aller chez les voisins?

   _____

C. Pendant les fêtes de fin d'année.
À l'aide des illustrations, suggérez des activités à faire avec vos amis pendant les fêtes de fin d'année. Utilisez l'impératif d'un verbe approprié à la première personne du pluriel (**nous**) et ajoutez des détails pour expliquer pourquoi vous croyez que c'est une bonne idée.

EXEMPLE:

Faisons du ski! J'aime aller à la montagne et il va faire très beau ce week-end

1. _____

2. _____

3. _____

4. _____

5. _____

6. _____

D. Un cadeau d'anniversaire.

 Première étape. C'est bientôt l'anniversaire du mari d'Anne-Marie. Elle raconte comment elle le fête. Vous allez entendre son récit deux fois. Cochez (✓) l'activité qui correspond à ses préférences. À la fin de l'activité, écoutez pour vérifier vos réponses.

1. a. ☐ demander à l'avance ce qu'il veut
   b. ☐ acheter un cadeau original

2. a. ☐ être raisonnable
   b. ☐ dépenser beaucoup

3. a. ☐ emballer le cadeau
   b. ☐ mettre le cadeau dans un sac décoratif

4. a. ☐ laisser le cadeau quelque part pour faire une surprise
   b. ☐ offrir toujours le cadeau en personne

Deuxième étape. Imaginez qu'Anne-Marie donne des conseils à son amie. Mettez les verbes de chaque paire de la **Première étape** à l'impératif (deuxième personne du singulier [**tu**]) et indiquez en premier ce qu'il faut faire et en second ce qu'il ne faut pas faire. Suivez l'exemple.

EXEMPLE: 1.   a.   ☐ demander à l'avance ce qu'il veut
           b.   ☑ acheter un cadeau original

Achète un cadeau original; ne demande pas à l'avance ce qu'il veut!

2. _____
3. _____
4. _____

10.4 Tout se passe bien!   Uses and forms of adverbs

A. Catégories d'adverbe.

Première étape. Classez les adverbes de la liste selon leur sens. Quels adverbes est-ce qu'on utilise pour répondre à chacune de ces questions?

aujourd'hui	demain	ici	mal	vite
bien	hier	là-bas	partout	

Où?   Quand?   Comment?

_____   _____   _____

_____   _____   _____

_____   _____   _____

Attention! Avant de continuer, vérifiez vos réponses dans la clé de corrections sur le site Web d'*En avant!*

Deuxième étape. Utilisez les trois adverbes de temps de la **Première étape** pour compléter les petits dialogues suivants.

1. —Qu'est-ce que vous avez fait _____?
—On a fêté l'anniversaire d'Amélie.

2. —Est-ce qu'il va faire beau _____?
—J'espère bien! Il va y avoir un défilé.

3. —Vous avez des invités chez vous _____?
—Oui, mon collègue et sa femme sont ici.

B. Joëlle à Noël.

Première étape. Écrivez la forme adverbiale de chaque adjectif de la liste suivante. Vous allez entendre ces adverbes dans la **Deuxième étape**.

1. attentif / attentive ____*attentivement*____
2. rapide _____
3. bon(ne) _____
4. soigneux /soigneuse _____
5. constant(e) _____
6. complet / complète _____
7. doux / douce _____

Deuxième étape. Faites correspondre les phrases que vous entendez aux illustrations en écrivant le numéro de chaque phrase sous l'illustration correspondante. Vous allez entendre chaque phrase deux fois. À la fin de l'activité, écoutez pour vérifier vos réponses.

EXEMPLE: *Vous entendez:* 1. Elle écoute attentivement les idées de sa fille.

a. *Vous écrivez:* ___1___

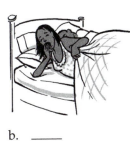

b. _____

c. _____

d. _____

e. _____

f. _____

g. _____

C. Qu'est-ce qu'il faut? Complétez les phrases suivantes, une avec l'adverbe, l'autre avec l'adjectif indiqué. **Attention!** Quand il faut un adjectif, n'oubliez pas de faire l'accord en genre et en nombre.

1. **bien / bon**

    a. On mange très _____ pendant la fête de Thanksgiving.

    b. On prépare toujours beaucoup de très _____ plats.

2. **mal / mauvais**

    a. C'était une _____ idée d'offrir une cravate pour la fête des Pères!

    b. Il choisit toujours _____ ses cadeaux.

3. **énormément / énorme**

   a. Ils viennent d'installer un _____ fantôme dans leur jardin.

   b. Ils aiment _____ décorer leur maison à Halloween.

4. **joliment / joli**

   a. Sophie a envoyé de _____ invitations pour le 14 juillet.

   b. Elle a aussi _____ décoré les enveloppes en bleu, blanc et rouge.

D. Les études, les jours fériés et les vacances.

Première étape. Utilisez la forme adverbiale de chaque adjectif entre parenthèses pour compléter les phrases suivantes. Ensuite, cochez (✓) les cases à côté des phrases qui sont vraies pour vous.

EXEMPLE: Pour moi, les dernières semaines du semestre/trimestre

passent *lentement* (lent).

C'est vrai?

1. Il y a _____ (actuel) trois fêtes qu'on observe ici pendant ☐
   le semestre/trimestre d'automne: la fête du Travail, la Toussaint et la fête
   de Thanksgiving.

2. _____ (heureux), les étudiants ici ont congé (*a day off*) le ☐
   mercredi avant et le vendredi après Thanksgiving.

3. À mon avis, les étudiants ont _____ (vrai) besoin d'un mois ☐
   de vacances entre les semestres/trimestres.

4. Quand les étudiants sont en vacances, il n'y a _____ (absolu) ☐
   rien à faire sur le campus.

5. À la fin de l'année scolaire, je me sens toujours _____ ☐
   (profond) soulagé(e) (*relieved*)!

Deuxième étape. Corrigez les phrases de la **Première étape** que vous n'avez pas cochées en remplaçant certains mots ou en ajoutant des détails supplémentaires pour les rendre vraies.

EXEMPLE: *Pour moi, les dernières semaines du semestre/trimestre*

passent trop vite!

_____

_____

_____

_____

Culture interactive

📖 Lisons!

> **Stratégie de lecture**   Recognizing and grouping together parts of a complex noun phrase
>
> Nouns are rarely used in isolation in a text: they virtually always occur with an article, often with one or more adjectives that modify (describe) them, and sometimes with relative clauses with **qui, que** or **où** that add further descriptive details. Because noun phrases (**groupes nominaux**) in a text are often "complex" in this way, it's important as you read to identify the main noun, then mentally group together all the words that modify it. Here's an example:
>
> Le ramadan est [une **fête** musulmane importante qui dure environ 30 jours].
>
> Using this strategy will help you gain a better understanding of a text in all its detail.

Avant de lire

Commençons par le début! Voici deux phrases d'un texte que vous allez lire sur la fête des Masques en Côte d'Ivoire. Pour chaque groupe nominal en italique, identifiez le nom principal, puis cochez (✓) et écrivez les autres éléments qu'on y trouve.

1. On croit en *des esprits qui habitent dans la nature.*

   Le nom principal, c'est _____.

   Il y a aussi   ☐ un article: _____.

   ☐ un adjectif: _____.

   ☐ une proposition relative avec **qui/que:** _____.

2. *Les croyances traditionnelles que la colonisation a contribué à effacer* sont encore présentes.

   Le nom principal, c'est _____.

   Il y a aussi   ☐ un article: _____.

   ☐ un adjectif: _____.

   ☐ une proposition relative avec **qui/que:** _____.

Lecture

Maintenant lisez le texte en tenant compte des groupes nominaux complexes.

Côte d'Ivoire: la fête des Masques

La Côte d'Ivoire a conservé certaines fêtes rituelles qui proviennent des traditions animistes de différentes tribus dans différentes régions du pays. Être animiste veut dire que l'on croit en des esprits qui habitent dans la nature; on croit que les éléments de la nature—le vent, les arbres, les animaux—ont aussi une âme.[1] Pendant la colonisation, les rituels d'inspiration animistes étaient souvent interdits. Aujourd'hui, la population de la Côte d'Ivoire est en majorité chrétienne (55%) ou musulmane (35%), mais les croyances traditionnelles que la colonisation a contribué à effacer[2] restent toujours présentes.

Dans la région de Man—la région des Yacouba—la fête des Masques se déroule[3] chaque année dans plusieurs villages. C'est une compétition qui a pour but[4] de désigner le meilleur danseur et de rendre hommage aux esprits de la forêt. Chaque danseur porte un masque qui symbolise un esprit de la forêt. Les masques gardent une place très importante dans les festivals et rituels d'Afrique de l'Ouest, car ils représentent bien plus qu'un accessoire. Le masque traditionnel est un élément religieux qu'un bon danseur doit non seulement animer mais «habiter». Les Yacouba sont célèbres pour leurs masques et leurs danses, et si, un jour, vous avez la chance de visiter les villages typiques de Sompleu, Douépleu ou Yo, essayez d'assister à leur fête des Masques!

[1]*soul* [2]*erase* [3]*se... takes place* [4]*pour... as its goal*

Après la lecture

A. Avez-vous compris?

Première étape. Avez-vous compris? Indiquez si les phrases sont vraies ou fausses. Si une phrase est fausse, corrigez-la.

		VRAI	FAUX
1.	Il y a trois grands courants religieux en Côte d'Ivoire.	☐	☐
2.	Les croyances animistes ont bénéficié de la colonisation.	☐	☐
3.	Pendant la fête des Masques, les danseurs rendent hommage à l'esprit qu'ils représentent par le masque spécifique qu'ils portent.	☐	☐
4.	À la fête des Masques, tous les danseurs sont égaux.	☐	☐
5.	La fête se déroule dans les rues d'Abidjan tous les ans.	☐	☐

Deuxième étape. Complétez les phrases suivantes avec des éléments du texte.

1. L'animisme est une religion **que** moins de _____ % des Ivoiriens pratiquent.

2. Les animistes sont des gens **qui** croient que les éléments naturels ont une _____.

3. Les danseurs portent un _____ **qui** représente un esprit.

4. Yacouba est le nom d'une tribu en Côte d'Ivoire **qui** est _____ pour ses

   masques et ses danses.

B. Pour aller plus loin. Décrivez votre opinion de la fête des Masques avec deux ou trois phrases qui contiennent des propositions relatives. Commencez par: **C'est une fête qui m'intéresse / m'intrigue / etc. ... / que je trouve surprenante... parce que / à cause de... etc.**

_____

_____

_____

Chez les Français / Chez les francophones / Rétrospective

Utilisez les renseignements fournis dans **Chez les Français, Chez les francophones** et **Rétrospective** du manuel pour déterminer si les affirmations suivantes sont vraies ou fausses. Si une affirmation est fausse, corrigez-la en changeant les mots soulignés pour la rendre vraie.

	VRAI	FAUX
1. En général, le réveillon du jour de l'An se passe <u>en famille</u>.	☐	☐
2. Pendant le ramadan, les musulmans ne mangent pas <u>entre le lever et le coucher du soleil</u> pour se purifier.	☐	☐
3. <u>À la fête des Rois</u>, on mange un morceau de galette.	☐	☐
4. Dans la galette des rois, on cache <u>une fève</u> et la personne qui la trouve est le roi / la reine pendant toute la journée.	☐	☐
5. En France, le lundi après Pâques <u>est férié</u>.	☐	☐
6. Le 8 mai célèbre la fin de la <u>Première Guerre mondiale</u>.	☐	☐
7. La fête de Saint-Jean-Baptiste est la fête nationale du <u>Canada</u>.	☐	☐

Écrivons!

Genre: Article d'encyclopédie

Thème: Écrivez un article sur une fête française ou francophone pour une petite encyclopédie que votre classe de français est en train de préparer. Votre article doit répondre aux questions suivantes: où et comment est-ce qu'on célèbre cette fête? Est-ce qu'il y a une signification historique des festivités ou de la nourriture / des recettes associées à cette fête? Cherchez une photo intéressante pour votre article sur Google images (**images.google.com**).

Pour mieux rédiger votre article, répondez mentalement ou par écrit aux questions suivantes.

1. Faites une liste de ce que vous savez actuellement sur l'histoire et les traditions associées à cette fête.
2. Quels types d'information associée à cette fête vous manquent? Ajoutez-les à votre liste.
3. Où allez-vous trouver les informations qui vous manquent? Faites une liste des sources les plus valables que vous allez consulter.

Maintenant, écrivez votre article sur une feuille de papier. Une fois que vous avez fini, relisez votre travail en tenant compte des conseils donnés dans la section **Vérifions.**

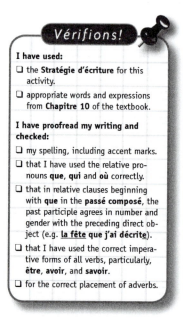

Vérifions!

I have used:
- ❏ the **Stratégie d'écriture** for this activity.
- ❏ appropriate words and expressions from **Chapitre 10** of the textbook.

I have proofread my writing and checked:
- ❏ my spelling, including accent marks.
- ❏ that I have used the relative pronouns **que**, **qui** and **où** correctly.
- ❏ that in relative clauses beginning with **que** in the **passé composé**, the past participle agrees in number and gender with the preceding direct object (e.g. <u>la fête</u> que j'ai décrit<u>e</u>).
- ❏ that I have used the correct imperative forms of all verbs, particularly, **être**, **avoir**, and **savoir**.
- ❏ for the correct placement of adverbs.

CHAPITRE **11**

Trouver son chemin

Communication en direct

A. Prédictions: Après les études. Faites correspondre les personnes de la colonne A à leurs projets professionnels décrits dans la colonne B.

A

1. Évelyne adore écrire. _____

2. Béatrice aime les enfants. _____

3. Anna étudie trois langues. _____

4. Gabrielle étudie l'anatomie et la biologie. _____

5. Yvan aime les gens et le sport. _____

6. Martine aime la chimie. _____

B

a. Elle espère être écrivain.

b. Elle veut devenir médecin.

c. Il veut être professeur de sport.

d. Elle aimerait devenir institutrice.

e. Elle espère être journaliste internationale.

f. Elle aimerait travailler dans un laboratoire.

B. Quelques questions. Écoutez et choisissez la réponse logique selon la question que vous entendez. Vous allez entendre chaque question deux fois. À la fin de l'activité, écoutez pour vérifier vos réponses.

1. a. J'aimerais devenir ingénieur.
   b. Moi, j'étudie le français, le grec moderne et la linguistique.

2. a. Mes études me plaisent beaucoup.
   b. Je n'ai pas encore décidé!

3. a. Ça ne me plaît pas trop, en fait.
   b. Évidemment, je dois chercher du travail!

4. a. J'adore ce métier—c'est très enrichissant.
   b. Franchement, je n'en ai aucune idée!

5. a. Mon métier me plaît dans l'ensemble.
   b. Je veux faire des études de droit, je pense.

6. a. Oui, pour le moment je suis contente.
   b. Je suis femme médecin.

Les étapes de la vie Talking about life's major milestones

A. Les études

Première étape. Écrivez le mot approprié en utilisant les indices (*clues*) fournis. **Attention!** Les lettres en majuscules (*capital lettres*) représentent la première lettre de chaque mot.

1. **L**   une _____ (ce qu'on obtient à la fin du premier cycle de l'université)

2. **E**   l'_____ secondaire, supérieur

3. **S**   être en _____ (on a encore deux ans au lycée)

4. **É**   une grande _____, comme l'ENA (École nationale d'administration)

5. **T**   être en _____ (on finit ses études secondaires)

6. **U**   une _____ (on dit aussi *la fac*)

7. **D**   un _____ (ce qu'on reçoit à la fin de ses études)

8. **E**   un _____ (ce qu'on cherche après ses études)

9. **S**   un _____ (ce qu'on gagne par mois)

Attention! Avant de continuer, vérifiez vos réponses dans la clé de corrections sur le site Web d'*En avant!*

Deuxième étape. Quels sont les mots de la **Première étape** qui complètent logiquement chaque série?

1. _____, un master, un doctorat

2. en troisième, _____, en première, _____

3. L'École polytechnique, une école professionnelle, _____

4. un métier, un poste, _____

B. Devinettes. Complétez chaque question en écrivant le mot qui correspond à la définition qui suit.

bac (baccalauréat)	concours d'entrée	société commerciale
cabinet médical	filière	troisième cycle

1. Qu'est-ce que c'est qu'une _____?

   —C'est une succession de cours à la fac, un programme d'études.

2. Qu'est-ce que c'est qu'un _____?

   —C'est un examen très difficile qui permet d'être accepté dans certaines grandes écoles.

3. Qu'est-ce que c'est qu'un _____?

   —C'est le lieu de travail d'un médecin.

4. Qu'est-ce que c'est que le _____?

—C'est un examen national qu'un lycéen doit passer en terminale.

5. Qu'est-ce que c'est qu'une _____?

—C'est une grande entreprise à but lucratif (*profit-making*).

6. Qu'est-ce que c'est que le _____?

—C'est le niveau d'études universitaire le plus avancé, qui mène au doctorat.

C. Dans ma famille. Jean-Claude parle des membres de sa famille—de leurs études et de leurs emplois. Lisez d'abord tous les choix (*choices*). Ensuite, écoutez et complétez chaque phrase avec le choix qui correspond à ce que vous entendez. Vous allez entendre chaque phrase deux fois. À la fin de l'activité, écoutez pour vérifier vos réponses.

1. Sa mère _____.
   a. a passé le concours d'entrée pour intégrer une grande école
   b. a eu son baccalauréat et a arrêté ses études

2. Son père _____.
   a. a fait des études de droit
   b. a fait des études pour être enseignant

3. Sa grand-mère _____.
   a. a fait des études en littérature
   b. a fini ses études pour être infirmière

4. Son cousin Pierre _____.
   a. est en première au lycée
   b. est en terminale et prépare son bac en ce moment

5. Sa cousine Sonia _____.
   a. suit déjà des cours de physique au collège
   b. suit des cours dans une grande école

6. Son oncle Nicolas _____.
   a. est musicien professionnel et n'a pas fait d'études supérieures
   b. a fait des études supérieures pour être sculpteur

D. Projets académiques. Complétez chaque phrase avec la forme appropriée du présent du verbe **suivre.**

1. Marc et Antoine _____ des cours de sciences politiques.

2. Vivienne _____ un cours de sculpture ce semestre à l'Académie des Beaux-Arts.

3. Toi et moi, nous _____ des cours de mathématiques différents.

4. Je _____ plusieurs cours de langues.

5. Toi et tes camarades, est-ce que vous _____ parfois des cours qui ne vous plaisent pas?

6. Et toi, est-ce que tu _____ un cours qui te plaît beaucoup ce semestre?

E. Une histoire d'amour.

Première étape. Voici la petite histoire d'amour d'un couple, Marc et Nathalie. Vous allez entendre l'histoire deux fois. Écrivez la lettre de l'illustration qui correspond à chaque description. À la fin de l'activité, écoutez pour vérifier vos réponses.

a.   b.   c.

d.   e.   f.

1. ____   2. ____   3. ____   4. ____   5. ____   6. ____

Deuxième étape. Complétez le résumé de l'histoire d'amour que vous avez entendue dans la **Première étape**. Utilisez la forme appropriée des verbes de la liste au **passé composé. Attention!** N'oubliez pas de faire l'accord du participe passé quand c'est nécessaire.

se disputer	se fiancer	se parler	rester
s'envoyer	se marier	se rencontrer	tomber

Marc et Nathalie _____¹ le premier jour des cours. Pendant deux

semaines, ils _____² en classe et ils _____³

des textos et des méls aussi. Ils _____⁴ tout de suite amoureux. Ils

_____⁵ une fois, mais en général ils s'entendaient bien. Ils ne _____

pas _____⁶ longtemps copain-copine: Ils _____,⁷ en fait,

le dernier jour des cours et ils _____⁸ en décembre.

Prononcez bien!

Le e instable à l'intérieur des mots   *ch<u>e</u>min et à d<u>e</u>main*

1. In previous chapters, you've seen that the letter **e** can take on many different pronunciations depending on whether it is combined with other vowel letters in the same syllable (as in **s<u>ei</u>ze**), or with the letters **n** or **m** in the same syllable (as in **c<u>en</u>t**), or whether it appears with an accent mark (as in **cél<u>è</u>bre**).

2. When the letter **e** appears by itself and without an accent mark in an open syllable, as in **ch<u>e</u>min** and **à d<u>e</u>main**, it is usually dropped from the pronunciation of words in rapid, everyday speech. In slow or exaggerated speech (for example, in formal speeches, poetry, and song) it is pronounced very much like the vowel [ø] in **deux** that you learned about in **Chapitre 6**. The letter **e** in **chemin** and **à demain** is therefore called an "unstable **e**" (**e instable**) and is represented in dictionaries as the symbol "schwa" [ə].

3. When unstable **e** is not pronounced, it reduces the number of syllables in a word or phrase by one. For example, the words and phrases below are three syllables each when pronounced slowly (with the unstable **e**) but two syllables each when pronounced rapidly (without the unstable **e**).

	Slow/exaggerated speech	Rapid/everyday speech
son chemin	son | ch<u>e</u> | min	son | ch<s>e</s>min
à demain	à | d<u>e</u> | main	à d<s>e</s> | main
acheter	a | ch<u>e</u> | ter	ach<s>e</s> | ter
une semaine	une | s<u>e</u> | maine	une | s<s>e</s>maine

A. Essayons!

Première étape. Vous allez entendre deux fois les huit mots ou expressions de la liste ci-dessous. La première fois, écoutez tout simplement leur prononciation. La deuxième fois, cochez (✓) les mots/ expressions qui contiennent un *e* instable. (Il y en a quatre.) À la fin de l'activité, écoutez pour vérifier vos réponses.

1. _____ à l'av<u>e</u>nir
2. _____ un <u>e</u>mploi
3. _____ les <u>é</u>tudes
4. _____ un ch<u>e</u>min
5. _____ une fili<u>è</u>re
6. _____ une lic<u>e</u>nce
7. _____ un p<u>e</u>tit ami
8. _____ des souv<u>e</u>nirs

Deuxième étape. Les quatre mots ou expressions que vous avez cochés dans la **Première étape** seront (*will be*) prononcés deux fois: une fois de façon très lente (avec le *e* instable) et une deuxième fois de façon très rapide (sans le *e* instable). Répétez-les en faisant la même distinction.

Pour bien prononcer

In some words that you've seen in previous chapters, the sound of the letter **e** is always dropped in standard French (even in slow speech). Some examples include:

brac~~e~~ | let   é | pi | c~~e~~rie   dé | guis~~e~~ | ment

For other words, the letter **e** is *always* pronounced (even in fast speech), because dropping it would cause three or more consonant sounds to cluster together—a rule known as **la loi** (*law*) **des trois consonnes.** Some examples include:

mer<u>cre</u>di   <u>pre</u>mier   sim<u>ple</u>ment

You'll hear and practice pronouncing additional examples of this distinction in Activity B.

B. Un pas en avant.

Première étape. Vous allez entendre deux fois des paires de mots. Dans chaque paire, cochez (✓) le mot qui contient un *e* instable qu'on ne prononce pas. (L'autre mot suit *la loi des trois consonnes.*) À la fin de l'activité, écoutez pour vérifier vos réponses.

1. a. ☐ sam<u>e</u>di   b. ☐ vendr<u>e</u>di
2. a. ☐ un appart<u>e</u>ment   b. ☐ un log<u>e</u>ment
3. a. ☐ un chef d'entr<u>e</u>prise   b. ☐ un méd<u>e</u>cin
4. a. ☐ une caf<u>e</u>tière   b. ☐ un chand<u>e</u>lier
5. a. ☐ certain<u>e</u>ment   b. ☐ incroyab<u>le</u>ment

Deuxième étape. Écoutez et répétez les mots de la **Première étape** que vous avez cochés.

♦ C. Dictée.

Première étape. Complétez chaque phrase en écrivant les quatre mots que vous entendez. Vous allez entendre chaque phrase deux fois. Ensuite, indiquez lequel des quatre contient un *e* instable.

1. Jeanne est _____ à Lille. Elle veut être

   _____ comme sa _____. (Il y a un *e*

   instable dans le mot _____.)

2. Cette _____ Denise a trouvé un _____

   dans une _____ _____. (Il y a un *e* instable

   dans le mot _____.)

3. _____ ses _____

   _____, Marc aimerait _____ une maison.

   (Il y a un *e* instable dans le mot _____.)

Attention! Avant de continuer, vérifiez vos réponses dans la clé de corrections sur le site Web d'*En avant!*

Deuxième étape. Écoutez encore une fois les phrases de la **Première étape** et répétez-les en faisant attention aux différentes prononciations de la lettre *e*, y compris le *e* instable.

Grammaire interactive

11.1 Vous lisez un journal en ligne? The verbs **lire**, **dire**, and **écrire**

 A. À la FNAC. Vous êtes dans le magasin de la FNAC et vous entendez des bribes de conversation entre amis. Vous allez entendre chaque conversation deux fois. Cochez la phrase qui résume le mieux chaque conversation. À la fin de l'activité, écoutez pour vérifier vos réponses.

1. a. ☐ Il doit probablement écrire un compte rendu de film.
   b. ☐ Il veut lire un recueil de poèmes.

2. a. ☐ Elle n'a pas envie de lire le roman en question.
   b. ☐ Elle veut écrire elle-même un roman d'amour.

3. a. ☐ Ils vont écrire une pièce de théâtre ensemble.
   b. ☐ Ils sont trop occupés pour lire en ce moment.

4. a. ☐ Elles doivent écrire un chèque.
   b. ☐ Elles vont dire «non, merci» à la vendeuse.

5. a. ☐ Elle doit leur dire qu'elle n'a pas assez d'argent.
   b. ☐ Elle veut leur acheter une nouvelle pour enfants.

6. a. ☐ Elle ne sait pas comment lui dire «non».
   b. ☐ Elle ne sait pas écrire de poèmes.

B. Les formes des verbes.

Première étape. Complétez chaque phrase dans le tableau en choisissant le verbe approprié et en écrivant sa forme correcte. Suivez l'exemple.

	lire	dire	écrire	
1. Un journaliste			*écrit*	un article de journal.
2. Les étudiants				une dissertation.
3. Les profs				les devoirs des étudiants.
4. On				parfois des poèmes à haute voix (*aloud*).
5. Les commerçants				toujours «bonjour» à leurs clients.
6. Une présentatrice à la télé				«bonsoir» aux spectateurs.

Deuxième étape. Complétez les questions suivantes avec la forme correcte de chaque verbe entre parenthèses **au passé composé.** Ensuite, répondez à chaque question par écrit.

1. Qu'est-ce que vous _____ (lire) récemment pour le plaisir

   pendant votre temps libre?

   _____

2. Est-ce que vous _____ déjà _____ (écrire) un poème d'amour ou

   un billet doux (*love letter*) à quelqu'un? À qui? À quelle occasion?

   _____

3. Qu'est-ce que vous _____ (dire) à votre professeur aujourd'hui avant de quitter la salle de classe?

_____

C. Qu'est-ce qu'on lisait à l'époque (at the time)**?** Voici une liste de magazines/journaux très connus en France. Utilisez la forme appropriée du verbe **lire à l'imparfait** et indiquez le magazine/journal que ces personnes aimaient lire. **Attention!** Donnez votre propre réponse à la dernière question.

| *Cahiers du cinéma* | *L'Équipe* | *Vogue* |
| *Le Monde des ados* | *Télérama* | |

1. À l'époque, Jean-Pierre était fanatique de sport. Il _____ toujours

_____.

2. Tu t'intéressais à la mode quand tu étais plus jeune? Est-ce que tu _____

souvent _____?

3. Nous regardions souvent la télé à cette époque; nous _____ chaque semaine

_____.

4. Si vous aimiez beaucoup les films, vous _____ sans doute les _____

_____!

5. Quand elles étaient collégiennes, mes sœurs _____ tout le temps

_____.

6. Et moi, quand j'étais plus jeune, je _____ souvent le magazine _____

_____.

D. L'expression juste. Un ami américain, qui ne parle pas français aussi bien que vous, vous pose des questions. Vous allez entendre chaque question deux fois. Cochez la réponse correcte. **Attention!** Pour une des questions, les deux réponses sont correctes. À la fin de l'activité, écoutez pour vérifier vos réponses.

1. Tu lui dis...   a. ☐ «Oui, j'aimerais bien.»   b. ☐ «Désolé(e)! Je ne peux pas.»
2. Tu lui demandes...   a. ☐ «Depuis quand?»   b. ☐ «Depuis combien de temps?»
3. On leur dit...   a. ☐ «Félicitations!»   b. ☐ «Quelle horreur!»
4. Tu leur demandes...   a. ☐ «Ça vous plaît?»   b. ☐ «Ça va?»
5. On te dit...   a. ☐ «Bon anniversaire!»   b. ☐ «Joyeux anniversaire!»
6. Le serveur vous dit...   a. ☐ «Bonjour!»   b. ☐ «Bonsoir!»

11.2 Il faut avoir un diplôme Impersonal use of *il*

A. Les conseils de Chantal. Chantal, une étudiante à la fac, donne des conseils à sa sœur cadette pour la préparation du bac. Écoutez et complétez le tableau en cochant (✓) l'expression que vous entendez. Vous allez entendre le passage deux fois.

	Il faut	Il est préférable de	Il n'est pas nécessaire de	C'est une bonne idée de	Il ne faut pas
1. étudier beaucoup					
2. sécher (*skip*) les cours					
3. emprunter des livres à la bibliothèque					
4. pratiquer l'anglais					
5. surfer sur Internet					
6. bien dormir le soir					
7. bien manger le matin du bac					
8. paniquer					

B. Des idées reçues. Complétez chaque phrase en écrivant **Il est** et **C'est,** selon le cas, puis la forme correcte de la préposition (**de** ou **d'**). Êtes-vous d'accord avec chaque «idée reçue»? Si oui, cochez la case correspondante.

EXEMPLE: ___*Il est*___ important _*d'*_accepter «le bien et le mal» chez un copain/une copine.

Je suis d'accord.

1. _____ essentiel _____ croire à l'amour véritable. ☐
2. _____ une bonne idée _____ se marier jeune. ☐
3. _____ nécessaire _____ avoir un emploi qu'on aime beaucoup. ☐
4. _____ un vrai plaisir _____ être parent. ☐
5. _____ toujours une mauvaise idée _____ divorcer. ☐

C. Poursuivre un métier.

Première partie. Complétez le paragraphe avec les mots de la liste.

écrire	motivation	un ordinateur
lire	les œuvres classiques	talent

Pour devenir écrivain, il faut d'abord du _____.[1] Il vaut mieux aimer

_____[2] et _____.[3] Il est essentiel d'avoir beaucoup de

_____[4] et il est important de connaître _____.[5]

C'est une bonne idée de posséder _____,[6] comme ça on peut facilement réviser

son travail.

Deuxième étape. Maintenant, choisissez un métier qui vous intéresse et complétez le paragraphe en donnant votre propre opinion sur ce qu'il faut pour le poursuivre.

Pour devenir _____[1] il faut d'abord du _____.[2] Il vaut mieux

aimer _____[3] et _____.[4] Il est essentiel d'avoir beaucoup de

_____[5] et il est important de connaître _____.[6] C'est une

bonne idée de posséder _____,[7] comme ça on peut _____

_____.

D. Une relation réussie.
Comment réussir une relation de couple? Choisissez quatre gestes de la liste suivante et combinez-les avec les expressions impersonnelles indiquées. Ajoutez des détails pour créer des phrases complètes. **Attention!** L'expression **il ne faut pas** veut dire *One mustn't / shouldn't . . .*

l'aider à [faire]…	lui mentir…
l'écouter…	lui acheter…
l'embrasser…	lui donner…
le/la respecter	lui dire…
le/la voir…	lui écrire…

1. Il est nécessaire de _____

   _____

2. Il n'est pas nécessaire de _____

   _____

3. Il faut _____

_____

4. Il ne faut pas _____

_____

11.3 Ses projets d'avenir (1)   Use of the **futur simple**

 A. Maintenant ou à l'avenir? Vous allez entendre deux fois la description d'une lycéenne française, Anne-Christine. Indiquez si on parle de sa vie présente ou de sa vie future. À la fin de l'activité, écoutez pour vérifier vos réponses.

	vie présente	vie future
1.	☐	☐
2.	☐	☐
3.	☐	☐
4.	☐	☐
5.	☐	☐
6.	☐	☐
7.	☐	☐
8.	☐	☐

B. Le futur proche et le futur simple.

Première étape. Pour chaque groupe de phrases, utilisez **le futur proche** (**aller** + infinitif) du verbe indiqué dans la phrase **a** et **le futur simple** du même verbe dans la phrase **b.**

lire

1. a. Elle _____ son livre de philosophie, sur Descartes, ce soir.

   b. Elle _____ beaucoup quand elle étudiera à la Sorbonne!

se marier

2. a. Ils _____ en juin!

   b. Peut-être qu'ils _____ un jour!

écrire

3. a. Il _____ un article de journal pour *Le Figaro.*

   b. Un jour, il _____ l'histoire de sa vie au Sénégal.

partir

4. a. Ils _____ à 14 h 30 pour aller voir l'exposition au musée Rodin.

   b. L'été prochain, ils _____ ensemble en vacances en Polynésie française.

Deuxième étape. Quelle phrase (**a** ou **b**) de la **Première étape** décrit le mieux chaque illustration numérotée?

1. _____   2. _____

3. _____   4. _____

C. Personnages historiques. Imaginez que les personnages historiques que vous avez «rencontrés» dans la section **Rétrospective** des chapitres précédents nous parlent de leur vie *à l'avenir*. Complétez chaque phrase en écrivant la forme appropriée du verbe entre parenthèses **au futur simple.** Ensuite, indiquez qui c'est.

Qui a vécu au château de Versailles?

les Acadiens	Louis XVI et Marie-Antoinette
Auguste Rodin	Marcel Marceau
les frères Lumière	Yves Saint Laurent

1. J'_____ (ouvrir) un jour une école internationale de mime. Qui est-ce?

   _____

2. Nous _____ (quitter), de force, notre colonie pour nous installer un jour en

   Louisiane. Qui est-ce? _____

3. Je _____ (travailler) d'abord pour Christian Dior avant de lancer (*launch*) ma

   propre maison de couture. Qui est-ce? _____

4. Nous _____ (inventer) un jour un cinématographe pour faire des films.

   Qui est-ce? _____

5. Je _____ (mettre) l'accent sur le caractère et l'émotion humaine dans mes

   sculptures. Qui est-ce? _____

6. Nous _____ (vivre) à Versailles jusqu'en 1789, puis aux Tuileries, à Paris.

   Qui est-ce? _____

D. Tu ou vous? Vous posez des questions à des francophones que vous connaissez (*know*) sur votre campus. Lisez d'abord le contexte, puis écrivez votre question en utilisant la forme appropriée du verbe (**tu** ou **vous**) au futur simple. Suivez l'exemple.

EXEMPLE: Vous voulez savoir ce qu'un camarade étudiera l'année prochaine.
           Qu'est-ce que tu étudieras l'année prochaine?

1. Vous voulez savoir quels cours un prof donnera le semestre prochain.

   _____?

2. Vous voulez savoir si une amie repartira à Avignon en automne.

   _____?

3. Vous voulez savoir quand deux camarades présenteront leur exposé.

   _____?

4. Vous voulez savoir où une copine habitera l'année prochaine.

   _____?

5. Vous voulez savoir comment les parents d'un camarade se rendront à la gare.

   _____?

6. Vous voulez savoir pourquoi la sœur d'une camarade ne restera pas plus longtemps.

   _____?

11.4 Ses projets d'avenir (2) Irregular stems in the **futur simple**

A. Les étudiants. Voici les quatre élèves de Lille de la section **Vocabulaire interactif** du manuel. Rappelez-vous (*Remind yourself*) de leur âge et de leur niveau d'études, puis écoutez la description de leurs projets pour l'année prochaine. Cochez le nom de l'élève qui correspond à la description que vous entendez. Vous allez entendre chaque phrase deux fois. À la fin de l'activité, écoutez pour vérifier vos réponses.

Mireille, 15 ans (collégienne)	Ibrahim, 16 ans (lycéen en seconde)	Jean-Paul, 17 ans (lycéen en première)	Élisabeth, 18 ans (lycéenne en terminale)

	C'est Mireille.	C'est Ibrahim.	C'est Jean-Paul.	C'est Élisabeth.
1.	☐	☐	☐	☐
2.	☐	☐	☐	☐
3.	☐	☐	☐	☐
4.	☐	☐	☐	☐
5.	☐	☐	☐	☐
6.	☐	☐	☐	☐

B. Régulier ou irrégulier? Dans chaque paire, cochez le verbe dont (*whose*) la racine est irrégulière au **futur simple**. Ensuite, utilisez ce verbe à sa forme appropriée pour compléter la phrase.

EXEMPLE: ☑ falloir ☐ finir Il _____*faudra*_____ poursuivre ses études!

1. ☐ valoir ☐ vendre Il _____ mieux avoir un master.

2. ☐ entendre ☐ envoyer Ils _____ les dossiers à l'institut.

3. ☐ vivre ☐ voir Je ne _____ pas mes camarades cet été.

4. ☐ monter ☐ mourir Elle _____ de fatigue; elle travaille trop!

5. ☐ obtenir ☐ oublier Vous _____ votre diplôme l'année prochaine?

6. ☐ devenir ☐ dormir Nous _____ médecins.

7. ☐ recevoir ☐ rentrer Tu _____ une réponse, j'en suis sûr.

C. L'année prochaine.

Première étape. Complétez le tableau suivant en écrivant la racine (**au futur simple**) de chaque infinitif. **Attention!** Tous ces verbes ont une racine *irrégulière*.

aller	1. J'_____ai plus souvent au gymnase!
avoir	2. J'_____ai assez d'argent pour acheter une voiture.
devoir	3. Je _____ai chercher un emploi.
être	4. Je _____ai plus à l'aise (*relaxed*), moins stressé(e).
faire	5. Je _____ai un séjour linguistique en Europe.
pouvoir	6. Je _____ai travailler moins.
savoir	7. Je _____ai parler couramment français!
vouloir	8. Je _____ai habiter avec mon copain/ma copine.

Deuxième étape. Regardez de nouveau les huit phrases de la **Première étape.** Quelle phrase décrit le mieux vos projets pour l'année prochaine? Laquelle ne décrit pas bien vos projets? Expliquez pourquoi (pas).

> EXEMPLE: Je ne ferai pas de séjour linguistique l'année prochaine parce que j'aimerais améliorer (*to improve*) mon français avant d'aller passer l'année en France.

1. _____

_____

2. _____

_____

D. Mes projets d'avenir. Comment voyez-vous votre vie future? Terminez les phrases suivantes (au futur simple).

1. Lorsque j'obtiendrai mon diplôme, je... _____

_____.

2. Aussitôt que je trouverai un emploi, je... _____

_____.

3. Quand je rencontrerai l'homme/la femme de ma vie, je... _____

_____.

4. Quand j'aurai quarante ans, je... _____

_____.

Culture interactive

📖 Lisons!

Avant de lire

Commençons par le début! Vous allez lire un article adapté du magazine français *Phosphore* qui offre des conseils aux étudiants français pour avoir un séjour agréable à l'étranger. Voici quelques conseils tirés de l'article. Récrivez ces conseils en utilisant l'expression ou en suivant les indications entre parenthèses. Suivez l'exemple.

> EXEMPLE: Vous devez entrer en contact avec elle.
>
> (**il faut**) <u>*Il faut entrer en contact avec elle*</u>. *(ou)*
>
> (impératif) <u>*Entrez en contact avec elle!*</u>

1. Il faut accepter de vivre différemment.

   (**devoir**) _____.

2. Vous devez vous renseigner sur le pays.

   (**il est essentiel**) _____.

3. N'allez pas vous enfermer dans votre chambre.

   (**il ne faut pas**) _____.

4. Vous pouvez aussi trouver des associations près de chez vous.

   (impératif) _____.

Lecture

Maintenant, lisez le texte.

Les étudiants français à l'étranger

Préparer son séjour

Partir à l'étranger implique la découverte d'une culture différente, mais aussi un changement important de vos habitudes. [...] Il faut accepter de vivre différemment, de s'adapter aux habitudes alimentaires du pays d'accueil[1] et, d'une façon générale, aux modes de vie locaux. Pour cela, vous devez bien vous renseigner sur le pays et l'endroit même où vous allez.

Pour ceux qui partent dans une famille d'accueil, vous recevrez ses coordonnées quelques jours avant le départ. Vous devez absolument la contacter par téléphone ou par mail. C'est un excellent moyen de faire connaissance et, en cas de problème, il sera toujours temps de changer de famille.

Optimiser son séjour

Sur place, il vous faudra quelques jours pour vous familiariser avec les habitudes du pays, de la famille ou du «college»/campus qui vous accueillent. [...] Si vous êtes hébergé(e)[2] dans une famille, n'allez pas vous enfermer dans votre chambre dès que vous rentrez à la maison. Faites des efforts pour communiquer, parler avec tous les membres de la famille et participer à leur vie de tous les jours: faire les courses, partager les repas, regarder la télévision, etc. Où que vous soyez,[3] posez des questions quand vous ne comprenez pas, n'hésitez pas à demander de répéter et même d'écrire.

Réussir son retour

Grâce à[4] Internet (mail, MSN, blogs), vous pouvez, à votre retour, garder contact avec votre famille d'accueil et autres amis anglophones rencontrés sur place. Ne vous en privez pas.[5] Si vous avez suivi des cours sur place, révisez vos notes avant de reprendre le chemin du lycée / de l'université. Vous pouvez aussi trouver près de chez vous des associations où pratiquer l'anglais. Et puis, il existe une foule de[6] romans, DVD, sites Internet... pour *practice your English at home*. Enfin, la meilleure manière de réussir son retour, c'est d'envisager un nouveau départ.

[1]pays... *host country* [2]*housed, staying* [3]Où... *Wherever you are* [4]Grâce... *Thanks to* [5]Ne... *Don't forego doing so.* [6]une... *tons of*

Après la lecture

A. Avez-vous compris? Décidez si les affirmations suivantes sont vraies ou fausses.

		VRAI	FAUX
1.	On ne doit pas du tout changer ses habitudes pour réussir à l'étranger.	☐	☐
2.	Il vaut mieux habiter dans un appartement en cas de problèmes.	☐	☐
3.	Les petites activités de la vie quotidienne sont un bon moyen d'apprendre à comprendre la culture locale.	☐	☐
4.	À l'étranger, il faut être discret; il ne faut pas poser de questions.	☐	☐
5.	Pour pratiquer l'anglais après le séjour, on peut lire des livres et regarder des films en anglais.	☐	☐
6.	Il est plus facile de garder le contact grâce à Internet après la fin du séjour.	☐	☐

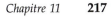

B. Pour aller plus loin. Regardez encore une fois la dernière phrase de la lecture, où on donne des conseils en utilisant: **La meilleure manière (la meilleure façon) de** + infinitif, **c'est de** + infinitif. Maintenant, imitez ce style pour donner deux conseils aux étudiants français qui font un séjour à votre fac.

1. pour se faire des amis: _____

_____.

2. pour gérer le stress: _____

_____.

Chez les Français / Chez les francophones / Rétrospective

Utilisez les renseignements fournis dans **Chez les Français, Chez les francophones** et **Rétrospective** du manuel pour déterminer si les affirmations suivantes sont vraies ou fausses. Si une affirmation est fausse, corrigez-la en changeant les mots soulignés pour la rendre vraie.

		VRAI	FAUX
1.	Les élèves français ont le choix entre deux types de lycées: <u>général ou professionnel</u>.	☐	☐
2.	Il faut <u>réussir le bac</u> pour aller à l'université.	☐	☐
3.	Au niveau universitaire, on peut choisir <u>un programme d'études diversifié</u>.	☐	☐
4.	<u>Il n'est pas difficile</u> d'intégrer une «grande école».	☐	☐
5.	Le PACS est un contrat qui donne aux couples du même sexe <u>beaucoup des mêmes avantages</u> que le mariage traditionnel.	☐	☐
6.	Le mariage homosexuel est <u>illégal</u> au Canada, en Belgique et aux Pays Bas, mais <u>légal</u> en France.	☐	☐
7.	<u>Le Quartier latin et la Sorbonne</u> se trouvent dans les 5e et 6e arrondissements de Paris.	☐	☐

✎ Écrivons!

> ### Stratégie d'écriture   Knowing your audience
>
> When writing, bear in mind who your reader(s) will be. For example, when composing a letter to a potential employer, you will be writing in a more formal style than you would if you were addressing a friend. French has a set of formulaic expressions used to open and close business correspondence that you will need to incorporate into your letter. As you write, also try to anticipate the questions your reader might have. Finally, be sure to use expressions and phrasing that are appropriate for your purpose.

Genre: Lettre de motivation (*Job application letter* [formal])

Thème: Écrivez une lettre de motivation pour répondre à l'offre d'emploi ci-dessous. Décrivez vos études (y compris le diplôme universitaire anticipé, l'année où vous allez le recevoir, et votre spécialisation) et les qualités et/ou qualifications requises que vous possédez. **Attention!** Utilisez les formules de politesse **en caractères gras** dans l'exemple (page 220).

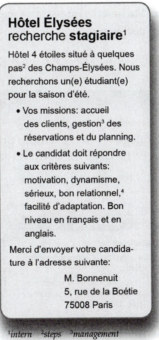

**Hôtel Élysées
recherche stagiaire**[1]

Hôtel 4 étoiles situé à quelques pas[2] des Champs-Élysées. Nous recherchons un(e) étudiant(e) pour la saison d'été.

- Vos missions: accueil des clients, gestion[3] des réservations et du planning.
- Le candidat doit répondre aux critères suivants: motivation, dynamisme, sérieux, bon relationnel,[4] facilité d'adaptation. Bon niveau en français et en anglais.

Merci d'envoyer votre candidature à l'adresse suivante:

M. Bonnenuit
5, rue de la Boétie
75008 Paris

[1]*intern*   [2]*steps*   [3]*management*
[4]bon... *good people skills*

Voici un exemple d'une lettre de motivation:

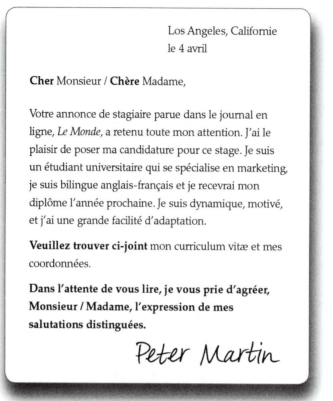

Los Angeles, Californie
le 4 avril

Cher Monsieur / **Chère** Madame,

Votre annonce de stagiaire parue dans le journal en ligne, *Le Monde*, a retenu toute mon attention. J'ai le plaisir de poser ma candidature pour ce stage. Je suis un étudiant universitaire qui se spécialise en marketing, je suis bilingue anglais-français et je recevrai mon diplôme l'année prochaine. Je suis dynamique, motivé, et j'ai une grande facilité d'adaptation.

Veuillez trouver ci-joint mon curriculum vitæ et mes coordonnées.

Dans l'attente de vous lire, je vous prie d'agréer, Monsieur / Madame, l'expression de mes salutations distinguées.

Peter Martin

Maintenant, en tenant compte de la stratégie et de l'exemple précédent, écrivez votre lettre sur une autre feuille de papier. Quand vous avez fini, relisez votre travail en tenant compte des conseils donnés dans la section **Vérifions**.

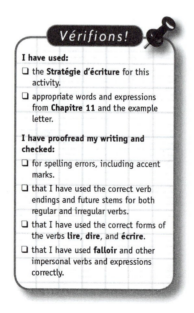

Vérifions!

I have used:

❑ the **Stratégie d'écriture** for this activity.

❑ appropriate words and expressions from **Chapitre 11** and the example letter.

I have proofread my writing and checked:

❑ for spelling errors, including accent marks.

❑ that I have used the correct verb endings and future stems for both regular and irregular verbs.

❑ that I have used the correct forms of the verbs **lire**, **dire**, and **écrire**.

❑ that I have used **falloir** and other impersonal verbs and expressions correctly.

C HAPITRE 12

Ville et village

Communication en direct

A. Où se trouve... ? Écoutez chaque question et indiquez la réponse logique. Vous allez entendre chaque question deux fois. À la fin de l'activité, écoutez pour vérifier vos réponses.

1. a. Désolé, je suis ici en vacances.
   b. Il y a un bon restaurant en face de la bibliothèque.
2. a. Il y a une banque à cinq minutes à pied.
   b. La poste, c'est tout au fond de cette rue, sur votre gauche.
3. a. C'est dans le bâtiment à gauche.
   b. Oui, il y a le parc Montsouris à 100 mètres d'ici.
4. a. Oui, il y a un bureau de poste dans le bâtiment à gauche.
   b. Oui, vous descendez le boulevard Saint-Michel jusqu'à la place de la Sorbonne.
5. a. Non, je ne suis pas d'ici.
   b. Tournez à gauche, puis continuez tout droit.
6. a. Oui, il y a une station de métro tout droit, à cinq minutes.
   b. Oui, je connais bien ce quartier.

B. Au centre de Paris. Regardez le plan du 8ᵉ arrondissement de Paris, et suivez les indications données en réponse à chaque question. Puis complétez la question en écrivant le monument ou l'endroit qu'on cherche.

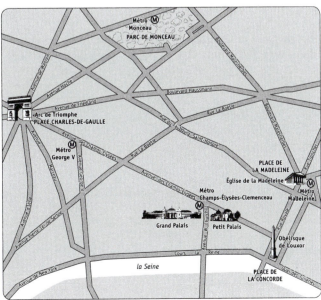

l'arc de Triomphe	le parc de Monceau
l'église de la Madeleine	le Petit Palais
l'obélisque (de Louxor)	la station de métro George V

1. Où se trouve _____?

   —Vous montez l'avenue des Champs-Élysées, jusqu'à la place Charles-de-Gaulle.

2. Pourriez-vous me dire où est _____?

   —Oui, bien sûr. Vous descendez les Champs-Élysées, et c'est au milieu de la place de la Concorde.

3. Pourriez-vous m'indiquer où se trouve _____?

   —Voyons… vous prenez l'avenue Hoche et c'est tout au fond.

4. Où se trouve _____?

   —C'est entre l'avenue des Champs-Élysées et la Seine, en face du Grand Palais. Ce n'est pas loin de la station de métro Champs-Élysées-Clémenceau.

5. Pourriez-vous me dire où se trouve _____?

   —Oui, c'est sur l'avenue des Champs-Élysées, à 10 minutes à pied.

6. Pourriez-vous me dire où se trouve _____?

   —Voyons… je ne connais pas très bien le quartier, mais je crois que vous allez tout droit dans la rue Royale. Ou bien prenez le métro! Il y a une station de métro du même nom.

Vocabulaire interactif

La vie urbaine   Talking about city living

 A. Test de géographie. Écoutez ces phrases et décidez si elles sont vraies ou fausses. Vous allez entendre chaque phrase deux fois. À la fin de l'activité, écoutez pour vérifier vos réponses.

	VRAI	FAUX
1.	☐	☐
2.	☐	☐
3.	☐	☐
4.	☐	☐
5.	☐	☐
6.	☐	☐

B. Villes uniques. Complétez chaque phrase par le mot de vocabulaire approprié.

bâtiments	cathédrale	gratte-ciel	tour
canal	circulation	port	

1. RICHARD: Pour moi, vivre près de l'eau est très agréable. J'habite à Marseille, près du

   _____.

2. MICHEL: J'habite à New York depuis quelques années. J'adore les _____

   dans cette ville!

3. ELENA: Je suis italienne, et j'habite à Venise, près d'un _____.

4. ROBERT: Pour moi, l'architecture à Chicago est formidable! Il y a des

   _____ de Frank Lloyd Wright et de Louis Sullivan.

5. MARIANNE: Comme je suis parisienne, j'adore le symbole de Paris par excellence: la

   _____ Eiffel, bien sûr!

6. ROMAIN: J'habite Los Angeles depuis quelques mois. Malheureusement, un grand problème ici,

   c'est la _____.

7. GABRIELLE: Maintenant, j'habite à Paris. Mon monument favori? C'est la

   _____ de Notre-Dame.

C. Problèmes de la vie urbaine. Annabelle parle de sa ville, Besançon, dans l'est de la France. Écoutez le passage et indiquez dans la liste suivante ce qui est un problème et ce qui n'est pas un problème à Besançon. Vous allez entendre le passage deux fois. À la fin de l'activité, écoutez pour vérifier vos réponses.

		C'est un problème.	Ce n'est pas un problème.
1.	le coût de la vie	☐	☐
2.	le crime	☐	☐
3.	le trafic de drogue	☐	☐
4.	le bruit	☐	☐
5.	les gangs	☐	☐
6.	le surpeuplement	☐	☐
7.	les embouteillages	☐	☐
8.	la pollution	☐	☐

D. **Qu'est-ce que c'est?** Complétez chaque phrase avec les mots appropriés de la liste.

une côte	une gare	un pont
un centre commercial	les heures de pointe	un rond-point
les embouteillages	un hôtel de ville	les ruelles
un fleuve	une piste cyclable	

1. Ce sont des éléments géographiques: une rive, un océan, _____ et

    _____ .

2. On trouve ces bâtiments dans une ville: une cathédrale, une mosquée, _____

    _____ , _____ et

    _____ .

3. On peut conduire (*drive*) sur une avenue, sur un boulevard, autour d'un

    _____ et traverser _____ .

4. On associe ces problèmes aux voitures: la pollution, _____ et

    _____ .

5. On *ne* peut *pas* aller en voiture dans les espaces verts, sur _____ ou

    dans _____ d'un souk.

♦ **E. Les transports.** Jérémie parle des moyens de transport qui peuvent remplacer la voiture. Écoutez et complétez chaque phrase avec l'expression que vous entendez. Vous allez entendre chaque phrase deux fois.

1. Quand je sors tard le samedi soir, je prends _____ .

2. S'il fait beau, je vais faire mes courses _____ .

3. Mon copain préfère conduire _____ quand il fait beau.

4. En hiver, je prends souvent _____ pour aller à la fac.

5. Mes cousins habitent à la campagne, donc on fait souvent des promenades

    _____ .

6. Quand je suis à Paris, j'adore prendre _____ —c'est rapide et pas cher!

7. Pour les touristes à Paris, les visites _____ sont recommandées!

8. Mes parents vont _____ au marché le samedi matin.

F. La vie à Genève.

Première étape. Complétez les commentaires de Raphaëlle sur Genève, sa ville d'origine, avec le vocabulaire de la liste. **Attention!** Utilisez chaque mot une seule fois.

les auberges	des esplanades	la pollution
des bâtiments	une fontaine	le port
le bruit	des gratte-ciel	le tramway
la circulation	des pistes cyclables	

Le jet d'eau est l'emblème de la ville de Genève

Genève est une ville très internationale avec beaucoup des avantages d'une vie urbaine. Elle se trouve sur le lac Léman, donc _____ ¹ est moins important pour le commerce que pour l'appréciation des habitants. Il y a _____ ² à côté du lac où on aime se promener à pied, ou si on préfère, on peut aller à vélo sur _____ .³ On y voit le symbole de la ville: un jet d'eau dans le lac, semblable (*similar*) à _____ .⁴ En ville, il y a _____ ⁵ officiels où se trouvent les bureaux des Nations Unies, et même _____ ⁶ très modernes. Il y a d'excellents transports en commun (*public transportation*), ce qui aide à éviter (*avoid*) certains problèmes urbains typiques, comme _____ ,⁷ _____ ⁸ et _____ .⁹ Je préfère prendre _____ ,¹⁰ par exemple. Si vous décidez de venir à Genève, il y a beaucoup d'hôtels de luxe; _____ ¹¹ moins chères sont à la campagne!

Deuxième étape. Quels sont les aspects positifs de *votre* ville? Écrivez trois ou quatre phrases pour en parler.

_____

_____

_____

_____

Prononcez bien!

Le e instable [ə] dans les monosyllabes

je et *ne*

1. In **Chapitre 11** you learned about unstable **e**, such as in **av<u>e</u>nue**, which is typically dropped from the pronunciation of words in rapid, everyday speech. This unstable **e** is also found in nine monosyllabic words (words consisting of a single syllable), all of which you are already familiar with; they are: **ce, de, je, le, me, ne, que, se,** and **te.**

2. When placed before a word beginning with a vowel or an **h muet**, the unstable **e** in monosyllables is *always* dropped from the pronunciation of a word and its spelling (replaced by an apostrophe)—a process called **élision** that you've known about since **Chapitre 1.** When placed before a word beginning with a consonant, unstable **e** in monosyllables can also be dropped in rapid, everyday speech. Note, however, that this does not affect spelling.

Before a vowel (*élision*)	Before a consonant (rapid speech)
Elle est **d'**Orléans.	Elle est **de** Nantes.
Ils sont dans **l'**hôtel.	Ils sont dans **le** musée.
Il va **s'**amuser ce soir.	Il va **se** coucher tôt.
C'est une banque.	**Ce** sont des banques.

A. Essayons!

Première étape. Lisez les dialogues suivants et écrivez le mot monosyllabique qui contient un *e* instable dans chaque phrase des dialogues.

      EXEMPLE: Où se trouve la Tour Eiffel? _____*se*_____

1. —Il habite dans ce bâtiment? _____

    —Nous ne savons pas. _____

2. —Tu veux faire le tour du centre-ville? _____

    —Oui, je veux bien! _____

3. —Tu te détends à la plage? _____

    —Oui, ça me plaît beaucoup. _____

4. —Il y a assez de taxis? _____

    —Non, mais Marc croit que tu peux y aller en métro. _____

Attention! Avant de continuer, vérifiez vos réponses dans la clé de corrections sur le site Web d'*En avant!*

Deuxième étape. Vous allez entendre les dialogues de la **Première étape** deux fois. La première fois on parle lentement, en prononçant le *e* instable des mots monosyllabiques. La deuxième fois, on parle plus vite, sans prononcer le *e* instable. Répétez seulement la deuxième version de chaque dialogue.

Pour bien prononcer

In some phrases, two (or more) monosyllables containing an *e instable* are found in a row, such as when the pronoun **je** is followed by the **ne** of negation, by **me** when using a pronominal verb, or by an object pronoun such as **le**. In these particular cases, the first *e instable* is pronounced and the second is dropped in rapid speech.

   Je ne̸ sais pas!
   Je me̸ suis levé(e) à 8 h.
   Je le̸ vois cet après-midi.

One important exception is **je** + **te,** which shows the reverse pattern.

   Je̸ **te** vois partout!

♦ **B. Un pas en avant.** Écoutez les dialogues suivants et complétez-les en employant les mots monosyllabiques que vous entendez. Vous allez entendre chaque dialogue deux fois. Attention aux cas d'**élision** (**n', l',** etc.). Suivez l'exemple.

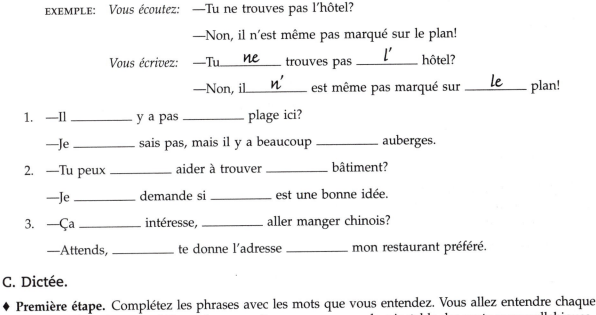

   EXEMPLE: *Vous écoutez:* —Tu ne trouves pas l'hôtel?

   —Non, il n'est même pas marqué sur le plan!

   Vous écrivez: —Tu____*ne*____ trouves pas ____*l'*____ hôtel?

   —Non, il____*n'*____ est même pas marqué sur ____*le*____ plan!

1. —Il _____ y a pas _____ plage ici?

   —Je _____ sais pas, mais il y a beaucoup _____ auberges.

2. —Tu peux _____ aider à trouver _____ bâtiment?

   —Je _____ demande si _____ est une bonne idée.

3. —Ça _____ intéresse, _____ aller manger chinois?

   —Attends, _____ te donne l'adresse _____ mon restaurant préféré.

C. Dictée.

♦ **Première étape.** Complétez les phrases avec les mots que vous entendez. Vous allez entendre chaque phrase deux fois. **Attention!** On parle assez vite, sans prononcer le *e* instable des mots monosyllabiques.

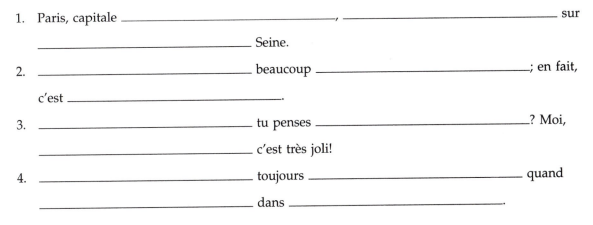

1. Paris, capitale _____, _____ sur

   _____ Seine.

2. _____ beaucoup _____; en fait,

   c'est _____.

3. _____ tu penses _____? Moi,

   _____ c'est très joli!

4. _____ toujours _____ quand

   _____ dans _____.

Attention! Avant de continuer, vérifiez vos réponses dans la clé de corrections sur le site Web d'*En avant!*

Deuxième étape. Écoutez encore une fois les phrases de la **Première étape,** et répétez-les rapidement, sans prononcer le *e* instable des mots monosyllabiques.

Grammaire interactive

12.1 Tu connais bien le quartier? The verbs **connaître** and **reconnaître**

A. Mes connaissances. Complétez les phrases suivantes avec la forme correcte du présent du verbe **connaître.**

1. Je _____ deux étudiantes d'échange qui habitent dans mon quartier.

2. Ma colocataire _____ bien le centre-ville de Bordeaux parce que son studio donne sur la place de la Victoire.

3. Nous _____ un bon restaurant dans une des ruelles, près du port, à Marseille.

4. Mes amis _____ la plupart de leurs voisins dans leur immeuble.

5. Tu _____ ma copine Sandrine? Aux heures de pointe, elle n'utilise jamais sa voiture!

6. Est-ce que vous _____ bien la «Ville Lumière» (c'est-à-dire, Paris)?

B. Les temps verbaux. Écoutez chaque phrase et indiquez si le verbe **connaître** ou **reconnaître** est au passé composé, à l'imparfait, ou au futur simple. Vous allez entendre chaque phrase deux fois. À la fin de l'activité, écoutez pour vérifier vos réponses.

	au passé composé	à l'imparfait	au futur simple
1.	☐	☐	☐
2.	☐	☐	☐
3.	☐	☐	☐
4.	☐	☐	☐
5.	☐	☐	☐
6.	☐	☐	☐
7.	☐	☐	☐

C. Villes francophones.

Première étape. Faites correspondre ces photos de villes francophones aux phrases que vous entendez en écrivant le numéro de la phrase sous la photo. Vous allez entendre chaque phrase deux fois. À la fin de l'activité, écoutez pour vérifiez vos réponses.

a. _____

b. _____

c. _____

d. _____

e. _____

f. _____

Deuxième étape. Choisissez pour les photos de la **Première étape,** le nom du monument / de l'endroit (colonne A), puis écrivez le nom de la ville francophone où il se trouve (colonne B). Suivez l'exemple.

A	B
l'hôtel de ville	Québec
la Grand-Place	Bruxelles
la médina	Papeete
✓ l'arc de Triomphe	✓ Paris
le château Frontenac	Port-au-Prince
le palais présidentiel	Tunis

EXEMPLE: Moi aussi, je reconnais _____l'arc de Triomphe_____ sur la photo **a.** Elle se trouve à _____Paris_____.

Moi aussi, je reconnais...

1. _____ sur la photo **b.** Elle se trouve à _____.

2. _____ sur la photo **c.** Il se trouve à _____.

3. _____ sur la photo **d.** Elle se trouve à _____.

4. _____ sur la photo **e.** Il se trouve à _____.

5. _____ sur la photo **f.** Il se trouve à _____.

D. Savoir et connaître.

Première étape. Décrivez votre vie dans la ville où vous habitez en commençant chaque phrase par **Je sais...** ou **Je connais...** selon le cas. (Vous pouvez également utiliser la forme négative **Je ne sais pas...** ou **Je ne connais pas...**).

1. _____ personnellement le maire (*mayor*) de ma ville.

2. _____ la plupart des (*most of*) quartiers de ma ville.

3. _____ pendant combien de temps j'habiterai ici.

4. _____ les meilleurs restaurants de la ville.

5. _____ où se trouve le centre commercial dans ma ville.

Deuxième étape. Choisissez une des phrases de la **Première étape.** Élaborez votre réponse en ajoutant des détails (par exemple, en expliquant pourquoi ou pourquoi pas).

_____

_____

_____

12.2 C'est lui que je connais le mieux!

The comparative and superlative of adverbs

A. Comparaisons. Écoutez les comparaisons suivantes et écrivez le mot comparatif (**plus, aussi** ou **moins**) à côté de l'adverbe que vous entendez. Vous allez entendre chaque phrase deux fois. À la fin de l'activité, écoutez pour vérifier vos réponses.

1. _____ rapidement
2. _____ facilement
3. _____ bien
4. _____ attentivement
5. _____ couramment
6. _____ souvent

B. Plus ou moins?

Première étape. Faites correspondre chaque adverbe de la colonne A à son opposé (son antonyme) de la colonne B.

A		B	
1.	agressivement	a. _____	distraitement
2.	attentivement	b. _____	impoliment
3.	bien	c. _____	lentement
4.	poliment	d. _____	mal
5.	souvent	e. _____	rarement
6.	vite	f. _____	timidement

Deuxième étape. Utilisez le comparatif (**plus/aussi/moins... que**) avec un des adverbes de la **Première étape** pour compléter les phrases suivantes.

1. Je conduis (*drive*) _____ que les chauffeurs de taxi.

2. On surveille ses affaires (*look after one's things*) _____ en ville

   qu'à la campagne.

3. Les touristes à Paris connaissent certains arrondissements _____

   que d'autres.

4. On demande _____ des directions à un passant (*passerby*) qu'à

   son ami.

5. On va _____ à la plage en hiver qu'en été.

6. On se déplace _____ en métro qu'en bus.

C. Le bien et le mal.

Première étape. Complétez le tableau suivant en écrivant les autres formes comparatives des adverbes **bien** et **mal**.

bien	mal
+ _____	+ _____ (ou **plus mal**)
= _____*aussi bien*_____	= _____*aussi mal*_____
− _____	− _____

Attention! Avant de continuer, vérifiez vos réponses dans la clé de corrections sur le site Web d'*En avant!*

Deuxième étape. Regardez ci-dessous les illustrations qui montrent Jeanne et son mari Marc. Complétez la phrase sous chaque illustration en utilisant le verbe approprié + une des expressions comparatives du tableau.

EXEMPLE:

Jeanne et Marc ne cuisinent pas très bien, mais Marc cuisine

_____*(un peu) mieux que*_____ Jeanne.

1. Jeanne et Marc s'entendent assez bien avec leurs voisins les Martinet, mais Marc s'entend

_____ avec eux _____ Jeanne.

2. Marc et Jeanne parlent un peu l'arabe, mais Jeanne le parle _____

Marc.

3. Marc et Jeanne connaissent assez bien la banlieue parisienne, mais Jeanne la connaît

_____ Marc.

4. Jeanne et Marc ne dansent pas bien, mais Jeanne danse _____

Marc.

D. Dans sa ville universitaire. Décrivez votre vie dans la ville où vous faites vos études. Répondez à chaque question en faisant une comparaison entre vous et votre bande d'amis. Utilisez le comparatif ou le superlatif de l'adverbe entre parenthèses.

EXEMPLE: Quand est-ce que vous vous levez le matin?

(tôt) *Je me lève plus tôt qu'eux.* (ou)

Je me lève le plus tôt, à 6 h 30!

1. Quand est-ce que vous quittez le campus l'après-midi/le soir?

    (tard) _____

2. De quelle façon est-ce que vous vous habillez pour aller en cours?

    (bien) _____

3. Comment est-ce que vous gérez le stress pendant les périodes d'examens?

    (mal) _____

4. Avec quelle fréquence est-ce que vous sortez le week-end?

    (souvent) _____

5. Avec quelle fréquence est-ce que vous faites du shopping au centre commercial?

    (rarement) _____

12.3 On y va?   Synthesis of object pronouns

A. On y va! Pour chaque phrase, cochez (✓) le pronom qui remplace les mots soulignés.

		y	en	le/la/les	lui/leur
1.	J'ai besoin d'un taxi.	☐	☐	☐	☐
2.	Dans la cathédrale, il y a des pancartes (*signs*) qui invitent les gens à prier (*to pray*).	☐	☐	☐	☐
3.	Plusieurs bateaux arrivent au port.	☐	☐	☐	☐
4.	Les marchands vendent leurs produits aux touristes.	☐	☐	☐	☐
5.	Nous rencontrons nos amis dans un resto.	☐	☐	☐	☐
6.	Tu peux voir la cathédrale de chez toi.	☐	☐	☐	☐
7.	Elle achète des légumes au marché en plein air.	☐	☐	☐	☐
8.	Les touristes parlent au guide.	☐	☐	☐	☐

B. Un tour de la ville. Écrivez le numéro de la phrase que vous entendez à côté de la phrase correspondante. Vous allez entendre chaque phrase deux fois. À la fin de l'activité, écoutez pour vérifier vos réponses.

a. _____ On va les visiter.

b. _____ On y commence.

c. _____ Il faut en goûter.

d. _____ N'oubliez pas d'en prendre beaucoup!

e. _____ On peut leur envoyer les cartes.

f. _____ On peut en acheter.

g. _____ On y prend le métro pour aller déjeuner.

C. À Port-au-Prince. Lisez le texte suivant au sujet de la ville de Port-au-Prince. Ensuite, complétez les phrases qui suivent le texte en utilisant le pronom d'objet approprié.

> **Port-au-Prince**—ou **Pòtoprens** en créole haïtien—est non seulement la capitale d'Haïti mais aussi sa ville la plus peuplée. D'abord une base d'opérations des *flibustiers* (de vrais «pirates des Caraïbes»), la ville est devenue la capitale d'une colonie française en 1749, habitée principalement par des planteurs de canne à sucre. (Aujourd'hui encore, Port-au-Prince exporte toujours du sucre et du café.) D'après la légende, quand le capitaine de Saint-André est arrivé dans la baie sur le vaisseau (*boat*) *Le Prince,* pour protéger la colonie contre les Anglais, il a nommé la ville «Le Port du Prince». Aujourd'hui la capitale d'un pays indépendant, Port-au-Prince compte plus de 2.300.000 habitants. Les quartiers commerciaux de la ville se trouvent sur la côte tandis que[1] les quartiers résidentiels sont situés sur les nombreuses collines[2] qui entourent[3] la ville. Pour se déplacer en ville, on utilise le «tap-tap», ou taxi collectif.

[1]*whereas* [2]*hills* [3]*surround*

1. **Port-au-Prince:** On _____ appelle *Pòtoprens* en Créole haïtien.

2. **À Port-au-Prince:** Plus de 2.300.000 Haïtiens _____ habitent.

3. **Les pirates:** On _____ donne le nom de *flibustiers* (ou «free booters»).

4. **Au capitaine de Saint-André:** On _____ doit le nom de la ville, selon la légende.

5. **Du sucre et du café:** Port-au-Prince _____ exporte toujours beaucoup.

6. **Les quartiers résidentiels:** On _____ trouve sur les collines qui entourent la ville.

7. **Le tap-tap:** On peut _____ prendre pour se déplacer en ville.

D. Au contraire! Récrivez les phrases suivantes en changeant les rôles des personnes indiquées en caractères gras. **Attention!** Il faut utiliser les pronoms sujet (**je, tu,** etc.) et les pronoms d'objet (**me, te,** etc.) appropriés. Suivez l'exemple.

EXEMPLE: **Jacqueline** prête son plan de ville **à Thomas.**

Au contraire! *Il lui prête son plan de ville.*

1. **Martine et Théo** posent beaucoup de questions **aux touristes.**

   Au contraire! _____

2. **Nous t'**enverrons notre adresse tout de suite.

   Au contraire! _____

3. **Tu** expliques l'intrigue du film **aux enfants?**

   Au contraire! _____

4. **Maxime** cède (*gives up*) sa place dans le train **à la vieille dame?**

   Au contraire! _____

5. **Vous** parlez trop **au guide du musée!**

   Au contraire! _____

6. **Je** peux prêter mon studio **à ton frère** pendant les vacances!

   Au contraire! _____

E. Je compte y aller un jour. Vous savez déjà beaucoup au sujet des villes francophones dans le monde. Imaginez qu'à l'avenir vous irez visiter toutes ces villes. Indiquez ce que vous ferez en utilisant un pronom d'objet dans chaque phrase.

EXEMPLE: la tour Eiffel: _____ *Je la monterai à pied.* _____

1.   les plages de Tahiti: _____

2.   le métro parisien: _____

3.   les Montréalais: _____

4.   la médina tunisienne: _____

5.   l'île de Gorée au Sénégal: _____

6.   de la bière belge à Bruxelles: _____

7.   des chocolats suisses à Genève: _____

12.4 Vous l'avez déjà vu(e)?   Use of object pronouns in the **passé composé**

Le village d'Y: la commune de France au nom le plus court

A. Au village d'Y. Dans les phrases suivantes, on parle du village d'Y en Picardie dans le nord de la France (la commune de France au nom le plus court!). Mettez le pronom **y** à sa position correcte dans chaque phrase, selon le temps du verbe.

1.   Benoît _____ habite _____ depuis 10 ans.

2.   Les Bouchard _____ comptent _____ aller _____ le mois prochain.

3. Mlle Lapointe _____ va _____ habiter _____ pendant un an.

4. Nous _____ passerons _____ le week-end.

5. Son père _____ travaillait _____ beaucoup.

6. Natalie _____ a _____ fait _____ ses études secondaires.

7. Moi, je ne/n'_____ suis _____ jamais _____ allé(e)!

B. Une question de prononciation. Écoutez les phrases suivantes, puis indiquez la phrase que vous venez d'entendre. Si c'est impossible à déterminer, indiquez-le. Vous allez entendre chaque phrase deux fois. Suivez l'exemple. À la fin de l'activité, écoutez pour vérifier vos réponses.

> EXEMPLE: *Vous entendez:* Je l'ai vu.
>
> *Vous voyez:* a. ☐ Je l'ai vu. b. ☐ Je l'ai vue. c. ☐ Impossible à déterminer.
>
> *Vous choisissez:* c. ☑ Impossible à déterminer.

1. a. ☐ Tu l'as déjà monté?   b. ☐ Tu l'as déjà montée?   c. ☐ Impossible à déterminer.
2. a. ☐ Nous l'avons offert à   b. ☐ Nous l'avons offerte à   c. ☐ Impossible à déterminer.
   Jean.   Jean.
3. a. ☐ On l'a appris.   b. ☐ On l'a apprise.   c. ☐ Impossible à déterminer.
4. a. ☐ Ils les ont pris.   b. ☐ Ils les ont prises.   c. ☐ Impossible à déterminer.
5. a. ☐ Elle l'a faite.   b. ☐ Elle les a faites.   c. ☐ Impossible à déterminer.
6. a. ☐ Elles l'ont vendu.   b. ☐ Elles les ont vendus.   c. ☐ Impossible à déterminer.
7. a. ☐ Je les ai mis dans le   b. ☐ Je les ai mises dans le   c. ☐ Impossible à déterminer.
   sac.   sac.
8. a. ☐ Vous les avez suivis?   b. ☐ Vous les avez suivies?   c. ☐ Impossible à déterminer.

C. L'accord. Faites l'accord du participe passé pour chaque phrase où c'est nécessaire. L'objet auquel chaque pronom fait référence est indiqué entre parenthèses. **Attention!** Si l'accord n'est pas nécessaire, marquez un tiret (–).

1. Je vous ai vu_____ avant de partir. (Élise et Marc)

2. Nous en avons pris_____ un à l'aéroport. (un taxi)

3. Elle leur a dit_____ «au revoir». (aux touristes)

4. Vous nous avez rencontré_____ devant l'hôtel. (Carrie et Mélanie)

5. On les a mis_____ sur la table. (les brochures [*f.*])

6. Ils l'ont beaucoup aimé_____. (le musée Picasso)

7. Je lui ai déjà acheté_____ un billet. (Manuel)

8. Qui m'a appelé_____ hier soir? (Hélène)

D. Un monde spectaculaire. Est-ce que vous avez déjà vu ces trésors dans le monde? Utilisez le pronom d'objet approprié et faites l'accord si nécessaire. Suivez l'exemple.

> EXEMPLE: *les chutes du Niagara*
>
> *Oui, je les ai déjà vues.* (ou)
>
> *Non, je ne les ai pas encore vues.*

1. *La Joconde* («The Mona Lisa») au musée du Louvre.

   _____

2. *Un séquoia géant* en Californie.

   _____

3. *L'aurore boréale* au Canada / en Alaska.

   _____

4. *Des dauphins* dans la mer des Caraïbes.

   _____

5. *Le David* de Michel-Ange à Florence.

   _____

6. *Les dunes* du Sahara.

   _____

7. *Une étoile filante* (shooting star).

   _____

Culture interactive

Lisons!

Stratégies de lecture

In the previous three chapters, you learned to use your ever-increasing knowledge of French grammar to help you better understand texts in all their detail: the distinction between **passé composé** and **imparfait** forms for talking about the past, the use of **pronoms relatifs** for creating complex noun phrases, and the use of different grammatical structures such as imperatives and impersonal expressions such as **il faut** to express the same idea. Using such grammatical cues will help you become a more accurate reader of French.

Avant de lire

Commençons par le début! Voici quelques phrases tirées d'un article sur le métro parisien. Utilisez vos connaissances grammaticales pour lier (*join*) le début de chaque phrase dans la colonne A à sa fin dans la colonne B.

A	B
1. _____ Il est intéressant	a. a des œuvres d'art dans des vitrines.
2. _____ Le Louvre est aussi une station qui	b. explorer les stations culturelles.
3. _____ Une «rame» veut dire	c. l'on joue dans le métro.
4. _____ Il faut absolument	d. de connaître l'histoire du métro.
5. _____ Les Parisiens aiment la musique que	e. le train (composé de wagons [*cars*]) dans le métro.

Lecture

Le métro parisien

Le métro à Paris est aujourd'hui autant un trésor du patrimoine[1] national français qu'un incroyable réseau[2] de lignes qui dessert[3] tous les coins de Paris. Le métro a été créé en 1900 et de nouvelles stations ont été ouvertes au cours du vingtième siècle, toutes différentes, toutes avec leur architecture, leur décoration, leurs innovations technologiques, et parfois, leur musique.

Dès l'origine, les murs des stations ont été utilisés comme support publicitaire. Certaines stations ont été aménagées[4] et décorées. La station Louvre-Rivoli est l'une des plus jolies avec ses copies d'œuvres d'art du musée du Louvre, exposées sur ses quais.[5] À la station Bastille, il y a des fresques révolutionnaires sur les murs. La station Tuileries est décorée de collages qui résument l'histoire du 20e siècle. Celle du Pont Neuf présente des reproductions de différentes pièces de monnaie et celle de Cluny-La Sorbonne a un plafond décoré de mosaïques. La station Arts et Métiers est recouverte de plaques de cuivre,[6] et les murs de la station Cadet représentent même le drapeau américain!

Les musiciens du métro parisien sont une tradition très ancienne. Mais, pour le plaisir des voyageurs, depuis 1997, les musiciens désireux de se faire connaître et de «gagner leur pain», doivent passer une audition auprès d'un jury de la RATP (la société qui gère[7] le métro), pour recevoir une carte de musicien EMA (Espace Métro Accords) et ont interdiction[8] de jouer sur les quais et dans les rames. Grâce à cette initiative, les souterrains du métro sont devenus plus vivants, plus accueillants.[9] Les gens ont commencé à s'arrêter pendant quelques minutes pour écouter la musique, laisser une petite pièce, avant de continuer leur chemin. On dit que les musiciens de métro sont devenus les troubadours des sociétés urbaines contemporaines.

[1]heritage [2]system, network [3]serves [4]fixed up, remodeled [5]platforms [6]plaques... copper sheets [7]run [8]ont... are forbidden [9]welcoming

Après la lecture

A. Avez-vous compris? Décidez si les phrases suivantes sont vraies ou fausses. Si une phrase est fausse, corrigez-la pour la rendre vraie.

	VRAI	FAUX
1. Le métro à Paris <u>ne dessert qu'une partie de la ville.</u>	☐	☐
2. Les premières lignes datent du début du 18e siècle.	☐	☐
3. Les stations de métro sont décorées de manières différentes.	☐	☐
4. L'EMA est la société qui gère le métro.	☐	☐
5. N'importe qui peut jouer de la musique dans les couloirs du métro.	☐	☐
6. Dans certaines stations, on a installé des expositions d'objets d'art.	☐	☐

B. Pour aller plus loin. Et vous? Qu'est-ce qui vous intéresse le plus dans le métro? Complétez la phrase suivante et expliquez vos raisons.

Pour moi, les deux informations les plus intéressantes sont…

_____

_____

Chez les Français / Chez les francophones / Rétrospective

Utilisez les renseignements fournis dans **Chez les Français, Chez les francophones** et **Rétrospective** du manuel pour déterminer si les affirmations suivantes sont vraies ou fausses. Si une affirmation est fausse, corrigez-la en changeant les mots soulignés pour la rendre vraie.

		VRAI	FAUX
1.	On peut prendre le métro <u>dans le grand centre commercial</u> du Forum des Halles à Paris.	☐	☐
2.	Le quartier de la Défense est un quartier d'affaires <u>au centre de</u> Paris.	☐	☐
3.	Napoléon a été un des étudiants les plus célèbres de <u>l'École militaire</u>.	☐	☐
4.	Le Baron Haussmann est l'architecte du Paris <u>moderne</u>.	☐	☐
5.	Dans la ville de Paris, il y a <u>18</u> arrondissements.	☐	☐
6.	Genève est situé <u>sur un fleuve</u> et Québec est situé <u>au bord d'un lac</u>.	☐	☐
7.	À Haïti, on parle <u>seulement le français</u>.	☐	☐

✎ Écrivons!

Stratégies d'écriture

As you do the activity on page 241, you'll have the opportunity to reuse some of the writing strategies you learned in **Chapitres 1–8**, as well as those you encountered in **Chapitres 9, 10,** and **11**: using connecting words to create longer sentences, refining your questions to focus on particular pieces of information, and knowing your audience.

Genre: Un dialogue

Thème: Vous rencontrez des touristes francophones qui visitent votre région pour la première fois. Quelles questions est-ce qu'ils vont vous poser? Qu'est-ce que vous allez leur conseiller de faire pendant leur visite? Sur une feuille de papier, écrivez une petite conversation sympa entre vous et les touristes en utilisant le **Vocabulaire utile** ci-dessous, les mots et expressions du chapitre et votre imagination.

VOCABULAIRE UTILE

Bienvenue à...	Welcome to . . . [*your town*]
Vous êtes d'où?	What country are you visiting from?
Je vous conseille le/la/les...	I recommend the . . . [*location or event*]
Ça vaut le détour!	It's definitely worth seeing!
Je vous souhaite un excellent séjour.	Enjoy your visit.

Une fois que vous avez fini, relisez votre travail en tenant compte des conseils de la section **Vérifions.**

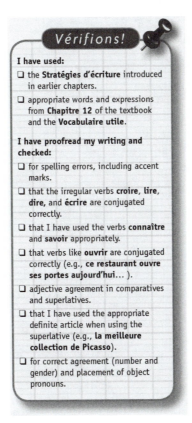

Vérifions!

I have used:
- ❏ the **Stratégies d'écriture** introduced in earlier chapters.
- ❏ appropriate words and expressions from **Chapitre 12** of the textbook and the **Vocabulaire utile**.

I have proofread my writing and checked:
- ❏ for spelling errors, including accent marks.
- ❏ that the irregular verbs **croire**, **lire**, **dire**, and **écrire** are conjugated correctly.
- ❏ that I have used the verbs **connaître** and **savoir** appropriately.
- ❏ that verbs like **ouvrir** are conjugated correctly (e.g., **ce restaurant ouvre ses portes aujourd'hui...**).
- ❏ adjective agreement in comparatives and superlatives.
- ❏ that I have used the appropriate definite article when using the superlative (e.g., **la meilleure collection de Picasso**).
- ❏ for correct agreement (number and gender) and placement of object pronouns.

CHAPITRE 13

Bonnes vacances!

Communication en direct

A. Les Français à l'étranger. Chaque personne répond à la question **«Si vous pouviez faire le voyage de vos rêves, où iriez-vous?»** en précisant un pays étranger. Trouvez dans la colonne B la raison pour laquelle chaque personne dans la colonne A aimerait y aller.

A

1. Sandrine: «J'irais en Tunisie.»

2. Clara: «J'irais en Angleterre.»

3. Nicolas: «J'irais en Italie.»

4. Éric: «J'irais en Espagne.»

5. Guillaume: «J'irais en Allemagne.»

6. Élisabeth: «J'irais en Belgique.»

B

a. _____ «J'aimerais passer une semaine à Barcelone, puis sur les plages d'Ibiza.»

b. _____ «J'aimerais bien découvrir la vie nocturne à Berlin.»

c. _____ «Ça me plairait beaucoup de rendre visite à mes cousins en Flandre.»

d. _____ «J'aimerais bien explorer les petites ruelles de la médina et les souks.»

e. _____ «J'aimerais traverser tous les ponts du Grand Canal à Venise!»

f. _____ «Ça me plairait d'assister à une pièce de Shakespeare au *Globe Theater*.»

B. Qu'est-ce que tu ferais? Écoutez les gens parler de leurs préférences. Cochez l'activité que chaque personne ferait en toute probabilité si elle n'était pas obligée de travailler. Vous allez entendre deux fois ce que dit chaque personne. À la fin de l'activité, écoutez pour vérifier vos réponses.

1. ☐ j'apprendrais à surfer ☐ j'écrirais un roman ☐ j'apprendrais le japonais
2. ☐ j'irais à plus de concerts ☐ j'irais en Afrique ☐ j'irais à plus de matchs de foot
3. ☐ j'écrirais de la musique ☐ je verrais plus souvent mes petits-enfants ☐ je serais plus calme
4. ☐ je verrais beaucoup de films ☐ je ferais du jardinage ☐ je voyagerais beaucoup
5. ☐ je jouerais de la guitare ☐ je jouerais aux cartes ☐ je suivrais des cours de danse

Vocabulaire interactif

En vacances! Talking about vacations and travel

A. Des excursions. Complétez la phrase sous chacune des illustrations. **Attention!** N'oubliez pas d'utiliser la forme correcte de l'article partitif (**du, de la** ou **de l'**) après le verbe **faire.**

EXEMPLE:

On aime beaucoup faire _____*du rafting*_____.

1. On va faire _____ à Nice.

2. On fait _____ en Corse.

3. On va faire _____ dans le Massif Central.

4. On peut faire _____ dans le Jura.

5. On veut faire _____ à Chamonix.

6. On aimerait faire _____ dans les Pyrénées.

7. On fait _____ dans le Gard.

B. La météo.

Première étape. Écoutez les prévisions météo pour un week-end en novembre et pour chaque ville française, marquez le numéro de la phrase qui correspond. Vous allez entendre chaque phrase deux fois. **Attention!** Pour deux villes sur la carte, vous n'entendrez pas de prévision météo. À la fin de l'activité, écoutez pour vérifier vos réponses.

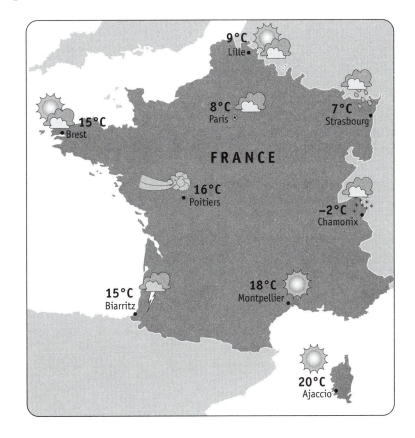

_____ Ajaccio   _____ Chamonix   _____ Paris

_____ Biarritz   _____ Lille   _____ Poitiers

_____ Brest   _____ Montpellier   _____ Strasbourg

Deuxième étape. Indiquez ce que les amis de Fabienne pourront faire (ou ne pourront pas faire) ce week-end selon les prévisions météo de la **Première étape.**

EXEMPLE: (18°C = 64°F) S'ils sont à Montpellier et qu'il y a du soleil, ils…

pourront faire une balade au bord de la mer (ou)

ne pourront pas faire de la luge, c'est sûr!

1.   (15°C = 59°F) S'ils sont à Biarritz et qu'il y a un orage, ils…

_____

2.   (8°C = 46°F) S'ils sont à Paris et que le ciel est couvert, ils…

_____

3. (−2°C = 28°F) S'ils sont à Chamonix et qu'il neige beaucoup, ils…

_____

4. (7°C = 45°F) S'ils sont à Strasbourg et qu'il pleut, ils…

_____

 C. Les petits détails. Vous allez entendre deux fois des bribes de conversation entre deux personnes qui planifient leurs prochaines vacances. Cochez (✓) l'option dans chaque paire qui complète le mieux leur conversation. À la fin de l'activité, écoutez pour vérifier vos réponses.

1. a. ☐ un hôtel de luxe au centre-ville   b. ☐ une auberge de jeunesse
2. a. ☐ une résidence près des pistes (*slopes*)   b. ☐ une petite auberge familiale
3. a. ☐ en avion?   b. ☐ en autocar?
4. a. ☐ en voiture (de location)   b. ☐ en train
5. a. ☐ par carte bancaire   b. ☐ en espèces
6. a. ☐ par carte de crédit   b. ☐ par chèque

D. Faire ses économies. Un jeune couple parle de leurs finances. Complétez les phrases en utilisant l'impératif (à la forme **nous**) du verbe logique de la liste. Suivez l'exemple.

acheter	payer	retirer
✓ dépenser	régler	verser
économiser		

EXEMPLE: On doit faire attention, tu sais. Alors, ne _____ *dépensons* _____ pas trop

cette année en vacances!

1. J'ai oublié mon chéquier (*checkbook*); _____ en espèces.

2. On dépense beaucoup trop! _____ de l'argent sur notre compte

d'épargne pour une fois!

3. N'_____ pas de billets d'avion. Une voiture de location coûte

moins cher.

4. Voilà un distributeur de billets. _____ de l'argent de notre compte

chèques.

5. Il faut quitter l'hôtel avant midi! _____ la facture tout de suite!

6. Au lieu d'acheter des meubles, _____ un peu d'argent pour notre

prochain voyage!

Prononcez bien!

Synthèse: La syllabation et l'enchaînement

avec_une_amie

1. In **Chapitre 1** you learned that syllables in French carry equal weight, aside from a slight **accent tonique** on the final syllable; in **Chapitre 2** you learned that syllables are either "open" (ending in a vowel sound) or "closed" (ending in a consonant sound). A syllable at the end of a word is closed if it ends in a pronounced final consonant or a consonant followed by **e,** since the **e** is silent.

Consonne finale prononcée	**Consonne + *e* muet**
che**f**	es | ca | la**de**
hô | te**l**	au | ber**ge**
ka | ya**k**	ski | nau | ti**que**
au | to | ca**r**	va | li**se**

2. Syllables not only link together to form words but can also link together *across* words in French—a general process known as **enchaînement**—whenever a pronounced consonant sound at the end of a word precedes a vowel sound at the start of a following word. For example:

avec‿un kayak	une plan**che**‿à voile	pour‿un voyage
un ciel‿orageux	une bala**de**‿en forêt	une auber**ge**‿espagnole

   Liaison, such as in **dans‿un hôtel,** can be considered a special case of **enchaînement**—one that involves a normally *silent* consonant at the end of a word becoming pronounced. You'll review cases of **liaison** in **Chapitre 14.**

A. Essayons!

Première étape. Indiquez si la phrase que vous entendez représente un cas d'enchaînement en cochant (✓) **oui** ou **non**. (La consonne en question est **en caractères gras** et soulignée pour vous.) Vous allez entendre chaque phrase deux fois. À la fin de l'activité, écoutez pour vérifier vos réponses.

> EXEMPLE: *Vous voyez et vous entendez:* Quelle vali**se** ancienne!
> *Vous marquez:* ☑ **oui** ☐ **non**

	oui	non
1. C'est l'auber**ge** en ville.	☐	☐
2. L'hôte**l** est complet.	☐	☐
3. Il nei**ge** beaucoup.	☐	☐
4. C'est l'hive**r** à Chamonix.	☐	☐
5. Elle por**te** ce maillot?	☐	☐
6. Vous sortez ave**c** moi?	☐	☐

Deuxième étape. Vous allez entendre encore une fois les cas d'enchaînement dans les phrases de la **Première étape.** Répétez ces phrases en faisant attention aux mots «enchaînés».

B. Un pas en avant.

♦ **Première étape.** Vous allez entendre deux fois une série de phrases. Entre quels mots dans chaque phrase entendez-vous l'enchaînement d'une consonne finale et d'une voyelle? Mettez un cochet (✓) entre les deux. **Attention!** Dans la phrase 6, il y a deux cas d'enchaînement.

> EXEMPLE: *Vous voyez et vous entendez:* Quel _____ bel _____ endroit!
>
> *Vous marquez:* Quel _____ bel _✓_ endroit!

1. Quelle _____ est _____ la _____ température?

2. Montez _____ dans _____ l'autocar _____ à _____ droite.

3. Ils _____ passent _____ une _____ semaine _____ au _____ Québec.

4. Elle _____ fait _____ du _____ surf _____ en _____ Californie.

5. On _____ peut _____ faire _____ de _____ la _____ luge _____ ici.

6. Cet _____ après-midi, _____ ils _____ vont _____ faire _____ une _____ randonnée.

Attention! Avant de continuer, vérifiez vos réponses à la **Première étape** dans la clé de corrections sur le site Web d'*En avant!*

Deuxième étape. Vous allez entendre encore une fois les phrases de la **Première étape**. Répétez-les en faisant attention aux mots enchaînés.

Pour bien prononcer

Enchaînement, along with the dropping of the unstable **e** within words (**Chapitre 11**) and in monosyllables (**Chapitre 12**), serve to "erase" word boundaries, giving the impression that all the words in a French phrase or sentence run together. This can make understanding the individual words of a phrase more difficult when listening than when reading, but you will soon get used to it with practice, such as that provided in Activity C.

C. Dictée. Vous allez entendre deux fois une série de phrases prononcées assez rapidement. La première fois, essayez de reconnaître les mots individuels de chaque phrase. La deuxième fois, récrivez la phrase en ajoutant les espaces et les apostrophes nécessaires. Suivez l'exemple.

> EXEMPLE: *Vous voyez et vous entendez:* Jailaissémonchienavecuneamie.
>
> *J'ai laissé mon chien avec une amie.*

1. Lecielestcouvertcematin.

   _____

2. Laplageestàdeuxkilomètresdici.

   _____

3. Cestdansleparcàcôtédelhôtel.

   _____

4. Jechercheunbelhôtelpourceweek-end?

   _____

5. Jeneveuxpasyallercetautomne.

_____

Attention! Avant de continuer, vérifiez vos réponses à la **Première étape** dans la clé de corrections sur le site Web d'*En avant!*

Deuxième étape. Écoutez encore une fois les phrases de la **Première étape**. Répétez-les rapidement, en faisant attention aux cas d'enchaînement et d'élision.

Grammaire interactive

13.1 Savez-vous conduire? Indicating movement with verbs such as **conduire**

A. Tout le monde conduit! Complétez le tableau avec les conjugaisons du verbe **conduire** au présent, à l'imparfait et au futur simple.

	présent	imparfait	futur simple
je		conduisais	
tu	conduis		
il/elle/on			conduira
nous		conduisions	
vous	conduisez		
ils/elles			conduiront

B. Une leçon de conduite effrayante (*scary*)**.** Vous allez entendre un moniteur d'auto-école (*driving instructor*) parler à son élève. Écrivez le numéro de la phrase que vous entendez sous le panneau correspondant. Vous allez entendre chaque phrase deux fois. À la fin de l'activité, écoutez pour vérifier vos réponses.

EXEMPLE: *Vous entendez:* 1. Mais qu'est-ce que vous attendez? Allez-y! Vous avez le feu vert!

Vous voyez:

Vous écrivez: a. __1__

b. _____   c. _____   d. _____

e. _____   f. _____

C. Déplacements. Considérez bien le sens des deux phrases avant de choisir le terme approprié pour les compléter.

1. **aller en voiture / conduire**

   a. Est-ce que vous savez _____?

   b. Si on va au cinéma ce soir, je préfère y _____. Il pleut!

2. **aller à pied / marcher**

   a. On peut _____ au marché Jean Talon. Ce n'est pas loin d'ici.

   b. Il est parfois dangereux de/d' _____ dans la rue, surtout la nuit!

3. **quitter / sortir**

   a. À quelle heure veux-tu _____ ce soir? Il y a de bons bars en ville.

   b. Comme d'habitude, elle va _____ la plage après un quart

   d'heure.

4. **rentrer / revenir**

   a. Je dois _____. J'ai laissé mon passeport dans ma chambre!

   b. Nous n'allons jamais _____ à cet hôtel. Quelle mauvaise

   expérience!

D. Fais gaffe! (*Watch out!*) Raphaël vient d'obtenir son permis de conduire. Mais cela ne veut pas dire qu'il conduit toujours prudemment! Complétez les phrases suivantes en utilisant le verbe entre parenthèses au présent. Ensuite, cochez les actions que l'on peut considérer «imprudentes».

C'est imprudent!

1. Il envoie quelquefois des textos pendant qu'il _____ (conduire). ☐

2. Quand il _____ (s'approcher) d'un rond-point, il cède le passage. ☐

3. S'il neige beaucoup, il _____ (quitter) l'autoroute pour éviter un accident. ☐

4. Il _____ (ne pas s'arrêter) toujours au feu rouge. ☐

5. Il fait très attention aux cyclistes et aux gens qui _____ (traverser) la rue. ☐

6. Il _____ (aller) quelquefois dans le mauvais sens dans une rue à sens unique. ☐

13.2 Où iriez-vous en vacances? The conditional mood

A. Un séjour à Tahiti. Vous allez entendre deux fois une série de phrases. Indiquez si on parle d'un projet d'avenir (**le futur simple**) ou d'une situation hypothétique (**le conditionnel**). Vous allez entendre chaque phrase deux fois. À la fin de l'activité, écoutez pour vérifier vos réponses.

	un projet d'avenir	une situation hypothétique
1.	☐	☐
2.	☐	☐
3.	☐	☐
4.	☐	☐
5.	☐	☐
6.	☐	☐
7.	☐	☐

B. Une question de politesse. Dans le bar-hôtel *Gustavia* à Chamonix, vous entendez parler la clientèle. Récrivez la partie **en caractères gras** des phrases suivantes au conditionnel, pour les rendre plus polies. Suivez le modèle.

EXEMPLE: «**Je préfère** faire du ski cet après-midi.»

Je préférerais

1. «**Pouvez-vous** m'aider?»

_____

2. «**Je prends** bien un verre de vin rouge. Merci.»

_____

3. «**Nous aimons mieux** une chambre au rez-de-chaussée.»

_____

4. «**Tu veux** m'accompagner?»

_____

5. «**Il doit** régler le compte.»

_____

6. «**Ils peuvent** monter nos valises.»

_____

C. Le loto. Il y a 15.000 euros à gagner à la loterie. Ce n'est pas le gros lot (_jackpot_), mais c'est quand même une belle somme! Choisissez trois personnes de la liste suivante et décrivez ce qu'elles feraient avec tout cet argent. **Attention!** Utilisez la forme appropriée du verbe **gagner** à l'imparfait, puis le conditionnel. Suivez l'exemple.

ma famille et moi	mon copain / ma copine	mon prof de français
mes grands-parents	mon meilleur ami / ma meilleure amie	mes amis et moi
✓ mon colocataire	mon père / ma mère	mes frères / mes sœurs et moi

EXEMPLE: Si _____*mon colocataire gagnait*_____ 15.000 euros à la loterie, il *continuerait à habiter avec moi, mais nous habiterions dans un plus bel appartement!*

1. Si _____ 15.000 euros à la loterie, _____
   _____

2. Si _____ 15.000 euros à la loterie, _____
   _____

3. Si _____ 15.000 euros à la loterie, _____
   _____

D. À sa place... (*If it were me, . . .*). Andrew, un étudiant anglais, passe ses vacances à Saint-Tropez. Qu'est-ce que vous feriez à sa place, si vous étiez dans les mêmes situations? Suivez l'exemple.

EXEMPLE: Il fait beau le matin, mais Andrew regarde la télé dans sa chambre jusqu'à midi.
À sa place, *je prendrais mon petit déjeuner dans un café au bord de la mer.*

1. Andrew laisse son passeport sur le lit de sa chambre d'hôtel.
   À sa place, _____

2. Il insiste à parler anglais au propriétaire de l'hôtel.
   À sa place, _____

3. À la plage, il loue une planche à voile, mais il ne sait pas nager.
   À sa place, _____

4. Pour le dîner, il prend un hamburger et des frites au MacDo.
   À sa place, _____

5. Après une soirée au bar, il décide de rentrer à l'hôtel à pied tout seul.
   À sa place, _____

13.3 Allons-y!   Object pronouns with the imperative

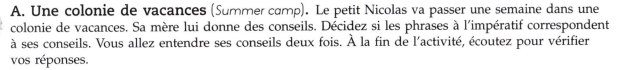

A. Une colonie de vacances (*Summer camp*). Le petit Nicolas va passer une semaine dans une colonie de vacances. Sa mère lui donne des conseils. Décidez si les phrases à l'impératif correspondent à ses conseils. Vous allez entendre ses conseils deux fois. À la fin de l'activité, écoutez pour vérifier vos réponses.

	oui	non
1. Dépense-le le premier jour!	☐	☐
2. Dis-leur toujours merci!	☐	☐
3. Prends-en le matin!	☐	☐
4. Vas-y en pyjama!	☐	☐
5. Prête-lui ton sweat (*Lend him your sweatshirt*)!	☐	☐
6. Téléphone-nous si tu veux!	☐	☐
7. Brosse-toi les dents!	☐	☐

B. Si! M. et Mme Lebec se disputent pendant leur voyage. Vous allez entendre une série d'ordres au négatif de la part de M. Lebec. Jouez le rôle de Mme Lebec en donnant l'équivalent affirmatif, précédé de *Si!*. Après une petite pause, écoutez pour vérifier votre réponse, puis répétez-la. Suivez l'exemple.

EXEMPLE: *Vous entendez:* Des billets perdus? N'en parlons pas!

Vous dites: Si! Parlons-en!

Vous entendez: Si! Parlons-en!

Vous répétez: Si! Parlons-en!

1. … 2. … 3. … 4. … 5. … 6. … 7. …

C. Le guide perd patience. M. Perret donne des tours du château d'Henri IV à Pau. Vers la fin de la journée, il commence à perdre patience! Remplacez les mots **en caractères gras** dans ses demandes «polies» (la colonne A) par le pronom d'objet approprié pour compléter ses demandes «impolies» (la colonne B).

A	**B**
1. Présentez votre billet d'entrée **au gardien**.	Présentez-_____ votre billet!
2. Entrez directement **dans le château**.	Entrez-_____!
3. Il ne faut pas toucher **aux meubles**.	N'_____ touchez pas!
4. Vous pouvez **me** poser des questions.	Posez-_____ vos questions plus tard!
5. Ne prenez pas **de photos** à l'intérieur.	N'_____ prenez pas à l'intérieur!
6. Vous remarquez **les tapisseries du Moyen Âge?**	Remarquez-_____!
7. Vous pouvez **vous** promener dans le parc.	Promenez-_____ dans le parc!
8. En sortant, il faut traverser **le pont de Nemours**.	Traversez-_____!

D. Sur la route. Bérénice, son mari et leur chien vont à Toulouse en voiture. Il conduit; elle lui donne des ordres. Complétez ses suggestions en utilisant l'impératif du verbe entre parenthèses (à la forme **tu**). Ensuite, identifiez à qui ou à quoi se réfère le pronom d'objet en écrivant l'expression appropriée de la liste. Suivez l'exemple.

au péagiste (*tollbooth worker*)	**l'autoroute A64**	**les toilettes**
aux policiers	✓ **le chien**	**une carte routière**
du café	**les clés de la voiture**	

EXEMPLE: (promener) _____*Promène*_____-le un peu dans le petit parc là-bas.

_____*le chien*_____

1. (donner) _____-lui ce billet de 20 euros. _____

2. (suivre) _____-la jusqu'à la sortie 11. _____

3. (acheter) _____-en une dans la station service. Mon GPS ne marche pas.

_____

4. (perdre) Ne les _____ pas cette fois-ci, hein? _____

5. (boire) N'en _____ pas trop. _____

6. (aller) N'y _____ pas. Elles sont fermées. _____

7. (dire) _____-leur que nous sommes en panne d'essence (*out of gas*).

_____

Culture interactive

Lisons!

Avant de lire

Commençons par le début! Attribuez un numéro de 1 à 5 aux segments suivants pour les mettre dans l'ordre logique.

Avant de conclure…   _____

Ensuite…   _____

Tout d'abord…   _____

Deuxièmement…   _____

En conclusion…   _____

Maintenant, en tenant compte des expressions de liaison **en caractères gras** (page 256), lisez le texte.

Lecture

La Corse: terre d'aventure

Si vous vouliez partir dans un endroit propice[1] aux sports d'aventure, vous devriez envisager[2] la Corse. Vous pourriez y faire de longues randonnées à pied ou à cheval, surfer les vagues et vous profiteriez de vues magnifiques sur la mer.

La Corse, surnommée «l'île de beauté», se trouve au milieu de la mer Méditerranée. Cette île, entourée d'une eau cristalline, n'est accessible que par avion, bateau ou ferry. **Une fois sur place,** il y a tellement d'activités pour les amoureux de la nature et de sports qu'il est difficile de savoir par où commencer!

Depuis la côte française, **débutez** donc votre séjour à Bastia, un des deux chefs-lieux[3] de l'île. **Après avoir visité le vieux port,** partez faire de la voile à Cap Corse, la pointe nord de l'île. **Puis** descendez vers le sud pour faire de la plongée sous-marine près de Porto Vecchio. **Enfin,** faites-vous dorer[4] sur la plage et prenez des photos du soleil couchant.

Vous êtes plutôt randonneur de montagne? Pas de problème. **Pour la deuxième étape de votre voyage,** quittez la côte pour découvrir les terres de l'intérieur de l'île, avec ses montagnes rocheuses et ses nombreux sentiers de bergers.[5] Il y aurait plus de 1.500 km de sentiers en Corse! Si vous êtes plus sportif, vous pouvez parcourir[6] ces chemins en VTT, **avant de** vous installer confortablement dans un kayak pour glisser et tourbillonner[7] sur les rivières et les lacs de montagne qui sillonnent[8] le paysage. **Vous pourrez finir** votre séjour par une journée de pêche ou sur un cours de golf, car la Corse est aussi l'endroit idéal pour se reposer.

Enfin, quel que soit[9] le type de vacances que vous aimeriez passer en Corse, n'oubliez pas, **tout au long de votre séjour,** de goûter la nourriture locale, notamment le fromage de chèvre, la charcuterie et le muscat.[10] **Après** des émotions fortes, il faut bien se restaurer!

Bonifacio, en Corse

[1]favorable [2]consider [3]administrative cities [4]faites-vous... *get some color* [5]sentiers... *paths used by shepherds* [6]travel down [7]swirl [8]criss-cross [9]quel... *whatever* [10]muscatel *(sweet wine made from the muscat grape)*

Après la lecture

A. Avez-vous compris?

Première étape. Groupez les expressions de temps en caractères gras dans le texte précédent en trois catégories.

1. pour indiquer une chose à faire en premier: *une fois sur place* _____

_____

2. pour indiquer une chose à faire après: _____

_____

3. pour indiquer une chose à faire en dernier: _____

_____

Deuxième étape. Remettez les suggestions dans l'ordre où elles sont mentionnées dans le texte.

_____ a. faire de la voile

_____ b. prendre des photos du coucher du soleil

_____ c. arriver en ferry

_____ d. faire une randonnée

_____ e. pêcher

_____ f. visiter le vieux port de Bastia

B. Pour aller plus loin. Et vous? Si vous faisiez un séjour dans votre endroit préféré, quelles activités choisiriez-vous et dans quel ordre? Écrivez cinq phrases en utilisant le conditionnel et les expressions suivantes.

après + *nom*	deuxièmement	premièrement
avant de + *verbe à l'infinitif*	enfin	puis
d'abord	ensuite	troisièmement

EXEMPLE: *Avant de partir*, je mangerais une dernière fois dans un restaurant qui sert des

spécialités locales.

J'irais à _____.

_____

_____

_____

_____

Chez les Français / Chez les francophones / Rétrospective

Utilisez les renseignements fournis dans **Chez les Français, Chez les francophones** et **Rétrospective** du manuel pour déterminer si les affirmations suivantes sont vraies ou fausses. Si une affirmation est fausse, corrigez-la en changeant les mots soulignés pour la rendre vraie.

	VRAI	FAUX
1. La destination préférée des Français à l'étranger est <u>le Québec</u>.	☐	☐
2. La forêt royale <u>de Fontainebleau</u> est une forêt très riche en faune et flore.	☐	☐

	VRAI	FAUX
3. En France, l'âge légal pour conduire est <u>21 ans</u>.	☐	☐
4. Pour passer le permis en France, on est <u>obligé de suivre des cours</u>.	☐	☐
5. En France, on peut tourner à droite <u>au feu rouge, comme au feu vert</u>.	☐	☐
6. Carcassonne et Lourdes se trouvent <u>dans le sud-ouest</u> de la France.	☐	☐
7. <u>Le guide Michelin</u> (rouge) est un guide très pratique pour les petits budgets.	☐	☐

Écrivons!

Stratégie d'écriture   Using your five senses in writing

To describe a place, visualize yourself in that location. To bring your writing to life, imagine your dream destination in terms of the five senses (seeing, smelling, hearing, tasting, touching). Incorporate as many of these senses as possible to make your description more colorful and exciting (e.g., food you want to taste, smell of the ocean or lavender fields, French music on the radio, holding a baguette in your hand, etc.). When you use this technique, your essay will be sure to rise to the top!

Genre: Une petite rédaction (*essay*)

Thème: Écrivez une petite rédaction pour gagner un billet d'avion d'Air France vers une destination de votre choix. Le sujet de votre composition: la destination de vos rêves, et pourquoi vous voudriez y aller. Utilisez au moins cinq verbes au conditionnel et les verbes de la liste de vocabulaire qui suit.

VOCABULAIRE UTILE	
entendre	*to hear*
goûter	*to taste*
sentir	*to feel*
toucher	*to touch*
voir	*to see*

Maintenant, en tenant compte de la stratégie et la liste de vocabulaire utile, écrivez votre rédaction sur une feuille de papier. Une fois que vous avez fini, relisez votre travail en tenant compte des conseils donnés dans la section **Vérifions.**

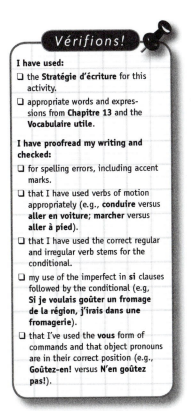

Vérifions!

I have used:

❏ the **Stratégie d'écriture** for this activity.

❏ appropriate words and expressions from **Chapitre 13** and the **Vocabulaire utile.**

I have proofread my writing and checked:

❏ for spelling errors, including accent marks.

❏ that I have used verbs of motion appropriately (e.g., **conduire** versus **aller en voiture; marcher** versus **aller à pied**).

❏ that I have used the correct regular and irregular verb stems for the conditional.

❏ my use of the imperfect in **si** clauses followed by the conditional (e.g, **Si je voulais goûter un fromage de la région, j'irais dans une fromagerie**).

❏ that I've used the **vous** form of commands and that object pronouns are in their correct position (e.g., **Goûtez-en!** versus **N'en goûtez pas!**).

CHAPITRE 14

Ici on parle français!

Communication en direct

A. À votre avis. Lisez chaque conversation. Décidez si l'opinion de la personne qui répond à la question est **affirmative, négative** ou **indifférente.**

	affirmative	négative	indifférente
1. —À notre époque, est-ce qu'il est important de parler une autre langue? —Je trouve qu'aujourd'hui, c'est essentiel.	☐	☐	☐
2. —À votre avis, est-ce qu'il est essentiel de parler anglais? —Comme c'est une langue dominante, je pense que oui.	☐	☐	☐
3. —À votre avis, est-ce qu'il faut étudier les langues à l'école? —À mon avis, non; on peut étudier tout seul ou faire des séjours linguistiques.	☐	☐	☐
4. —À ton avis, est-ce qu'il est important de connaître d'autres cultures? —Je crois que c'est très important pour comprendre le monde et les autres gens.	☐	☐	☐
5. —À votre avis, est-ce qu'il est essentiel de voyager pour connaître d'autres cultures? —Je ne sais pas… si on peut voyager, c'est idéal. Mais il y a aussi d'autres opportunités!	☐	☐	☐
6. —À ton avis, est-ce qu'il est nécessaire de savoir parler toutes les langues de son pays? —Ben… à mon avis, ça pourrait être utile, mais difficile aussi! Je ne sais pas, en fait.	☐	☐	☐

B. Raisons. Plusieurs personnes répondent à la question: **Pourquoi étudiez-vous une deuxième langue?** Écoutez deux fois chaque explication et choisissez la raison pour laquelle chaque personne veut parler une langue étrangère. À la fin de l'activité, écoutez pour vérifier vos réponses.

a. pour communiquer quand je voyage en Amérique du Sud.
b. parce que j'ai de la famille en France.
c. pour aider les touristes.
d. parce que c'est la langue dominante sur Internet.
e. parce que j'ai beaucoup de passagers américains.
f. car je suis chanteur d'opéra.

1. _____ 2. _____ 3. _____ 4. _____ 5. _____ 6. _____

Vocabulaire interactif

La langue française—du passé à l'avenir
Talking about a country's history and language(s)

A. La terminologie. Faites correspondre les «thèmes» de la colonne A aux termes de la colonne B qu'on emploie pour en parler.

A	B
1. pour parler des actions militaires: _____	a. l'orthographe, un accent, un dialecte
2. pour mentionner des chefs: _____	b. un explorateur, un colon, un esclave
3. pour évoquer des gouvernements: _____	c. une armée, une guerre, une bataille
4. pour parler des langues: _____	d. un empire, une monarchie, une république
5. pour discuter des périodes différentes: _____	e. une reine, un empereur, un président
6. pour décrire la colonisation: _____	f. un siècle, une décennie, une époque

B. Quel terme est-ce qu'on définit? Vous allez entendre deux fois une série de définitions. Écrivez la lettre de chaque définition à côté du mot qu'on définit. À la fin de l'activité, écoutez pour vérifier vos réponses.

1. une colonie _____

2. le commerce _____

3. un conquérant _____

4. une guerre _____

5. une monarchie _____

6. une nation _____

7. une révolution _____

C. Familles de mots. Complétez les mots croisés en écrivant le nom apparenté (*related*) à chaque adjectif ou à chaque verbe dans les deux listes, horizontalement (*across*) et verticalement (*down*). Suivez l'exemple.

EXEMPLE: colonial(e) → une ___*colonie*___

explorer → l'*exploration*

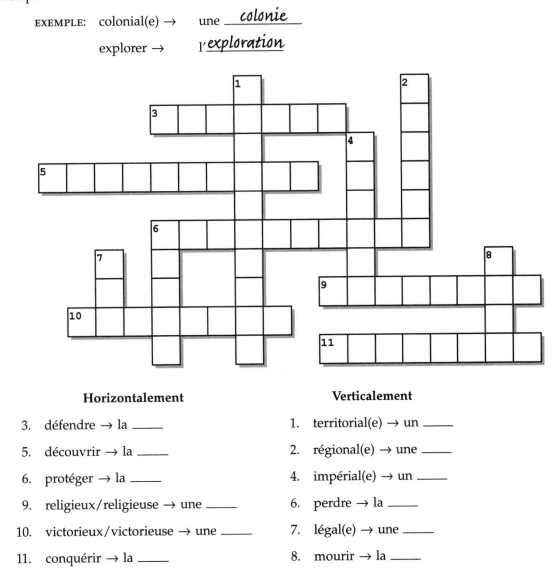

Horizontalement	Verticalement
3. défendre → la _____	1. territorial(e) → un _____
5. découvrir → la _____	2. régional(e) → une _____
6. protéger → la _____	4. impérial(e) → un _____
9. religieux/religieuse → une _____	6. perdre → la _____
10. victorieux/victorieuse → une _____	7. légal(e) → une _____
11. conquérir → la _____	8. mourir → la _____

D. L'histoire américaine.

Première étape. Complétez cette liste de points de repère historiques par le mot correct tiré de la liste ci-dessous.

colonie	découverte	premier
Constitution	esclavage	territoire

1. 1492: la «_____» de l'Amérique par Christophe Colomb

2. 1620: une _____ anglaise est établie à Plymouth

3. 1787: la _____ des États-Unis est adoptée à Philadelphie

4. 1863: l'abolition de l'_____ aux États-Unis

5. 1959: un _____ d'outre-mer (*overseas*), Hawaï, devient le cinquantième état

6. 2008: l'élection du _____ président afro-américain aux États-Unis

Deuxième étape. Écrivez, en lettres, le nombre ordinal indiqué pour situer dans son siècle chaque événement de la liste de la **Première étape.**

1. 1492 = le 15ᵉ (_____) siècle

2. 1620 = le 17ᵉ (_____) siècle

3. 1787 = le 18ᵉ (_____) siècle

4. 1863 = le 19ᵉ (_____) siècle

5. 1959 = le 20ᵉ (_____) siècle

6. 2008 = le 21ᵉ (_____) siècle

 # Prononcez bien!

Synthèse: voyelles orales et nasales

la b̲e̲lle l̲angue fr̲ançaise

In **Chapitres 3–6,** you learned the ten oral vowels (**voyelles orales**) of French; in **Chapitre 9** you learned that three of these oral vowels have a nasal equivalent (**voyelles nasales**). Each of these thirteen vowels is listed below, along with a vocabulary word from this chapter.

[i]	emp**i**re	[y]	d**u**c	[u]	r**ou**te	
[e]	**é**poque	[ɛ]	conqu**ê**te	[ɛ̃]	rom**ain**	
[o]	G**au**le	[ɔ]	ép**o**que	[ɔ̃]	col**on**	
[ø]	d**eu**xième	[œ]	empel**eu**r			
[a]	p**a**pe	[ɑ̃]	l**an**gue			

A. Essayons!

Première étape. Vous allez entendre deux fois une série de mots à trois syllabes. Une des trois syllabes dans chaque mot contient une voyelle nasale. Identifiez-la en cochant (✓) la case appropriée. À la fin de l'activité, écoutez pour vérifier vos réponses.

		Syllabe					Syllabe	
		1	**2**	**3**			**1**	**2**	**3**
1.	In | do | chine	☐	☐	☐	5.	pré | si | dent	☐	☐	☐
2.	con | qué | rir	☐	☐	☐	6.	lin | gui | stique	☐	☐	☐
3.	dif | fu | sion	☐	☐	☐	7.	Re | nais | sance	☐	☐	☐
4.	Nor | man | die	☐	☐	☐	8.	im | pé | rial	☐	☐	☐

Deuxième étape. Vous allez entendre encore une fois les mots de la **Première étape.** Répétez-les en faisant attention à la qualité de la voyelle dans chaque syllabe.

•

Pour bien prononcer

Always remember to give each vowel in French—whether oral or nasal—its full quality in every syllable, no matter how many syllables there are in a word. This is different from English, where vowels that don't receive stress **(accent tonique)** are "reduced"—that is, they receive less than their full vowel quality. Compare the pronunciation of *Alabama* in English and French. In English, although the same letter *a* represents the vowel in each syllable, do you notice how the vowel quality differs? By contrast, in French, each written **a** represents the same vowel sound: [a la ba ma], with a slight **accent tonique** at the end (the final syllable). Since French and English share so many cognates **(mots apparentés),** it is extremely important to pronounce the *French* version of each cognate, following *French* pronunciation rules, as you'll practice in Activity B.

•

B. Un pas en avant. Vous allez entendre deux fois les mots apparentés anglais–français de la liste suivante. La première fois, notez bien la différence dans la qualité des voyelles entre les deux mots de chaque paire. La deuxième fois, répétez-les.

1. royal
2. latin
3. culture
4. empire
5. dynasty / dynastie

6. religion
7. cardinal
8. commercial
9. indivisible
10. illustration

C. Dictée.

Première étape. Complétez les phrases avec les mots que vous entendez. Vous allez entendre chaque phrase deux fois. Attention à l'orthographe des mots apparentés anglais–français!

1. Henri IV était le premier _____ de la _____ des

   Bourbon.

2. Il n'y a pas de _____ en France depuis la Restauration, au 19ᵉ

   _____ .

3. Plusieurs _____ françaises sont devenues des _____

   indépendants.

4. Parfois, la _____ est la meilleure solution à un _____ .

5. Le québécois est un _____ du français, parlé en _____

   du Nord.

6. Les _____ s'intéressent à l'occitan, une langue _____

   de France.

Attention! Avant de continuer, vérifiez vos réponses dans la clé de corrections sur le site Web d'*En avant!*

Deuxième étape. Écoutez encore une fois les phrases de la **Première étape** et répétez-les en faisant attention à la qualité de la voyelle dans chaque syllabe et à l'accent tonique.

Grammaire interactive

14.1 Apprendre à parler français — Linking verbs to an infinitive with **à** or **de**

A. Un séjour au Québec. William, un étudiant américain, passera un an au Québec, à l'Université McGill à Montréal. Vous allez entendre deux fois comment il prépare son séjour. Ensuite, faites correspondre les verbes conjugués de la colonne A aux infinitifs de la colonne B. À la fin de l'activité, écoutez pour vérifier vos réponses.

L'Université McGill à Montréal

<table>
<tr><td>A</td><td>B</td></tr>
<tr><td>1. _____ Il commence à…</td><td>a. parler français.</td></tr>
<tr><td>2. _____ Il ne sait pas…</td><td>b. se débrouiller.</td></tr>
<tr><td>3. _____ Il aimerait…</td><td>c. préparer son séjour.</td></tr>
<tr><td>4. _____ Il trouve un livre qui l'aide à…</td><td>d. suivre des cours.</td></tr>
<tr><td>5. _____ Il essaie de/d'…</td><td>e. apprendre quelques expressions.</td></tr>
<tr><td>6. _____ Il tient à…</td><td>f. bien prononcer.</td></tr>
</table>

B. L'étude d'une langue étrangère. Comment faire des progrès dans l'étude d'une langue étrangère? Choisissez la préposition appropriée (**à** ou **de [d']**) pour compléter les déclarations suivantes. Si la préposition n'est pas nécessaire, laissez les deux cases vides.

	à	de (d')	
1. J'aime	☐	☐	surfer les sites web français.
2. J'invite mes camarades	☐	☐	étudier avec moi.
3. Je cherche	☐	☐	parler à des francophones en dehors (*outside*) de la classe.
4. Je demande au prof	☐	☐	répéter si je n'ai pas compris.
5. J'essaie constamment	☐	☐	améliorer (*improve*) ma prononciation.
6. Je n'oublie jamais	☐	☐	préparer la leçon.
7. Je refuse	☐	☐	parler anglais en classe.
8. J'espère	☐	☐	faire un séjour académique en France.

C. L'Académie française. Complétez le passage suivant en donnant la préposition approprié: **à**, **de (d')** ou **par.**

L'Académie française à Paris

L'Académie française, fondée en 1635 par le cardinal de Richelieu, continue _____¹ «normaliser»

et _____² «perfectionner» la langue française. Elle cherche _____³ la rendre «pure» et com-

préhensible par tous. Dans cet esprit, l'Académie a commencé _____⁴ composer un dictionnaire:

la première édition a été publiée en 1694 et la neuvième est actuellement en cours d'élaboration

(*in development*). À l'origine une Académie Royale, les Révolutionnaires de 1789 ont essayé _____⁵

l'abolir, mais en 1803 Napoléon a décidé _____⁶ la restaurer comme une division de l'Institut

de France.* Lors de (*Upon*) la mort d'un de ses quarante membres, l'Académie invite un écrivain ou

scientifique renommé _____⁷ poser sa candidature. Très peu ont refusé _____⁸ prendre leur

place parmi les «Immortels» et _____⁹ porter l'habit vert! Est-ce que l'Académie réussit vraiment

_____¹⁰ imposer un standard? Dans certains cas, oui; dans d'autres cas, on finit _____¹¹

suivre «l'usage»—c'est-à-dire la forme (l'orthographe ou la règle de grammaire) la plus communément

utilisée—par exemple, tous les Français disent *le week-end* au lieu d'utiliser l'expression «correcte» *la fin*

de semaine.

---

*L'Institut de France** is a cultural institution composed of five **académies,** the most famous of which is the **Académie française.** The mission of **l'Institut** is to improve the arts and sciences and to manage the operation of and donations to the many cultural foundations under its jurisdiction.

D. Pour connaître une autre culture. Expliquez ce qu'il faut faire pour connaître une autre culture, en complétant les phrases suivantes. Attention au cas où il faut (ou il ne faut pas) utiliser une préposition pour lier le verbe conjugué à l'infinitif.

1. On doit _____

2. On peut _____

3. On commence _____

4. On cherche _____

5. On essaie _____

6. On évite _____

… Et comme ça, on finit par connaître assez bien une autre culture!

14.2 Toute la francophonie

Specifying groups of people and things using **tout/tous/toute(s)** and other quantifiers

A. Il y en a plusieurs!

Première étape. Vous allez entendre une série de noms précédés du mot **plusieurs**. Remplacez **plusieurs** par la forme appropriée de **nombreux/nombreuses** selon le genre du nom puis, après une petite pause, écoutez pour vérifier votre réponse.

> EXEMPLE: *Vous entendez:* plusieurs pays
> *Vous dites:* de nombreux pays
> *Vous entendez:* de nombreux pays

1. … 2. … 3. … 4. … 5. … 6. … 7. … 8. …

Deuxième étape. Maintenant, complétez le tableau suivant en utilisant la forme approprié de **divers/diverses** ou de **certains/certaines** avec les noms que vous avez entendus dans la **Première étape.**

divers/diverses	certains/certaines
1. _____ batailles	5. _____ colons
2. _____ patois	6. _____ armées
3. _____ conflits	7. _____ régions
4. _____ langues	8. _____ empereurs

B. Les périodes de temps. Vous allez entendre deux fois une série d'expressions pour parler du temps. Cochez la forme de **tout** (**toute, tous, toutes**) qu'on utilise dans chaque expression. À la fin de l'activité, écoutez pour vérifier vos réponses.

1. a. ☐ tout   b. ☐ toute   c. ☐ tous   d. ☐ toutes
2. a. ☐ tout   b. ☐ toute   c. ☐ tous   d. ☐ toutes
3. a. ☐ tout   b. ☐ toute   c. ☐ tous   d. ☐ toutes
4. a. ☐ tout   b. ☐ toute   c. ☐ tous   d. ☐ toutes
5. a. ☐ tout   b. ☐ toute   c. ☐ tous   d. ☐ toutes
6. a. ☐ tout   b. ☐ toute   c. ☐ tous   d. ☐ toutes
7. a. ☐ tout   b. ☐ toute   c. ☐ tous   d. ☐ toutes

C. Sondage. M. Aurel a donné un sondage à ses étudiants pour savoir quelles villes ils ont visitées. Regardez le tableau ci-dessous et finissez les phrases selon les résultats.

	Paris	Bruxelles	Genève	Québec	Tunis
Alice	✓		✓		
Sébastien	✓	✓			
Manon	✓	✓		✓	
Renée	✓	✓	✓		✓
Blaise	✓				
Clément	✓	✓	✓		✓

EXEMPLE: Plusieurs *étudiants ont visité Genève.*

1. Tous _____

2. Certains _____

3. De nombreux _____

4. Un seul _____

D. Les régions d'outre-mer. Lisez le passage, puis complétez les phrases qui suivent en utilisant la forme appropriée du mot entre parenthèses. Attention à l'accord en genre et en nombre (quand c'est nécessaire).

La France est composée non seulement de 22 régions administratives métropolitaines (*mainland*) mais aussi de quatre anciennes colonies devenues des départements d'outre-mer (ou «DOM») en 1946; depuis 2003, elles sont désignées comme régions d'outre-mer (ou «ROM»): la Guyane en Amérique du Sud, les îles de Martinique et de Guadeloupe aux Antilles et l'île de la Réunion dans l'océan Indien. Rattachés à la France, les habitants des ROM sont donc de nationalité française, sont représentés dans le gouvernement français à Paris et utilisent l'euro. Même si le français y reste la langue officielle, d'autres langues locales sont aussi utilisées, surtout le créole (guyanais, guadeloupéen, martiniquais et réunionnais). D'autres anciennes colonies aux Antilles, comme Haïti, et dans l'océan Indien, comme Madagascar, sont devenues, par contre, des pays indépendants.

Fort-de-France, en Martinique

1. (seul) La Guyane est la _____ région d'outre-mer en Amérique du Sud.

2. (plusieurs) _____ régions d'outre-mer se situent dans des îles.

3. (chaque) Les habitants de _____ région d'outre-mer sont de nationalité française.

4. (tout) _____ les régions d'outre-mer utilisent l'euro.

5. (divers) _____ langues sont utilisées dans les régions d'outre-mer.

6. (certain) _____ anciennes colonies de l'empire sont devenues des pays indépendants.

14.3 Au 21ᵉ siècle Indicating what one should do using the present subjunctive

A. La même forme? Si le subjonctif de chaque verbe dans la liste diffère de l'indicatif, cochez (✓) la case et écrivez la forme appropriée du subjonctif. Si les deux formes ne diffèrent pas, laissez la case vide. Suivez l'exemple.

EXEMPLE: **Je pense que tu...**   ☐ lis beaucoup.

Il faut que tu...   ☑ _____*lises*_____ beaucoup.

Je pense que tu...	Il faut que tu...
1. sors souvent.	☐ _____ souvent.
2. finis tout de suite.	☐ _____ tout de suite.
3. t'habilles chaudement.	☐ _____ chaudement.
4. apprends à bien danser.	☐ _____ à bien danser.
5. comprends mon problème.	☐ _____ mon problème.
6. parles assez fort.	☐ _____ assez fort.
7. attends longtemps.	☐ _____ longtemps.
8. m'aides beaucoup.	☐ _____ beaucoup.

 B. Un voyage aux Antilles. Les membres de la famille Hébert se préparent à partir pour les Antilles. Écoutez chaque phrase, puis indiquez la forme du verbe (**indicatif** ou **subjonctif**) que vous entendez. Vous allez entendre chaque phrase deux fois. À la fin de l'activité, écoutez pour vérifier vos réponses.

	indicatif	subjonctif
1.	☐ finissez	☐ finissiez
2.	☐ mets	☐ mette
3.	☐ prends	☐ prennes
4.	☐ partons	☐ partions
5.	☐ donnez	☐ donniez
6.	☐ vois	☐ voies
7.	☐ vend	☐ vende
8.	☐ arrivons	☐ arrivions

C. Avant de quitter la maison. La famille Hébert continue ses préparatifs de voyage. Écrivez la forme appropriée du subjonctif de chaque verbe dans la liste ci-dessous, sous l'illustration correspondante.

dire au revoir aux voisins	**mettre ses nouvelles bottes**	**ranger un peu le salon**
fermer la porte à clé (*lock the door*)	**prendre une douche**	**sortir les poubelles**

1. Il est essentiel que Cécile et Sébastien

_____ .

2. Il est nécessaire que Sébastien

_____ .

3. Il est indispensable que M. Hébert

_____ .

4. Il faut que Cécile

_____ .

5. Il faut que M et Mme Hébert

_____ .

6. Il est important que Mme Hébert

_____ .

D. Pour voyager utilement. Voici une liste de conseils pour voyager «utilement», inspirée par *Voyages en Hollande* de Denis Diderot (philosophe français du 18ᵉ siècle). Imaginez que Diderot vous parle directement: Récrivez ses conseils en utilisant **Il faut que vous...** ou **Il ne faut pas que vous...** + le subjonctif. Suivez les exemples.

EXEMPLES: Apprenez la langue!

Il faut que vous appreniez la langue .

N'insistez pas pour parler anglais!

Il ne faut pas que vous insistiez pour parler anglais .

1. Apprenez un peu l'histoire du pays.

   _____

2. Ne jugez pas sur l'apparence.

   _____

3. Ne restez pas uniquement dans la plus grande ville.

   _____

4. Essayez les plats traditionnels.

   _____

5. N'oubliez pas que c'est *vous*, «l'étranger».

   _____

6. Écrivez vos expériences dans un journal intime (*diary*).

   _____

Culture interactive

Lisons!

Stratégie de lecture   Determining main themes and identifying where they reoccur

The structure of many texts consists of an introductory section—a paragraph (in a traditional prose text) or stanza (in a traditional poem) that presents the main themes or central ideas of the text as a whole. These normally reoccur in subsequent sections along with supporting descriptions, explanations, facts and figures, etc. When you read challenging foreign language texts such as poetry, it is important to determine the text's main themes so that you can more easily comprehend them when they reoccur in subsequent sections.

Avant de lire

Commençons par le début! Vous allez lire un poème de Bernard Dadié (1916–), écrivain ivoirien qui a toujours lutté (*fought*), en littérature comme en politique, pour assurer la libération de l'homme noir et contre toute forme de colonialisme. Voici des mots ou groupes de mots tirés de la première strophe de son poème «Je vous remercie, mon Dieu». Faites-les correspondre aux thèmes suivants: **l'esclavage, l'homme, la gratitude, la mythologie, la race, la spiritualité.**

1. «Je vous remercie» → _____

2. «Dieu» → _____

3. «de moi», «sur ma tête» → _____

4. «la somme (*total*) de toutes les douleurs (*pain*)» → _____

5. «le noir», «le blanc» → _____

6. «le Centaure» → _____

Lecture

Maintenant, lisez le texte en faisant attention à la répétition des thèmes principaux dans les strophes.

Je vous remercie, mon Dieu

Je vous remercie mon Dieu, de m'avoir créé Noir,
d'avoir fait de moi
la somme de toutes les douleurs,
mis sur ma tête
le Monde.
J'ai la livrée du Centaure*
Et je porte le Monde depuis le premier matin.
Le blanc est une couleur de circonstance
Le noir, la couleur de tous les jours
Et je porte le Monde depuis le premier soir.

Je suis content
de la forme de ma tête
faite pour porter le Monde,
satisfait
de la forme de mon nez
qui doit humer[1] tout le vent du Monde,
heureux
de la forme de mes jambes
prêtes à courir toutes les étapes du Monde.

Je vous remercie mon Dieu, de m'avoir créé Noir,
D'avoir fait de moi
La somme de toutes les douleurs.

Trente-six épées ont transpercé[2] mon cœur.
Trente-six brasiers ont brûlé[3] mon corps.
Et mon sang sur tous les calvaires[4] a rougi la neige,
Et mon sang à tous les levants[5] a rougi la nature.

Je suis quand même
content de porter le Monde,
content de mes bras courts
    de mes bras longs
      de l'épaisseur[6] de mes lèvres.

Je vous remercie mon Dieu, de m'avoir créé Noir
Le blanc est une couleur de circonstance
Le noir, la couleur de tous les jours
Et je porte le Monde depuis l'aube des temps.[7]
Et mon rire[8] sur le Monde, dans la nuit, crée le Jour.

Je vous remercie mon Dieu, de m'avoir créé Noir.

–Bernard Dadié (*La Ronde des jours,* 1956)

[1]*breathe in* [2]*épées... swords have pierced* [3]*brasiers... intense fires have burned* [4]*refers to Calvary, the hill where Christ was crucified, by extension: martyrdom, suffering* [5]*sunrises* [6]*thickness* [7]*l'aube... dawn, beginning of time* [8]*laughter*

---

*Elément de la mythologie grecque: «la livrée du Centaure» fait référence à Héraclès qui, une fois, a porté le monde sur ses épaules, pour remplacer Atlas.

Après la lecture

A. Avez-vous compris?

Première étape. Dans le contexte du poème, choisissez la bonne réponse.

1. Le narrateur dans le poème est _____.
   a. noir
   b. blanc

2. Le narrateur dans le poème _____.
   a. se plaint
   b. se réjouit (*rejoices*)

3. Le poème offre un contraste entre _____.
   a. la douleur de l'esclavage et la joie d'être un homme
   b. la joie d'être blanc parmi les esclaves

4. Le narrateur est content d'être Noir _____.
   a. parce qu'il ne connaît pas la douleur
   b. parce qu'il est responsable du Monde

5. Le narrateur _____.
   a. blâme Dieu pour l'esclavage des Blancs
   b. remercie Dieu pour son corps robuste et la nature

6. Pour le narrateur, la domination du blanc sur le noir est _____.
   a. un fait établi pour toujours
   b. une situation temporaire et circonstancielle

Deuxième étape. Les personnages. Dans ce poème, certains éléments sont personnalisés ou valorisés, notamment par une lettre majuscule. Qui sont ces personnages et que représentent-ils? Complétez les phrases suivantes avec les termes proposés. Faites les changements nécessaires.

blanc	Dieu	(le) Monde
(le) Christ	la France	la tête

1. L'homme noir est comparé à une figure de la mythologie qui portait le monde sur ses épaules. Dadié adapte la légende au contexte africain où les gens portent en général les choses sur _____.

2. À cause du *N* majuscule, *Noir* représente un groupe uni d'êtres humains alors que le _____ n'est qu'une (*is only a*) couleur.

3. Dadié compare la souffrance de l'homme noir à celle du _____.

4. Le poème présente une vision du _____ qui met en harmonie l'homme noir et la nature.

5. Selon le poème, le Noir porte le Monde depuis son commencement grâce à _____.

6. En Côte d'Ivoire, il ne neige pas. Il est donc possible que la neige symbolise _____, le pays colonisateur.

B. Pour aller plus loin. Et vous? Pouvez-vous adopter l'attitude positive de Bernard Dadié dans les moments difficiles liés à la vie moderne? Voici une situation difficile. Complétez la phrase avec un contrepoint positif, puis ajoutez quelques détails pour soutenir le «thème» principal.

Même si on se sent exclu (rejeté, victime d'une discrimination), l'essentiel, c'est de…

_____

_____

_____

Chez les Français / Chez les francophones / Rétrospective

Utilisez les informations fournies dans les sections **Chez les Français, Chez les francophones** et **Rétrospective** du manuel et décidez si les affirmations suivantes sont vraies ou fausses. Si une affirmation est fausse, changez les mots soulignés pour la rendre vraie.

	VRAI	FAUX
1. Le verlan est une <u>langue régionale</u>.	☐	☐
2. <u>Toutes les</u> langues régionales de France sont des langues romanes.	☐	☐
3. <u>La loi Deixonne</u> de 1951 a autorisé l'enseignement de diverses langues régionales.	☐	☐
4. Le français est la <u>seconde langue</u> de nombreux Algériens.	☐	☐
5. La majorité des Belges parle <u>français</u>.	☐	☐
6. Les membres de l'Académie française sont appelés <u>les 40 «Immortels»</u>.	☐	☐
7. Il y a <u>le même nombre</u> d'hommes que de femmes à l'Académie française.	☐	☐

Écrivons!

Genre: Conte (*Short story*) / Dialogue / Poème

Thème: Écrivez une courte histoire, un dialogue ou bien un petit poème qui tourne sur vos dix mots préférés de la langue française. En écrivant, essayez de suivre les suggestions ci-dessous.

1. D'abord, réfléchissez, puis écrivez vos dix mots préférés.
2. Ensuite, si vos dix mots partagent des relations au niveau du sens (par exemple, des relations associatives/sémantiques) ou du son, par exemple, des lettres ou des séquences de lettres similaires), organisez-les selon ces critères (comme vous avez fait dans le **Chapitre 2**).
3. Répondez à la question: **Qu'est-ce que ces mots évoquent pour vous? Est-ce qu'ils vous font penser à un certain endroit, à une ou plusieurs personnes ou à un événement (fictif ou réel) précis?** Choisissez un ou plusieurs de ces éléments comme sujet de votre conte, dialogue ou poème.
4. Rangez vos dix mots dans un ordre logique par rapport au sujet que vous avez choisi.
5. Finalement, écrivez votre conte, dialogue ou poème sur une feuille de papier.

Une fois que vous avez fini, relisez votre travail en tenant compte des conseils donnés dans la section **Vérifions.**

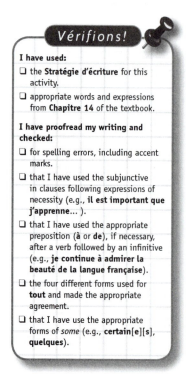

Vérifions!

I have used:

☐ the **Stratégie d'écriture** for this activity.
☐ appropriate words and expressions from **Chapitre 14** of the textbook.

I have proofread my writing and checked:

☐ for spelling errors, including accent marks.
☐ that I have used the subjunctive in clauses following expressions of necessity (e.g., **il est important que j'apprenne...**).
☐ that I have used the appropriate preposition (**à** or **de**), if necessary, after a verb followed by an infinitive (e.g., **je continue à admirer la beauté de la langue française**).
☐ the four different forms used for **tout** and made the appropriate agreement.
☐ that I have use the appropriate forms of *some* (e.g., **certain[e][s]**, **quelques**).

Engagez-vous!

Communication en direct

A. Réponses logiques. Écoutez la question, et indiquez la réponse la plus logique. Vous allez entendre chaque question deux fois. À la fin de l'activité, écoutez pour vérifier vos réponses.

1. a. Je fais du recyclage.
   b. Oui, je m'y intéresse énormément.
2. a. Oui, je pense que c'est important.
   b. Je me déplace à pied ou à vélo.
3. a. Oui, c'est un problème énorme pour toute la planète.
   b. La crise économique ne s'améliore pas.
4. a. Oui, ça m'intéresse beaucoup.
   b. Moi, j'utilise ma voiture tous les jours.
5. a. Je ne trie jamais mes déchets, ca prend trop de temps et c'est inutile.
   b. Bien sûr, je veux laisser une planète propre à mes enfants!
6. a. Je suis très concerné(e) par toutes ces guerres.
   b. Absolument, je recycle systématiquement.

B. Sentiments. Complétez les phrases en exprimant vos peurs, vos souhaits ou vos émotions. Utilisez les expressions suivantes.

J'ai peur que/qu'... / Je souhaite que/qu'... / Je suis triste que/qu'...

1. _____ on respecte moins l'environnement que dans

   le passé.

2. _____ il y ait encore des gens qui meurent de faim

   dans le monde.

3. _____ il y ait trop d'inégalités, même dans les pays

   riches.

4. _____ les gens soient plus tolérants envers les autres

   cultures.

5. _____ il y ait tant de violence dans les écoles.

6. _____ la guerre continue à séparer des familles.

Vocabulaire interactif

Vive la différence! Talking about France's social and environmental issues

A. L'émission de radio. En changeant de châine (*station*), vous entendez des gens faire différents commentaires à la radio. Écrivez la lettre qui correspond au thème de chaque commentaire. Vous allez entendre chaque commentaire deux fois. À la fin de l'activité, écoutez pour vérifier vos réponses.

1. _____
2. _____
3. _____
4. _____
5. _____
6. _____

    a. la conscription
    b. l'énergie renouvelable
    c. les impôts
    d. la lutte contre le terrorisme
    e. les quartiers défavorisés
    f. les syndicats

B. Les gros titres (*headlines*). Complétez chaque gros titre avec un mot de la liste.

conscription	lutte	sans-papiers
fermes	réchauffement	soins de santé
forces armées		

(1) Avances dans la _____ contre le SIDA

(2) Enfants des _____ à l'école

(3) Ministre de la Défense s'adresse aux militaires: la _____ ou pas?

(4) _____ familiales menacées par *l'agro-business*

(5) Nouvelles informations sur le _____ de la planète

(6) La France offre les meilleurs _____ en Europe

(7) Nouvelles mesures prises: les _____ assurent la sécurité de l'aéroport

C. Chassez l'intrus.

Première étape. Indiquez quel mot dans chaque série ne va pas avec les autres.

EXEMPLE: l'échec scolaire, le port du voile islamique, ~~les forces armées~~, l'enseignement laïc

1. une grève, un produit agricole, une émeute, une manifestation
2. la population active, le taux de chômage, un syndicat, le terrorisme
3. une HLM, un produit bio(logique), une ferme, un OGM
4. un(e) immigré(e), un(e) citoyen(ne), une maladie, un titre de séjour
5. la conscription, le SIDA, les forces armées, le terrorisme

Attention! Avant de continuer, vérifiez vos réponses dans la clé de corrections sur le site Web d'*En avant!*

Deuxième étape. Trouvez dans la **Première étape** le numéro des expressions qui correspondent à chacun des thèmes suivants.

a. _____ Ce sont des expressions pour parler du statut légal d'un résident.

b. _____ Ces expressions évoquent la défense d'un pays.

c. _____ On associe ces expressions à l'activisme social.

d. _____ On utilise ces expressions pour parler du travail.

e. _____ Ces expressions font penser à la production agricole.

D. Devinettes. Lisez chaque définition ou description et écrivez le mot de vocabulaire (avec son article défini) qui correspond.

1. C'est une personne qui habite dans un pays, mais est originaire d'un autre.

   _____

2. C'est l'endroit d'où viennent les produits agricoles. _____

3. C'est le terme qui décrit la fonction des écoles et professeurs.

   _____

4. C'est une façon de générer de l'électricité en utilisant le vent.

   _____

5. C'est une situation où les gens ne peuvent pas trouver de travail.

   _____

6. C'est quand les employés refusent de travailler pour accomplir un objectif.

   _____

7. C'est quand les étudiants ne réussissent pas à l'école.

   _____

8. C'est le moment où on s'arrête de travailler, à partir de l'âge de 62 ans (ou plus).

   _____

E. Quelques opinions. Complétez chaque phrase avec l'infinitif ou l'expression logique de la liste.

faire grève	**lutter**	**soutenir**
interdire	**manifester**	**subventionner**

1. On doit _____ les émissions ou films trop violents à la

    télévision pour protéger les enfants.

2. Les travailleurs ont raison de _____ ou de

    _____ quand leurs conditions de travail leur semblent

    inacceptables.

3. L'État doit _____ le développement d'énergies renouvelables:

    il peut _____ le prix de ces formes d'énergie.

4. Le gouvernement fait déjà assez d'efforts pour _____

    contre un taux de chômage trop élevé.

Prononcez bien!

Synthèse: La liaison obligatoire et interdite   *aux États‿Unis et // en France*

1. Throughout the book and workbook, you've seen many cases of **liaison**—a process by which a normally silent final consonant is pronounced when followed by a word beginning with a vowel or silent **h.** The letters **s, z,** and **x** are all pronounced as [z] in **liaison;** the letters **t** and **d** are both pronounced as [t]; the letter **n** is pronounced as [n].

2. There are four cases in which French speakers virtually always make **liaison** (often called **les liaisons «obligatoires»**). They are:

    *   between a pronoun and a conjugated verb.

        on [n] **interdit**   **vont**-[t]-**ils...?**   **je vous** [z] **écoute!**

    *   between an article, numeral, or quantifier and a noun.

        un [n] **immigré**   **huit** [t] **ans**   **plusieurs** [z] **émeutes**

    *   between a preposition and a noun.

        en [n] **avril**   **devant** [t] **un tribunal**   **dans** [z] **un pays**

    *   between a preceding adjective and a noun.

        un petit [t] **état**   **un grand** [t] **homme**   **les prochaines** [z] **élections**

3. There are also a couple of contexts in which French speakers virtually *never* make **liaison** (often called **les liaisons «interdites»**). As you learned in **Chapitre 8,** for example, **liaison** does not occur before words beginning with an *h* **aspiré** (for example, **les // hanches**). Two other cases are:

    *   between the conjunction **et** and any following word.

        trente et // un   **Chantal et // André**

    *   between a singular noun and an adjective or between a singular noun and a verb.

        la population // active   **le président // arrive**

A. Essayons!

♦ **Première étape.** Vous allez entendre deux fois une série de phrases. Si vous entendez un cas de **liaison obligatoire,** cochez (✓) la consonne de liaison. Sinon, ne marquez rien (il s'agit d'une **liaison interdite**).

	[n]	[t]	[z]		[n]	[t]	[z]
1.	☐	☐	☐	6.	☐	☐	☐
2.	☐	☐	☐	7.	☐	☐	☐
3.	☐	☐	☐	8.	☐	☐	☐
4.	☐	☐	☐	9.	☐	☐	☐
5.	☐	☐	☐	10.	☐	☐	☐

Attention! Avant de continuer, vérifiez vos réponses dans la clé de corrections sur le site Web d'*En avant.*

Deuxième étape. Écoutez encore une fois les phrases de la **Première étape** et répétez-les en faisant attention aux liaisons obligatoires et aux liaisons interdites.

Pour bien prononcer

It is important to pronounce a normally silent final **s, x,** or **z** as [z] in **les liaisons obligatoires;** doing so will sometimes help distinguish between two phrases with different meanings! For example, **trois ans,** pronounced with the **liaison** consonant [z], means "three years"; **trois̸ cents,** without **liaison,** means "three hundred." You'll come across other pairs of phrases like this in Activity B.

B. Un pas en avant.

♦ **Première étape.** Vous allez entendre deux fois une série d'expressions. Cochez (✓) l'expression que vous entendez. À la fin de l'activité, écoutez pour vérifier vos réponses.

1.	a. ☐ ils sont	b. ☐ ils ont
2.	a. ☐ des sommes	b. ☐ des hommes
3.	a. ☐ vous savez	b. ☐ vous avez
4.	a. ☐ il arrive	b. ☐ ils arrivent
5.	a. ☐ mes sœurs	b. ☐ mes heures
6.	a. ☐ elle oublie	b. ☐ elles oublient
7.	a. ☐ ils s'envoient	b. ☐ ils en voient

Deuxième étape. Maintenant, écoutez chaque série d'expressions de la **Première étape.** Répétez-les en faisant attention à la liaison obligatoire dans la *seconde* expression.

C. Dictée.

Première étape. Écoutez, et complétez les phrases avec les mots que vous entendez. Vous allez entendre chaque phrase deux fois.

1. _____ manifester _____

   contre les _____?

2. Depuis _____ 80, la France cherche à protéger

   _____ culturelle face à la dominance

   _____.

3. _____ conférenciers (*speakers*) ont discuté du port du

_____ .

4. L'_____ reste un problème en France

_____ en Belgique.

Attention! Avant de continuer, vérifiez vos réponses dans la clé de corrections sur le site Web d'*En avant*.

Deuxième étape. Vous allez entendre encore une fois les phrases de la **Première étape.** Répétez-les en faisant attention aux liaisons obligatoires (dans les phrases 1 et 2) et aux liaisons interdites (dans les phrases 3 et 4).

Grammaire interactive

15.1 Ce n'est pas évident! Indicating uncertainty by using the present subjunctive

A. C'est possible. Écoutez les phrases, et pour chacune indiquez s'il s'agit d'une expression de possibilité, d'incertitude ou de doute. Vous allez entendre chaque phrase deux fois. À la fin de l'activité, écoutez pour vérifier vos réponses.

	possibilité	incertitude	doute
1.	☐	☐	☐
2.	☐	☐	☐
3.	☐	☐	☐
4.	☐	☐	☐
5.	☐	☐	☐
6.	☐	☐	☐

B. Est-ce que tout le monde le fait?

Première étape. Complétez les phrases suivantes en écrivant la forme appropriée du verbe entre parenthèses, au subjonctif.

1. Il n'est pas certain que tout le monde _____ (savoir) raccommoder ses vêtements.

2. Je doute que tous les gens _____ (baisser) le chauffage en hiver ou la clim en été.

3. Il se peut qu'un jour nous _____ (recycler) tous nos boîtes et bouteilles.

4. Il est douteux que tout le monde _____ (faire) du jardinage biologique.

5. Il n'est pas vrai que la plupart des gens _____ (installer) des ampoules fluocompactes.

6. Il n'est pas clair que nous _____ (pouvoir) tous composter nos déchets.

Deuxième étape. Faites correspondre les phrases de la **Première étape** aux illustrations suivantes.

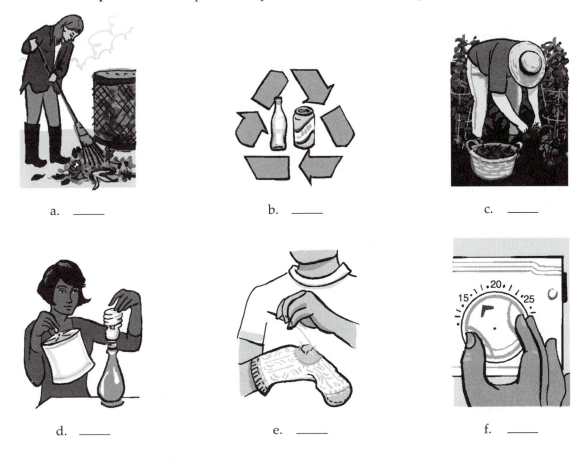

a. _____

b. _____

c. _____

d. _____

e. _____

f. _____

C. Vous et vos amis. À l'aide des illustrations et légendes (*captions*), indiquez si vous faites ces gestes pour protéger l'environnement. Et vos amis? Qu'est-ce qu'ils font? Exprimez votre certitude (**Je sais que…** , **Il est certain que…** , etc.) en utilisant l'indicatif, ou vos doutes (**Je doute que…** , **Il est douteux que…**) en utilisant le subjonctif. Suivez l'exemple.

EXEMPLE:

utiliser des sacs en tissu au supermarché

Moi: *Je n'utilise jamais de sacs en tissu au supermarché.*

Mes amis: *Je sais que mes amis les utilisent très souvent.*

1. **débrancher ses appareils**

   Moi: _____.

   Mes amis: _____.

2. **prendre les transports en commun**

   Moi: _____.

   Mes amis: _____.

3. **boire de l'eau dans une gourde**

   Moi: _____.

   Mes amis: _____.

D. Tout est possible. Indiquez votre opinion sur la probabilité des événements suivants en écrivant une phrase avec **douteux, possible, probable** ou **clair. Attention!** N'oubliez pas d'utiliser le subjonctif, si c'est nécessaire.

EXEMPLE: L'énergie éolienne peut jouer un rôle de plus en plus important.

Il est clair que l'énergie éolienne peut jouer un rôle de plus en plus important.

(ou) *Il n'est pas clair que l'énergie éolienne puisse jouer un rôle de plus en plus important.*

1.   On sait inverser les effets du réchauffement de la planète.

   _____

2.   Les OGM rendent la nourriture moins chère mais aussi moins saine.

   _____

3.   Les scientifiques peuvent bientôt trouver un remède (*cure*) contre le SIDA.

   _____

4.   Le taux de chômage continue à augmenter.

   _____

5.   Notre gouvernement fait face au terrorisme.

   _____

15.2 Qu'on soit plus tolérant! Saying what one wishes using the present subjunctive

A. Au sujet de Théo. Vous allez entendre deux fois une série de petits dialogues entre deux personnes au sujet de leur ami commun, Théo. Indiquez s'il s'agit, dans la réponse à chaque question, d'une expression d'émotion ou de préférence. À la fin de l'activité, écoutez pour vérifier vos réponses.

	émotion	**préférence**
1.	☐	☐
2.	☐	☐
3.	☐	☐
4.	☐	☐
5.	☐	☐
6.	☐	☐

B. Les formes des verbes.

Première étape. Complétez le tableau avec les formes correctes des verbes **aller, avoir** et **être**.

	aller	avoir	être
… que je (j')	*aille*		
… que tu		*aies*	
… qu'il/elle/on			*soit*
… que nous	*allions*		
… que vous		*ayez*	
… qu'ils/elles			*soient*

Attention! Avant de continuer, vérifiez vos réponses dans la clé de corrections sur le site Web d'*En avant!*

Deuxième étape. Maintenant, complétez chacune des phrases suivantes par un des verbes de la **Première étape** à la forme appropriée du subjonctif.

1. Je suis content(e) que mes amis _____ tolérants et compréhensifs.

2. Je ne suis pas surpris(e) que tu _____ l'esprit ouvert.

3. J'aimerais (au moins!) que mon futur mari ne _____ pas sexiste.

4. Il est dommage que vous _____ des préjugés contre ces gens.

5. Mon prof souhaite que nous _____ tous à l'étranger découvrir une autre culture.

6. Ma copine veut que j'_____ avec elle à une manifestation de SOS Racisme.

C. La culture contemporaine.
Quelle est votre réaction à ce qui se passe dans la culture française contemporaine? Choisissez d'abord une des expressions de la liste pour commencer chacune des phrases suivantes, puis écrivez la forme appropriée du verbe entre parenthèses au subjonctif. Suivez l'exemple.

Il est bon	**Je (ne) suis (pas) étonné(e)** (*shocked*)
Il est dommage	**Je (ne) suis (pas) surpris(e)**

EXEMPLE: _____Il est bon_____ que les Français _____*défendent*_____ (défendre) activement leur identité culturelle.

1. _____ qu'il n'y _____ (avoir) plus de service militaire obligatoire en France.

2. _____ que l'immigration clandestine _____ (être) un gros problème en France.

3. _____ que les travailleurs français _____ (faire) souvent grève.

4. _____ que le gouvernement _____

(interdire) le port des signes religieux à l'école.

5. _____ qu'un pourcentage important de jeunes dans les

quartiers défavorisés ne/n'_____ (aller) plus à l'école.

D. Se vanter de son enfant. Voici quelques qualités et traits dont les parents d'un enfant se vantent (*brag*) souvent. Aimeriez-vous que votre enfant (ou un[e] futur[e] enfant) ait ces mêmes caractéristiques? Si oui, utilisez une expression de préférence: **J'aimerais bien que… , Je souhaite que…** , etc.; si non, utilisez: **Il n'est pas nécessaire que…**

Samsha et Samir

EXEMPLES: «Mon enfant lit beaucoup.»

Je voudrais que mon enfant lise beaucoup.

1. «Mon enfant sait jouer d'un instrument de musique.»

   _____

2. «Mon enfant va aux meilleures écoles.»

   _____

3. «Mon enfant a un très bon sens de l'humour.»

   _____

4. «Mon enfant fait tout ce que je lui demande.»

   _____

5. «Mon enfant sait qu'il/elle peut vraiment tout me dire.»

   _____

15.3 Vouloir, c'est pouvoir   Use of an infinitive versus the subjunctive

A. Vanessa et sa sœur. Vanessa parle de sa vie quotidienne dans l'appartement qu'elle partage avec sa sœur. Indiquez ce que fait Vanessa dans chaque situation en cochant (✓) la case appropriée. Vous allez entendre chaque phrase deux fois. À la fin de l'activité, écoutez pour vérifier vos réponses.

1. a. ☐ Elle préfère nettoyer la salle de bains elle-même.
   b. ☐ Elle préfère que sa sœur la nettoie.
2. a. ☐ Elle est contente de s'occuper des chiens.
   b. ☐ Elle est contente que sa sœur s'en occupe.
3. a. ☐ Elle souhaite décorer le salon elle-même.
   b. ☐ Elle souhaite que sa sœur le décore.
4. a. ☐ Elle veut aller au marché elle-même.
   b. ☐ Elle veut que sa sœur y aille.
5. a. ☐ Elle aime parler à la concierge.
   b. ☐ Elle aime que sa sœur lui parle.

B. Six conseils pour une vie plus saine.

Première étape. Complétez les conseils suivants à l'aide des infinitifs de la liste.

dormir	faire	fumer	gérer	manger	voir

1. Il est important de _____ de l'exercice.

2. Il est nécessaire de _____ au moins six heures par nuit.

3. Il est essentiel de _____ des repas équilibrés.

4. Il vaut mieux arrêter de _____ .

5. Il faut apprendre à _____ le stress.

6. Il est préférable d'aller _____ un médecin une fois par an.

Deuxième étape. Qui, parmi vos amis ou les membres de votre famille, ne suit pas les conseils de la **Première étape?** Choisissez trois conseils et indiquez ce que chaque personne devrait faire en utilisant une des expressions ci-dessus + **que** + le subjonctif. Justifiez votre réponse. Suivez l'exemple.

EXEMPLE: Il est important de faire de l'exercice.

Il est important que mon père (en particulier) fasse de l'exercice parce qu'il est un peu gros.

1. _____
   _____
2. _____
   _____
3. _____
   _____

C. En séquence logique. Décrivez ce que fait Nicolas dans chaque illustration, en utilisant les deux expressions indiquées et **avant de** ou **avant que** selon le cas.

EXEMPLE:

étudier à la
bibliothèque

passer son examen

Il étudie à la bibliothèque avant de passer son examen.

dire au revoir

partir en vacances

1. _____ .

acheter un bouquet

offrir à sa grand-mère

2. _____ .

retirer de
l'argent

aller en boîte

3. _____.

mettre la table

venir dîner chez lui

4. _____.

D. De bons amis.

Première étape. Donnez votre avis sur ce qui constitue un(e) bon(ne) ami(e). Complétez la phrase suivante en utilisant trois infinitifs différents. Suivez l'exemple.

Pour être un(e) bon(ne) ami(e), il est important de (d')...

     EXEMPLE: _être très compréhensif (compréhensive)_

  1. _____.

  2. _____.

  3. _____.

Deuxième étape. En tenant compte de vos réponses de la **Première étape**, décrivez votre meilleur(e) ami(e) en utilisant une expression de possibilité, d'(in)certitude, de doute, d'émotion ou de préférence.

     EXEMPLE: _Il est évident qu'il (elle) est compréhensif (compréhensive)._

            Par exemple...

        (ou) _J'aimerais qu'il (elle) soit un peu plus compréhensif_

             (compréhensive). Par exemple...

1. _____

_____

_____.

2. _____

_____

_____.

3. _____

_____

_____.

Culture interactive

Lisons!

> **Stratégie de lecture**   Determining the tone of a text / Inferring an author's (or narrator's) attitude
>
> Aside from presenting main ideas and supporting details in a text, an author will often adopt a particular tone, suggesting his or her overall attitude toward those ideas—either in his/her own "voice" (as in a newspaper editorial) or through the voice of a narrator (as in a novel or short story). Both vocabulary items and grammatical structures can be used to achieve a particular tone, as well as the author's use of figures of speech such as hyperbole and metaphors. Analyzing the choices that the author or narrator has made can help you determine whether the tone of the text is sarcastic, ironic, tragic, sentimental, hyperbolic, etc.

Avant de lire

Vous allez lire un extrait du conte *La Dernière Classe* d'Alphonse Daudet, une histoire qui se déroule (*takes place*) en Alsace à la fin de la guerre franco-prussienne (ou «franco-allemande») de 1870–1871. Franz, un écolier alsacien, apprend en arrivant dans le cours de français de M. Hamel qu'il sera bientôt obligé d'étudier l'allemand à la place du français car l'Alsace et la Lorraine, deux régions contestées pendant la guerre, tombent maintenant sous le contrôle des Prussiens. L'auteur insiste sur la tristesse de l'instructeur à la perte de son identité française et sur l'importance de cette dernière leçon.

Commençons par le début!

Première étape. Étudiez les quatre «outils» (*tools*) de la liste ci-dessous que l'auteur utilise pour bien montrer l'attitude du narrateur.

a. L'auteur utilise la négation **ne... jamais** pour montrer la finalité de ce qui se passe.
b L'auteur utilise le quantificateur **tout/tous/toute(s)** pour mettre en valeur la quantité.
c. L'auteur utilise le comparatif ou le superlatif (**plus, aussi, moins**) pour insister sur une qualité.
d. L'auteur utilise une métaphore pour évoquer à la fois (*at the same time*) la tristesse et l'espoir (*hope*).

Deuxième étape. Indiquez quel outil de la **Première étape** est exemplifié dans chacune des phrases suivantes en écrivant la lettre correspondante. **Attention!** Dans la dernière phrase, l'auteur utilise plusieurs de ces outils.

1. ... c'était la plus belle langue du monde, la plus claire, la plus solide... _____

2. ... quand un peuple tombe esclave, tant qu'il tient bien sa langue, c'est comme s'il tenait la clé de sa prison... _____

3. Je crois aussi que je n'avais jamais si bien écouté et que lui non plus n'avais jamais mis autant de (*as much*) patience à ses explications. _____

4. ... le pauvre homme voulait nous donner tout son savoir... _____

5. ... et en appuyant de toutes ses forces, il écrivit aussi gros qu'il put... _____ _____

Lecture

Maintenant, lisez le texte en tenant compte du fait que le narrateur est un jeune garçon.

La Dernière Classe

Alors, d'une chose à l'autre, M. Hamel se mit[1] à nous parler de la langue française, disant que c'était la plus belle langue du monde, la plus claire, la plus solide; qu'il fallait la garder entre nous et ne jamais l'oublier, parce que, quand un peuple tombe esclave, tant qu'il[2] tient bien sa langue, c'est comme s'il tenait la clé de sa prison... Puis il prit[3] une grammaire et nous lut[4] notre leçon. J'étais étonné[5] de voir comme je comprenais. Tout ce qu'il disait me semblait facile, facile. Je crois aussi que je n'avais jamais si bien écouté et que lui non plus n'avais jamais mis autant de[6] patience à ses explications. On aurait dit[7] qu'avant de s'en aller, le pauvre homme voulait nous donner tout son savoir, nous le faire entrer dans la tête d'un seul coup.[8]

La leçon finie, on passa[9] à l'écriture. Pour ce jour-là, M. Hamel nous avait préparé des exemples tout neufs, sur lesquels était écrit en belle ronde[10] *France, Alsace, France, Alsace*. Cela faisait comme des petits drapeaux qui flottaient tout autour de la classe, pendus à la tringle de nos pupitres.[11] Il fallait voir comme chacun s'appliquait, et quel silence! On n'entendait rien que le grincement des plumes[12] sur le papier. [...] Sur la toiture de l'école, des pigeons roucoulaient tout bas,[13] et je me disais en les écoutant: «Est-ce qu'on ne va pas les obliger à chanter en allemand, eux aussi?»

De temps en temps, quand je levais les yeux de dessus ma page, je voyais M. Hamel immobile dans sa chaire[14] et fixant[15] les objets autour de lui, comme s'il avait voulu emporter dans son regard[16] toute sa petite maison d'école... Pensez! depuis quarante ans, il était là à la même place, avec sa cour en face de lui et sa classe toute pareille. [...] Quel crève-cœur[17] ça devait être pour ce pauvre homme de quitter toutes ces choses, et d'entendre sa sœur qui allait, venait, dans la chambre au-dessus, en train de fermer leurs malles![18] Car ils devaient partir le lendemain, s'en aller du pays pour toujours.

[*L'horloge de l'église sonna*[19] *midi.*]

—Mes amis, dit-il, mes... je... je...

Mais quelque chose l'étouffait.[20] Il ne pouvait achever sa phrase.

Alors il se tourna[21] vers le tableau, prit un morceau de craie, et en appuyant de toutes ses forces, il écrivit[22] aussi gros qu'il put:[23]

Vive la France!

Puis il resta[24] là, la tête appuyée au mur et, sans parler, avec sa main, il nous faisait signe: «C'est fini... allez-vous-en.»

[1]= s'est mis [2]*tant... as long as it (the group of people)* [3]= a pris [4]= a lu [5]*astonished, surprised* [6]*autant... so much* [7]*On... You would have thought* [8]*nous... plant it in our heads in one fell swoop* [9]= est passé [10]*en... beautiful penmanship, handwriting* [11]*Cela... They (the penmanship samples written on small slips of paper) looked like little flags waving all around the classroom, hanging from the metal rod that connected the fronts of our desks.* [12]*rien que... nothing but the scratching of feather pens* [13]*roucoulaient... were softly cooing* [14]*pulpit* [15]*staring at* [16]*emporter... capture in his mind's eye* [17]*heartbreak* [18]*trunks* [19]= a sonné [20]*choked him up* [21]= s'est tourné [22]= a écrit [23]= a pu [24]= est resté

Après la lecture

A. Avez-vous compris?

Première étape. Décidez si les affirmations suivantes sont vraies ou fausses. Si une affirmation est fausse, corrigez-la.

		VRAI	FAUX
1.	L'Alsace était une région contestée pendant la guerre franco-allemande.	☐	☐
2.	M. Hamel conseille aux étudiants de ne pas oublier la langue française.	☐	☐
3.	M. Hamel est plutôt joyeux pendant la leçon de français.	☐	☐
4.	Ce jour-là, Franz trouve la leçon de français difficile.	☐	☐
5.	La leçon d'écriture se déroule en silence.	☐	☐
6.	M. Hamel et sa sœur partiront le lendemain en vacances.	☐	☐

Deuxième étape. Complétez chaque phrase avec le mot approprié de la liste.

culture	enthousiasme	fier	menacé	pays	triste

1. M. Hamel semble être très _____ de sa langue maternelle.

2. Pour M. Hamel, le français semble représenter son _____ et sa

   _____.

3. Selon M. Hamel, le français et tout ce qu'il représente est _____ par la

   guerre.

4. Franz est visiblement _____ que M. Hamel doive partir.

5. M. Hamel a enseigné avec tant d'énergie et d'_____ parce que c'était sa

   dernière leçon.

B. Pour aller plus loin.
Pourquoi, à votre avis, est-ce que M. Hamel a décidé d'enseigner cette dernière leçon de français? Qu'est-ce qu'il voulait faire comprendre aux élèves?

_____

_____

_____

Chez les Français / Chez les francophones / Rétrospective

Utilisez les renseignements fournis dans **Chez les Français**, **Chez les francophones** et **Rétrospective** du manuel pour déterminer si les affirmations suivantes sont vraies ou fausses. Si une affirmation est fausse, corrigez-la en changeant les mots soulignés pour la rendre vraie.

		VRAI	FAUX
1.	Bien qu'il existe des partis «verts», l'écologie est un sujet qui préoccupe <u>tous les partis politiques</u>.	☐	☐
2.	Au Rwanda, on cultive surtout <u>du thé</u>.	☐	☐
3.	<u>L'écotourisme</u> est l'un des principaux attraits du Rwanda.	☐	☐
4.	Le Président de la République française est élu pour <u>7 ans</u>.	☐	☐
5.	En France, il y a un ministère spécial consacré <u>à la culture</u>.	☐	☐
6.	Les événements de mai 68 en France ont commencé avec <u>une grève des ouvriers, puis par des manifestations estudiantines.</u>	☐	☐
7.	Le Front National en France est <u>un parti d'extrême gauche</u>.	☐	☐

✎ Écrivons!

Stratégie d'écriture   Listing pros and cons / Presenting both sides of an argument

Exploring the pros and cons of an issue and the beliefs shared by those on both sides of the argument is an important strategy for critical thinking and writing. When writing an editorial piece, take all possible viewpoints into account by listing the pros and cons of your issue in two columns. What opposing arguments are typically presented by people who are for or against this issue? Once you have considered the problem from different perspectives, you will be better equipped to write your editorial and propose a workable solution.

Genre: Votre contribution (*Op-ed piece*)

Thème: Selon vous, est-ce qu'il y a un grave problème qui menace la société ou l'environnement? Écrivez une contribution pour le journal de votre université qui exprime votre opinion et qui offre des solutions possibles au problème.

1. D'abord, identifiez le problème social ou environnemental dont vous allez discuter. Par exemple, est-ce que vous trouvez qu'il y a trop de pollution / de déchets et/ou pas assez d'efforts pour préserver les ressources naturelles (pas assez de recyclage, etc.) dans votre ville ou région? Ou bien, est-ce que vous croyez qu'on doit faire plus d'efforts pour régler un problème social comme le chômage, l'itinérance, etc.?

2. Ensuite, faites une liste des pour et contre et considérez comment vous pouvez adresser les objections éventuelles de votre lecteur ou lectrice.

3. Expliquez ce qu'on fait maintenant pour faire face au problème, et pourquoi ce n'est pas suffisant.

4. Finalement, proposez une solution qui, selon vous, pourrait améliorer le problème.

Une fois que vous avez fini, relisez votre travail en tenant compte des conseils donnés dans la section **Vérifions.**

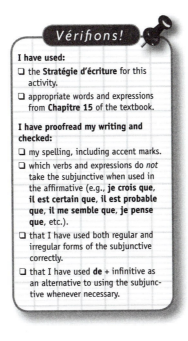

Vérifions!

I have used:
- ❏ the **Stratégie d'écriture** for this activity.
- ❏ appropriate words and expressions from **Chapitre 15** of the textbook.

I have proofread my writing and checked:
- ❏ my spelling, including accent marks.
- ❏ which verbs and expressions do *not* take the subjunctive when used in the affirmative (e.g., **je crois que, il est certain que, il est probable que, il me semble que, je pense que**, etc.).
- ❏ that I have used both regular and irregular forms of the subjunctive correctly.
- ❏ that I have used **de** + infinitive as an alternative to using the subjunctive whenever necessary.

CHAPITRE 16

Une célébration des arts

Communication en direct

A. Quelque chose à dire. Écoutez chaque question, puis choisissez la réponse appropriée. Vous allez entendre chaque question deux fois. À la fin de l'activité, écoutez pour vérifier vos réponses.

1. a. Il y a beaucoup à découvrir en France: l'histoire, la culture et la cuisine.
   b. On a une culture très riche au Québec qu'on veut préserver.
2. a. Pour moi, la cuisine est un aspect important de la culture.
   b. Ce n'est pas très facile, le français, mais ça vaut la peine de l'apprendre!
3. a. Bien sûr! C'est une ville cosmopolite qu'il faut vraiment visiter.
   b. Vous devriez venir en France pour pratiquer votre français.
4. a. Si vous y allez, visitez aussi les petites villes au Québec!
   b. Oui, il faut surtout venir visiter les musées et admirer sa belle architecture!
5. a. Vous devriez faire un séjour linguistique dans un autre pays, si possible.
   b. Oui, c'est une excellente manière de découvrir une autre culture.
6. a. Elle est si diverse, si riche que vous pouvez passer toute une vie pour la connaître!
   b. C'est une ville superbe, avec des monuments incroyables.

B. Qu'est-ce qu'on dit? Complétez les phrases avec l'expression appropriée à chaque situation. **Attention!** Pour certaines situations, il y aura plusieurs possibilités.

1. Albane va rentrer à la fin d'une soirée entre copines:

   «_____»

2. Vos grands-parents partent en vacances à Tahiti:

   «_____»

3. Un ami se prépare pour les examens de fin de semestre:

   «_____»

4. Des étudiants d'échange sénégalais visitent votre fac:

   «_____»

5. Gabrielle finit sa conversation au téléphone avec une bonne amie:

    «_____»

6. Un ami apprend à jouer du piano: «_____»

7. Vos voisins viennent de vous souhaiter une bonne année:

    «_____»

Vocabulaire interactif

Les «sept arts»   Talking about the arts

A. C'est quel domaine? Mettez chacun des mots ou expressions suivants dans la catégorie appropriée.

en marbre	un coup de pinceau	sous-titré
le tournage	une fresque	un recueil
sur pointes	une toile	un vitrail
un compositeur		

1. **L'architecture:** un arc-boutant, une gargouille, _____

2. **La sculpture:** un thème religieux ou mythologique, une statue, en bronze,

    _____

3. **La peinture:** une image, un tableau, _____,

    _____, _____

4. **La musique (l'opéra):** un acte, _____

5. **La poésie:** un poète, un poème, _____

6. **La danse (le ballet):** une danseuse, une technique, _____

7. **Le cinéma:** un long métrage, la sortie d'un film, _____,

    _____

 B. Parlons de nos œuvres préférées. Écoutez chaque personne parler d'une œuvre ou des œuvres artistiques qu'elle aime particulièrement. Faites correspondre les œuvres de la liste suivante à chaque commentaire que vous entendez. Vous allez entendre chaque commentaire deux fois. À la fin de l'activité, écoutez pour vérifier vos réponses.

- a. un tableau impressionniste
- b. un édifice gothique
- c. un long métrage
- d. des fresques
- e. des vitraux dans une église
- f. un opéra romantique

1. ____   2. ____   3. ____   4. ____   5. ____   6. ____

C. Professions artistiques. Complétez les mots croisés en écrivant les noms des professions artistiques, à l'aide des indices (*clues*) dans les deux listes.

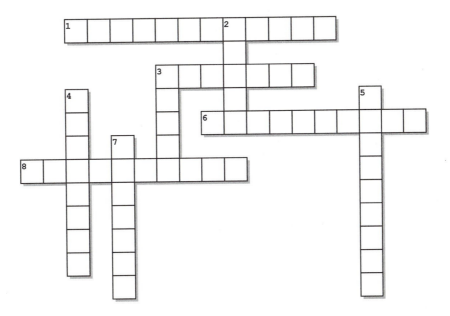

Horizontalement

1. Elle fait des films (synonyme de «cinéaste»).
3. Il fait des tableaux.
6. Il conçoit des bâtiments ou d'autres édifices.
8. Elle joue de la musique.

Verticalement

2. Il chante à l'opéra (rôle pour homme).
3. Il écrit des poèmes.
4. Elle danse (au ballet, par exemple).
5. Il fait des statues ou d'autres sculptures.
7. Elle interprète un rôle dans un film.

D. La vie de George Sand (1804–1876).

Première étape. Lisez le passage suivant sur George Sand.

George Sand était une femme écrivain française du 19ᵉ siècle, un véritable personnage à son époque. George Sand doit sa renommée[1] à ses œuvres littéraires, plus de trente romans dont les plus célèbres sont *Indiana*, le premier à être publié sous son pseudonyme George Sand, *La Mare au diable* et *La Petite Fadette*. Elle est aussi connue pour sa manière de s'habiller comme un homme et de fumer en public, son engagement politique et ses nombreuses relations amoureuses. Parmi ses amants[2] on compte entre autres, Jules Sandeau, le romancier qui a inspiré son pseudonyme *Sand*, Prosper Mérimée, l'auteur de la nouvelle[3] *Carmen* sur laquelle l'opéra du même nom est basé, Alfred de Musset, un dramaturge[4] et poète français, et, bien sûr, le célèbre pianiste et compositeur polonais Frédéric Chopin. George Sand reste une figure énigmatique et importante de la littérature française.

[1]*fame* [2]*lovers* [3]*novella* [4]*playwright*

George Sand

Deuxième étape. Choisissez le mot ou le groupe de mots qui complète le mieux chaque phrase pour résumer le texte de la **Première étape.**

1. Malgré (*Despite*) son pseudonyme masculin, George Sand était une _____.
   a. femme sculpteur
   b. femme écrivain
   c. femme peintre

2. Elle reste une figure importante de la littérature _____.
   a. française
   b. québécoise
   c. suisse

3. Pendant sa carrière, elle a écrit plus de trente _____.
   a. poèmes
   b. romans
   c. contes

4. Un de ses amants, Prosper Mérimée, était l'auteur _____.
   a. de la nouvelle *Carmen*
   b. du recueil *Alcools*
   c. de fables

5. Un de ses derniers amants, Frédéric Chopin, était pianiste et _____.
   a. danseur
   b. dramaturge
   c. compositeur

6. Son comportement ne correspondait pas toujours aux mœurs (*morals*) du _____ siècle.
   a. 20^e
   b. 17^e
   c. 19^e

Prononcez bien!

Les virelangues (*Tongue twisters*)   *Un ver vert dans un verre vert à l'envers*

Here are some French tongue twisters to test your tongue's twistability (and to review the correspondence between sound and spelling in French):

- the letters *j* and *g* (when followed by the letter *e, i,* or *y*):

  Juste juge, jugez Gilles jeune et jaloux.

- the letters *s* and *c* (when followed by the letter *e, i,* or *y*):

  ces six cents six saucissons-ci

- the combination *ch*:

  Les chaussettes de l'archiduchesse sont-elles sèches? Archi-sèches!

- the vowels [o] as in **beau** and [ɔ] as in **bonne**:

  Un gros porc dort au bord du beau port de Bordeaux.

- the vowels [i] as in **dire** and [y] as in **dur**:

  La pipe au papa du Pape Pie pue.*

- the nasal vowels:

  Même maman m'a mis ma main dans mon manchon (*muff*)**.**

---

*This tongue twister is attributed to the French poet Jacques Prévert and means "Pope Pius's father's (tobacco) pipe stinks."

A. Essayons!

♦ **Première étape.** Écoutez les virelangues suivants, et cochez (✓) le mot que vous entendez. Vous allez entendre chaque virelangue deux fois.

1. **Six** □ / **Ces** □ cerises sont si sûres qu'on ne sait pas si c'en sont.
2. Les mots doux sonnent faux (*don't ring true*) dans sa **bouche** □ / **bûche** □.
3. **Le mur** □ / **L'amour** □ murant Paris rend Paris murmurant.
4. Poisson **sa** □ / **sans** □ boisson, c'est poison!
5. La robe rouge de Rosalie est **ravissant** □ / **ravissante** □.
6. La grosse rose **jaune** □ / **jeune** □ de gauche est autre chose que la vôtre.

Attention! Avant de continuer, vérifiez vos réponses dans la clé de corrections sur le site Web d'*En avant!*

Deuxième étape. Écoutez encore une fois les virelangues de la **Première étape** et répétez-les.

Pour bien prononcer

In **Chapitre 14,** you reviewed the oral and nasal vowels of French. Recall from **Chapitre 7** that there are also three semi-vowels, which combine with another vowel within the same syllable: [j] as in **tiens!**, [w] as in **toit,** and [ɥ] as in **tuile.** English speakers sometimes incorrectly pronounce the semi-vowel in one syllable and the vowel that follows in the next—especially in the case of the semi-vowel [j]; pronouncing the English–French cognate *lion,* for instance, in two syllables (**li | on**) instead of one (**lion**). Be sure to keep both the semi-vowel and the following vowel within the same syllable as you try out the tongue twisters in Activity B.

B. Un pas en avant. Vous allez entendre deux fois d'autres virelangues. La première fois que vous entendez chaque phrase, faites bien attention à la prononciation des semi-voyelles. La deuxième fois, répétez le virelangue.

1. Tr<u>oi</u>s tortues trottaient sur un trott<u>oi</u>r très étr<u>oi</u>t.
2. L'h<u>ui</u>ssier (*usher*) mange h<u>ui</u>t h<u>ui</u>tres dans de l'h<u>ui</u>le.
3. Le l<u>ie</u>utenant trouve un l<u>io</u>n et un l<u>iè</u>vre (*hare*) dans le l<u>ie</u>rre (*ivy*).

♦ C. Dictée.

Première étape. Complétez les virelangues avec les mots que vous entendez. Vous allez entendre chaque virelangue deux fois.

1. Jeanne est trop _____ pour être la _____ d'un tel jeune

   _____.

2. Voilà _____ qu'il _____ moins que

   _____.

3. Pauvre _____ pêcheur, _____ patience pour

   _____ prendre plusieurs petits _____.

4. Six fraises, plus une fraise fraîche, plus six fraises, font _____

   _____ _____.

Attention! Avant de continuer, vérifiez vos réponses dans la clé de corrections sur le site Web d'*En avant!*

Deuxième étape. Écoutez encore une fois les virelangues de la **Première étape** et répétez-les.

Grammaire interactive

Rappel: Infinitives, verb groups, and irregular verbs

A. Pour parler de l'art.

Première étape. Vous allez entendre deux fois une série de phrases. Dans chaque phrase, identifiez l'infinitif du verbe que vous entendez et dites-le à haute voix. Après une petite pause, écoutez pour vérifier votre réponse.

EXEMPLE: *Vous entendez:*   Il écrit beaucoup de poèmes en ce moment.

               Vous dites: écrire

               Vous entendez: écrire

    1. …   2. …   3. …   4. …   5. …   6. …   7. …   8. …

♦ **Deuxième étape.** Écoutez les phrases une deuxième fois et écrivez l'infinitif dans la catégorie appropriée.

verbes en –er comme *parler*	verbes en –ir/–iss comme *finir*	verbes en –ir comme *dormir*	verbes en –re comme *rendre*	verbes irréguliers
				EXEMPLE: *écrire*

B. Paris: ville historique, ville culturelle, ville moderne.
Complétez chaque phrase en utilisant le présent de l'indicatif du verbe entre parenthèses. Faites attention à la catégorie du verbe (régulier ou irrégulier) et à l'accord sujet-verbe.

1. La France _____ (continuer à) jouer un rôle important dans l'Union

   européenne.

2. «Je _____ (savoir) que la France est divisée en départements et

   que la ville de Paris_____ (se trouver) dans le département Paris

   (numéro 75).»

3. Chaque année, sa capitale, Paris, _____ (recevoir) des millions de

   touristes.

4. Un Français sur six _____ (vivre) dans la région parisienne.

5. Le touriste typique _____ (ne jamais visiter) la banlieue parisienne

   et _____ (ne pas connaître) ses problèmes.

6. Il y a de nombreux ponts, comme le Pont Neuf, qui _____ (traverser)

   la Seine.

7. Beaucoup de Parisiens _____ (prendre) le métro chaque matin pour

   se rendre au travail.

8. Il _____ (ne pas être) facile de circuler en ville pendant les heures de

   pointe.

9. On _____ (pouvoir) se renseigner sur les lignes de métro en consultant

   les plans affichés.

10. Il y _____ (avoir) souvent des perturbations, comme par exemple

    des étudiants qui manifestent ou des travailleurs qui _____ (faire)

    grève.

C. Mon côté original (*What makes me special*).

Première étape. On dit que chaque artiste a son «côté original». Et vous? Qu'est-ce qui constitue votre côté original? Complétez les phrases suivantes en employant le verbe entre parenthèses, puis indiquez si la phrase vous décrit bien. (Ensuite, ajoutez une septième phrase pour parler d'un autre détail qui vous caractérise.)

Oui, ça me décrit bien!

1. Je _____ (**prendre**) de belles photos. ☐

2. J' _____ (**avoir**) le sens de la mode. ☐

3. J' _____ (**écrire**) des poèmes et/ou des nouvelles. ☐

4. Je _____ (**vivre**) pour voyager. ☐

5. Je _____ (**savoir**) cuisiner de très bons plats. ☐

6. Je _____ (**joue**) d'un instrument peu commun. ☐

7. Je _____. ☑

Deuxième étape. Choisissez une phrase de la **Première étape** qui vous décrit bien et expliquez plus en détail pourquoi elle vous représente bien.

_____

_____

_____

Rappel: Question formation

A. Une réponse courte. Choisissez la réponse logique à chaque question selon le mot interrogatif en caractères gras.

1. **Qui** a peint ce tableau?
   a. Un pinceau.   b. Van Gogh.   c. *La Nuit étoilée.*

2. **Quel** roman a-t-il lu?
   a. *Madame Bovary*   b. Gustave Flaubert   c. Emma Bovary

3. **Où** se trouve le théâtre?
   a. Avec le dîner.   b. Avant le spectacle.   c. Devant la mairie.

4. **Quand** est le spectacle?
   a. En face du restaurant.
   b. *Le Cid.*
   c. Jeudi, vendredi et samedi.
5. **De quoi** s'agit-il?
   a. Par Cocteau.
   b. Du lundi au jeudi.
   c. De la vie de Paul Verlaine.
6. **Comment** préfère-t-il aller en ville?
   a. À 20 h.
   b. Avec Isabelle
   c. En voiture.

B. La vie d'Auguste Rodin. Vous allez entendre deux fois des questions sur la vie du sculpteur Auguste Rodin. Écrivez la lettre de la réponse logique à côté du numéro de la question. Vous allez entendre chaque question deux fois. À la fin de l'activité, écoutez pour vérifier vos réponses.

1. _____   a. *Le Penseur.*

2. _____   b. Le dessin et la peinture.

3. _____   c. Avec Rose Beuret.

4. _____   d. À Paris.

5. _____   e. En 1840.

6. _____   f. Marie Cheffer et Jean-Baptiste Rodin.

C. La question à ta réponse. Lisez les phrases en faisant attention aux mots soulignés, puis écrivez une question appropriée. Utilisez une expression interrogative de la liste.

à qui	combien de	où	qu'est-ce que / que
avec qui	de quoi	pourquoi	qui

EXEMPLES: Je cherche <u>un tableau impressionniste</u>.

   Qu'est-ce que tu cherches?

   ou *Que cherches-tu?*

1. <u>Monet</u> a peint *Impression, soleil levant.*

   _____

2. Arthur Rimbaud a vécu en Angleterre <u>avec Paul Verlaine</u>.

   _____

3. Pendant sa vie, Van Gogh a peint <u>environ 900 tableaux</u>.

   _____

4. Van Gogh a peint beaucoup de tableaux <u>dans le sud de la France</u>.

   _____

5. Napoléon III a censuré *Les Fleurs du mal* <u>parce que quelques poèmes étaient considérés un outrage à la morale publique</u>.

   _____

6. Les conférenciers parlent <u>du mouvement surréaliste</u>.

   _____

7. Nous admirons <u>les œuvres de Picasso</u>.

   _____

8. George Sand a écrit des lettres <u>à Gustave Flaubert, un bon ami</u>.

   _____

Rappel: Subject and object pronouns

A. Qui l'a dit? Regardez d'abord les listes de choses à faire aujourd'hui d'un architecte, d'un compositeur et d'un réalisateur. Puis, lisez les phrases impératives et indiquez qui donne l'ordre à son assistant administratif.

l'architecte   le compositeur   le réalisateur

À faire aujourd'hui

- téléphoner aux clients
- acheter des crayons
- assister à la conférence à 14 h
- prendre des photos du nouveau site
- finir les plans
- trouver un entrepreneur
- récrire le contrat

À faire aujourd'hui

- envoyer la partition (sheet music) au pianiste
- acheter les droits d'auteur du studio
- finir la symphonie
- téléphoner au flûtiste
- trouver une soprano
- faire les courses

À faire aujourd'hui

- finir le scénario
- acheter des microphones
- prendre le petit déj à 8 h
- téléphoner à la vedette
- trouver les anciens exemplaires
- faire un tour du studio

	l'architecte	le compositeur	le réalisateur
1. Achètez-en.	☐	☐	☐
2. Assistez-y.	☐	☐	☐
3. Faites-en un.	☐	☐	☐
4. Finissez-la.	☐	☐	☐
5. Prenez-en.	☐	☐	☐
6. Téléphonez-leur.	☐	☐	☐
7. Trouvez-les.	☐	☐	☐
8. Faites-les.	☐	☐	☐

B. Des goûts artistiques. Lisez la première phrase en faisant attention au complément d'objet. Ensuite, complétez la deuxième phrase avec le pronom d'objet approprié.

1. Sandrine montre sa peinture à Lucette.

    Sandrine _____ montre sa peinture.

2. Élodie lit attentivement le premier roman de Michel Houllebecq.

    Élodie _____ lit attentivement.

3. Tu vas au cinéma ce soir? Il y a une rétrospective Truffaut.

    Tu _____ vas?

4. Ils écoutent la symphonie de Chopin.

    Ils _____ écoutent.

5. J'offre ces belles photos à Quentin et Luc.

    Je _____ offre ces belles photos.

6. Elle va écrire une lettre à qui? —À moi?

    Oui, elle va _____ écrire une lettre.

7. Vous achetez des collages?

    Vous _____ achetez?

8. Franck pense à son prochain projet.

    Franck _____ pense.

C. La vie d'une artiste.

Première étape. Écoutez la description du week-end de Léonie, photographe professionnelle. Décidez si les phrases suivantes sont vraies ou fausses. Vous allez entendre le passage deux fois. À la fin de la **Première étape,** écoutez pour vérifier vos réponses.

		VRAI	FAUX
1.	Elle vit à Lyon depuis deux ans.	☐	☐
2.	Elle prend le petit déjeuner.	☐	☐
3.	Elle cherche ses affaires avant de partir.	☐	☐
4.	Elle préfère la lumière de l'aube (*dawn*).	☐	☐
5.	Elle voit beaucoup de gens aujourd'hui.	☐	☐
6.	Elle pose des questions aux gens.	☐	☐
7.	L'homme au chapeau plaît à Léonie.	☐	☐

Deuxième étape. Selon vos réponses de la **Première étape,** récrivez les phrases en utilisant un pronom d'objet à l'affirmatif si vous avez répondu «vrai» ou au négatif si vous avez répondu «faux». Suivez l'exemple des deux premières phrases.

1. Elle vit à Lyon depuis deux ans. (vrai)

    Elle y vit depuis deux ans.

2. Elle prend le petit déjeuner. (faux)

    Elle ne le prend pas.

3. Elle prend ses affaires avant de partir.

_____.

4. Elle préfère la lumière de l'aube.

_____.

5. Elle voit beaucoup de gens aujourd'hui.

_____.

6. Elle pose des questions aux gens.

_____.

7. L'homme au chapeau plaît à Léonie.

_____.

Rappel: Past-tense forms

A. Des participes passés.

Première étape. Écrivez l'infinitif qui correspond à chaque participe passé, puis, indiquez si le verbe est conjugué au passé composé avec l'auxiliaire **avoir** ou **être**.

		avoir	être
1.	attendu _____	☐	☐
2.	fait _____	☐	☐
3.	fini _____	☐	☐
4.	mort _____	☐	☐
5.	parti _____	☐	☐
6.	pris _____	☐	☐
7.	pu _____	☐	☐
8.	resté _____	☐	☐
9.	venu _____	☐	☐

Deuxième étape. Maintenant, mettez le verbe entre parenthèses au passé composé à la personne indiquée.

1. (aller) elle _____

2. (avoir) nous _____

3. (choisir) ils _____

4. (comprendre) tu _____

5. (devoir) vous _____

6. (monter) il _____

7. (naître) elles _____

8. (ouvrir) on _____

9. (savoir) je _____

B. Un événement important. Vous allez entendre deux fois le récit d'un événement important de la vie d'Alain. Écoutez une fois, puis lisez les phrases de la liste. Écoutez une deuxième fois, puis, dans chaque cas, cochez (✓) la phrase qui reflète le mieux ce qui s'est vraiment passé. À la fin de l'activité, écoutez pour vérifier vos réponses.

1. a. Alain parle de l'année où il **avait** vingt-cinq ans.
    b. Alain parle du jour où il **a eu** vingt-cinq ans.

2. a. Il **faisait** un temps agréable en hiver dans sa région.
    b. Il n'**a** pas **fait** beau le jour de son anniversaire.

3. a. Il **regardait** un film quand quelqu'un a sonné à la porte.
    b. Il **a regardé** deux fois de suite (*in a row*) le même film.

4. a. D'après sa mère, son cadeau **allait arriver** par la poste.
    b. Le cadeau d'un bon ami **est arrivé** par la poste.

5. a. Avant de recevoir ce cadeau, il **était** triste.
    b. Il **a été** triste quand il a vu ce qu'il y avait dans le colis.

6. a. Il **lisait** le roman quand un étranger lui a téléphoné.
    b. Il **a lu** le roman entier en quelques heures.

7. a. Il n'**avait** pas envie de lire le roman, alors il a regardé le film.
    b. Après la lecture de ce roman, il **a eu** envie d'écrire un livre.

8. a. Sa vie **changeait** constamment à cet âge.
    b. Ce jour-là, sa vie **a changé** brusquement.

C. Cambriolage (*Robbery*) au musée!* À l'aide des illustrations et des verbes suggérés, écrivez en quelques phrases **au passé** l'histoire d'un cambriolage dans un musée. Utilisez **l'imparfait** pour décrire la scène, l'état mental des personnages, les causes, les événements en cours; utilisez le **passé composé** pour raconter les événements spécifiques de l'intrigue, les décisions prises, leurs conséquences, etc.

faire nuit, le voleur / se cacher (*to hide*), **être nerveux, le gardien / ne pas le voir**

_____

_____

_____

*Cette histoire s'inspire d'un événement réel: Selon Interpol, cinq tableaux qui valaient environ 100 millions d'euros (dont un Matisse et un Picasso) ont été dérobés (*stolen*) lors d'un cambriolage au Musée d'Art Moderne à Paris dans la nuit du 19 au 20 mai 2010.

entrer par, laisser tomber ... par terre, porter

_____

_____

_____

avoir peur, décrocher (*take down*)**, entendre sonner l'alarme**

_____

_____

_____

chercher son pinceau et sa palette, se dépêcher, mettre un tablier (*smock, apron*)

_____

_____

_____

arriver, avoir l'air paniqué, être sur le point de

_____

_____

_____

Culture interactive

📖 Lisons!

Stratégies de lecture   Using the reading strategies introduced in earlier chapters

In the previous three chapters, you learned to analyze texts above the level of the sentence: determining the structure (organization) of paragraphs within a text, determining main themes and identifying where they recur, and determining the tone of a text, thereby inferring an author's (or narrator's) attitude. Using such strategies, along with those presented in earlier sections of the workbook, will help you become not only a more accurate reader of French, but a more _critical_ reader of texts in any language.

Avant de lire

Commençons par le début!

Première étape. Parcourez des yeux les quatre paragraphes du texte suivant intitulé _Le cimetière des artistes_ pour déterminer son organisation et pour voir de quels thèmes l'auteur va parler. Ensuite, associez chaque thème au paragraphe approprié.

1. Paragraphe 1 _____   a. le patrimoine culturel

2. Paragraphe 2 _____   b. des «habitants» étrangers

3. Paragraphe 3 _____   c. les «habitants» célèbres

4. Paragraphe 4 _____   d. des faits historiques

Deuxième étape. En vous basant sur le titre du texte et les thèmes que vous avez relevés dans la **Première étape,** quel genre de texte allez-vous lire?

a. un texte littéraire   c. un texte journalistique
b. un texte comique   d. un texte scientifique

Lecture

Maintenant, lisez le texte.

Le cimetière des artistes

Dû au grand nombre de personnes célèbres, françaises et étrangères, enterrées[1] là, le cimetière du Père Lachaise n'est pas seulement le plus grand cimetière de Paris, mais c'est aussi un fascinant dédale[2] de tombes de personnalités dont les carrières légendaires ont donné son prestige au patrimoine artistique français.

Le cimetière du Père Lachaise

16, rue du Repos – Paris 20ᵉ

☎ 01.55.25.82.10

Tarif: (entrée gratuite)

Horaire: du lundi au vendredi, de 8 h 00 à 18 h 00; le samedi et le dimanche, de 8 h 30 à 18 h 00.

Ⓜ Philippe Auguste

L'un des plus beaux cimetières du monde et l'un des plus remarquables. De nombreuses personnes célèbres—de Molière à Jim Morrison—y sont enterrées dans des tombes décorées de façon artistique et situées le long de chemins ombragés.

Établi par Napoléon en 1804, ce cimetière est situé dans le 20ᵉᵐᵉ arrondissement. Il est devenu célèbre après le transfert des dépouilles[3] des grands auteurs français Jean de la Fontaine et Molière. Il y aurait aujourd'hui près de 300 000 personnes enterrées là, sans compter les urnes crématoires!

Parmi les célébrités dont on peut visiter la tombe, on trouve des poètes (Apollinaire, Alfred de Musset), des écrivains (Balzac, Colette, Proust), des compositeurs de musique (Chopin, Bizet, Rossini), des acteurs (Sarah Bernhardt), des peintres (Caillebotte, Ingres), et des chanteurs comme Yves Montand et surtout Édith Piaf, «la Môme», qui reste toujours une des artistes françaises les plus célébrées en France et dans le monde même quarante ans après sa mort.

Les touristes étrangers se recueillent[4] surtout sur la tombe de deux figures anglophones enterrées là: l'écrivain Oscar Wilde et le chanteur du groupe de rock les Doors, Jim Morrison. La tombe de Jim Morrison est assez simple au premier abord,[5] mais elle a attiré beaucoup d'attention car des fans des Doors ont continué à la décorer pendant des années et à s'y retrouver en groupes. La pierre tombale a souvent été abîmée[6] et recouverte de graffitis. La tombe d'Oscar Wilde est très originale, de style art déco, aussi recouverte de graffitis et... de marques de rouge à lèvres[7] laissées par des femmes qui ont embrassé la pierre![8]

[1]*buried* [2]*maze* [3]*remains* [4]*gather* [5]*au... at first sight* [6]*damaged* [7]*lipstick* [8]*stone*

Après la lecture

A. Avez-vous compris? Indiquez si les phrases sont vraies ou fausses.

	VRAI	FAUX
1. Le cimetière du Père-Lachaise se situe au centre de Paris.	☐	☐
2. Le cimetière du Père-Lachaise est le plus grand de Paris.	☐	☐
3. On y trouve uniquement les tombes d'artistes français.	☐	☐
4. La célèbre chanteuse Édith Piaf y est enterrée.	☐	☐
5. Les gens aiment laisser des messages inattendus sur la tombe d'Oscar Wilde.	☐	☐
6. La tombe de Jim Morrison est une des plus grandes et élégantes du cimetière.	☐	☐

B. Pour aller plus loin. Qu'est-ce que vous en pensez? Pour les questions suivantes, choisissez l'option qui reflète le mieux votre opinion personnelle, et justifiez votre réponse.

1. Qu'on veuille visiter la tombe d'une personne célèbre vous paraît…
   a. normal.
   b. inhabituel.
   c. complètement bizarre.

Pourquoi?

_____

2. Les grands artistes, après leur mort, devraient être enterrés…
   a. ensemble dans un cimetière spécial et prestigieux pour que les gens puissent visiter plusieurs tombes en même temps.
   b. avec leur famille ou dans l'endroit spécial qu'ils ont choisi.
   c. dans un endroit privé où on ne peut pas aller.

Pourquoi?

_____

Chez les Français / Chez les francophones / Rétrospective

Utilisez les renseignements fournis dans **Chez les Français, Chez les francophones** et **Rétrospective** du manuel pour déterminer si les affirmations suivantes sont vraies ou fausses. Si une affirmation est fausse, corrigez-la en changeant les mots soulignés pour la rendre vraie.

	VRAI	FAUX
1. Il y a des liens forts entre Paris et les expatriés américains parce que la ville représente <u>une des plus grandes richesses multiculturelles</u> du monde occidental.	☐	☐
2. À Paris, <u>la rive droite</u> représente l'esprit artistique et créateur.	☐	☐
3. Le style de musique jazz était à l'origine une importation <u>des soldats américains</u> qui vivaient à Paris.	☐	☐
4. Les expatriés ont très souvent fréquentés <u>des cafés comme *Les Deux Magots*</u>.	☐	☐

●/Écrivons!

> ### Stratégie d'écriture Using the writing strategies introduced in earlier chapters
>
> In this activity you will be writing a film review (**une critique de film**). This is your opportunity to reuse some of the writing strategies you learned in **Chapitres 1–12**, as well as some of those encountered in the previous three chapters: using your five senses in writing (an especially appropriate strategy here!), free writing (not letting concerns about format and organization block your creativity in the initial stages), and presenting both sides of an argument (an important strategy for giving as objective an account of a film as possible).

Genre: Critique de film

Thème: En vous basant sur la critique de film *Le Petit Nicolas* ci-dessous, écrivez sur une feuille de papier une critique d'un des films que vous avez vus en classe (ou d'un autre film francophone que vous avez vu récemment).

1. Résumez l'intrigue en quelques phrases en mentionnant les moments les plus importants.
2. Décrivez les personnages.
3. Classez le film; donnez-lui entre une et quatre étoiles. C'est un film à voir ou à éviter? Expliquez.

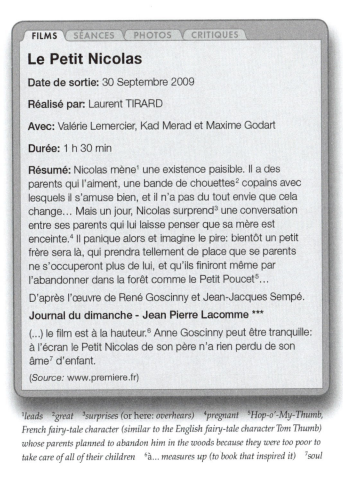

FILMS ⏐ SÉANCES ⏐ PHOTOS ⏐ CRITIQUES

Le Petit Nicolas

Date de sortie: 30 Septembre 2009

Réalisé par: Laurent TIRARD

Avec: Valérie Lemercier, Kad Merad et Maxime Godart

Durée: 1 h 30 min

Résumé: Nicolas mène[1] une existence paisible. Il a des parents qui l'aiment, une bande de chouettes[2] copains avec lesquels il s'amuse bien, et il n'a pas du tout envie que cela change… Mais un jour, Nicolas surprend[3] une conversation entre ses parents qui lui laisse penser que sa mère est enceinte.[4] Il panique alors et imagine le pire: bientôt un petit frère sera là, qui prendra tellement de place que se parents ne s'occuperont plus de lui, et qu'ils finiront même par l'abandonner dans la forêt comme le Petit Poucet[5]…

D'après l'œuvre de René Goscinny et Jean-Jacques Sempé.

Journal du dimanche - Jean Pierre Lacomme ***

(…) le film est à la hauteur.[6] Anne Goscinny peut être tranquille: à l'écran le Petit Nicolas de son père n'a rien perdu de son âme[7] d'enfant.

(*Source:* www.premiere.fr)

[1]*leads* [2]*great* [3]*surprises* (or here: *overhears*) [4]*pregnant* [5]*Hop-o'-My-Thumb, French fairy-tale character (similar to the English fairy-tale character Tom Thumb) whose parents planned to abandon him in the woods because they were too poor to take care of all of their children* [6]*à… measures up (to book that inspired it)* [7]*soul*

Une fois que vous avez fini, relisez votre travail en tenant compte des conseils donnés dans la section **Vérifions.**

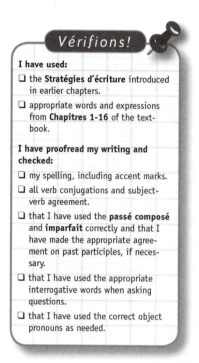

Vérifions!

I have used:

❑ the **Stratégies d'écriture** introduced in earlier chapters.

❑ appropriate words and expressions from **Chapitres 1-16** of the textbook.

I have proofread my writing and checked:

❑ my spelling, including accent marks.

❑ all verb conjugations and subject-verb agreement.

❑ that I have used the **passé composé** and **imparfait** correctly and that I have made the appropriate agreement on past participles, if necessary.

❑ that I have used the appropriate interrogative words when asking questions.

❑ that I have used the correct object pronouns as needed.